國家出版基金項目
NATIONAL PUBLICATION FOUNDATION

中國地方珍稀文獻
浙江地方文書叢刊

總主编　馮筱才

浙江畲族文書集成
文成卷
（第一册）

本册主编　馮筱才

浙江大學出版社
ZHEJIANG UNIVERSITY PRESS

圖書在版編目(CIP)數據

浙江畲族文書集成·文成卷 / 馮筱才主編. —杭州:浙江大學出版社, 2019.5

ISBN 978-7-308-18428-1

Ⅰ. ①浙… Ⅱ. ①馮… Ⅲ. ①畲族—文書—匯編—文成縣 Ⅳ. ①K288.3

中國版本圖書館 CIP 數據核字(2018)第160996號

浙江畲族文書集成·文成卷

馮筱才 主編

出品人	魯東明
總編輯	袁亞春
項目策劃	宋旭華 張琛
項目統籌	宋旭華 王榮鑫
責任編輯	宋旭華 蔡帆
文字編輯	吴超
責任校對	蔡帆
封面設計	周靈
出版發行	浙江大學出版社 (杭州市天目山路148號 郵政編碼310007) (網址:http://www.zjupress.com)
排版	杭州朝曦圖文設計有限公司
印刷	浙江印刷集團有限公司
開本	787mm×1092mm 1/16
印張	92.75
字數	1889千
版印次	2019年5月第1版 2019年5月第1次印刷
書號	ISBN 978-7-308-18428-1
定價	500.00圓

浙江大學出版社市場運營中心聯繫方式:0571—88925591; http: / / zjdxcbs. tmall. com

導言

《浙江畲族文書集成·文成卷》所收文書，是華東師範大學民間記憶與地方文獻研究中心和文成縣圖書館合作搜集的。自2012年起，華東師範大學民間記憶與地方文獻研究中心幾乎每年都會組織學術團隊，在浙江各地開展深入的田野調查工作。在這個過程中，我們一直在用心地瞭解浙南民衆家庭所保存的各類歷史文書的存留情形，並在户主的同意下進行數碼拍攝。集腋成裘，逐漸豐富這個區域民間文書的藏量，爲學術研究打下堅實基礎。其中，畲族文書是我們民間文書徵集的一個重點。目前，我們已經在浙南各縣徵集或數碼拍攝到畲族民間文書逾兩萬件。

浙江畲族人口，據第六次全國人口普查資料，有166,276人。分佈於全省30餘縣（市、區），有畲族鄉鎮共18個。由於畲族人口原來大多居住在山區，其生計與山區土地開發息息相關。同時，其風俗、信仰等亦有一定特色。故其在明清以來形成的各種文書，頗能反映畲族民衆特别的歷史面貌。亦正因此，早在20世紀50年代中國政府對少數民族進行識别劃分之後，尤其在80年代國家對少數民族地區採取特殊優惠政策以來，國家民族宗教管理部門與高校合作，開展了多次畲族文書普查及資料登録工作，陸續披露了部分畲族文書的信息。如吕立漢等在浙江省民族宗教事務委員會的委託下，先後於2011年、2012年出版了《麗水畲族古籍總目提要》（北京：民族出版社）和《浙江畲族民間文獻資料總目提要》（北京：民族出版社），對麗水和浙江畲族民衆保存的文書有一基本介紹。但文書内容並未整理公佈。近年來，上海交通大學、浙江師範大學等高校亦在浙南地區搜集到爲數甚巨的民間文書。不過，其中究竟多少與畲族民衆生活直接相關，目前似乎尚未整理清楚。因此，華東師範大學民間記憶與地方文獻研究中心便樂意將已經搜集整理之畲族文書編輯出版，以使社會各界增强對畲族歷史的瞭解，並推動學術界的相關研究工作。

我們目前徵集到的文成縣畲族文書，大致可以分爲行政類（保甲、證件、政府文告）、司法類（訴狀、判牘、甘結等）、契約類（買賣契、當契、租契、收據、合同、分關書等）、帳本類（帳簿、人情簿）、土地登記記録、賦役類（税票、歸户册、田賦繳納記録、納糧執照、分地漕糧單）、家禮類（婚書、招贅書、選期吉課、喪葬文書、祭祀文書）、宗教類（科儀書、宗教唱本、風水地理書）、家譜類（家譜、族譜、祖宗簿）和雜類文書（如戲本、課本、信件、筆記、樂譜、成績單）等十大類。

爲了便於學者研究，我們在民間文書的整理過程中，對「歸户」原則特別重視。此輯收録的畲族文書，便按收集時所屬之「家户」整理出版。《浙江畲族文書集成·文成卷》共整理了來自温州市文成縣20餘個畲民家户的900餘件文書。其中各類契約600餘件，約佔所録文書總數的三分之二；收據200餘件，另收有少量許願文、祭祀文、訴狀、證件、分關書、婚書、人情簿等。所選文書最早生成於乾隆二年（1737），最晚則立於公元1956年，跨度長達兩個多世紀。

由於契約和收據佔比極高，所以本輯文書呈現的主要是18世紀中期至20世紀中期文成地區畲民經濟、社會生活方面的歷史面貌。這些文書可以反映當地畲民日常生活中内部經濟往來、物權觀念、交易形式等，同時文書中的信息也可以看出清代以降當地畲民的内部社會關係、社區秩序維護，以及國家制度在地方實踐等層面的歷史軌跡。當然，從這些文書，我们也可以直觀地看出畲民的生計模式與浙南山地開發的历史實態，如文中所記録的作物種類、産量、價格等信息便极爲豐富。以下編者分别就以上各内容略舉數例，或可作爲未來研究之方向。

一

物權关系與契約責任是學界研究較爲深入的領域，以往学界對土地産權之構成、轉讓相關問題的討論尤多。我們此次所選的契據類文書，許多都與産權問題有關。比對前人研究，我們發現文成畲族文書揭示了産權轉讓過程中一些不同的面相。下面即以鍾高升等與鍾亞嶽的土地交易爲例，簡單介紹畲族契約文書所蘊含的歷史信息。該交易始於道光二十一年（1841）十二月，當時雙方訂約如下：

> 立賣契鍾高陞仝弟勳弟、進高、英財，本家遺有衆田壹坵，坐本都，土名净山后外屋下長坵安着，计租壹碩貳方正，计亩叁分陸厘正，其田四至不俱，今因用度不便，憑衆立賣契壹紙，出賣與房叔祖亞岳爲業，三面断出时價錢伍千文，其錢即日收訖，無滯分文，此田未賣之先，並無内外人等文墨交干，既賣之后，壹听叔祖邊自行耕種管業，吾邊伯叔兄弟子侄玄房毋得言三语四之理，爲有此色，自能支解，不涉叔祖邊之事，此係兩相『愿』情愿，並無逼抑返悔等情，今欲有據，立賣契永遠爲照。（第二册，第八十五頁）

這是一份賣契。由該契可知，鍾高升等所售土地爲其兄弟共有之「衆田」，出售的原因是賣主「用度不便」。該地塊承租量爲「一碩二方」，面積「三分六厘」，價值「五千文」。根據當時浙江地區銀錢比價約1:1600折算，[一]買主支付的田價合每畝8.68兩，低於當地市場行價。[二]而且，雙方雖約定買主此後可「自行耕種管業」，却並未提及税負轉移的問題。由此推測，買主交易所獲可能祇是該地塊「田面」的部分收益權、使用權與處置權，或是其中之一。交易應不會就此結束。果然，兩個月後，即道光二十二年（1842）二月，雙方又立一約。其文曰：

> 立找截契鍾高陞仝弟進（高）、勳弟、英財，本家遺有衆田壹坵，坐本都，土名净山后外屋下長坵安着，其田租数、亩分正契俱已載明，今因缺錢應用，憑衆立找截契壹紙，向叔祖亞岳邊找出时價錢肆千文，其錢隨找俱收清訖，分文無滯，此田未找之先，並無内外人等文墨麦[交]干，既找之后，業明價足，其田壹听叔祖邊自行起佃耕（種），推收過户，完粮管業，吾邊伯叔兄弟子侄去后毋得言稱加找，亦無取贖字樣，如有此色，自能支解，不涉叔祖邊之事，此係兩相心愿，並無逼抑返悔等情，恐口無憑，立找截契永遠爲照。（第二册，第八十七頁）

該契約顯然是爲彌補前引賣契之不足而立。一方面，賣主通過該契獲得了4000文的補充地價；另一方面，買主得以「自行起佃耕種，推收過户，完糧管業」，獲得了更多權利，特别是明確提到了「田底」權利轉移的事宜。此契名爲「找截」，且約定「去後毋得言稱加找，亦無取贖字樣」。理論上，賣主在該地塊上的權利已全部讓渡。按照此前研究揭示的一般流程，雙方只需到官府登記過户，整個交易就將正式完成。[三]但接下來的發展却与以上程序不合。該契約訂立後的兩個月内，雙方又兩次締約，兹分别摘引如下：

> 立借字鍾高陞仝弟勳弟、進高、英才，本家置有衆田壹坵，坐本都，土名外屋下長坵安着，计租壹碩貳方，前已立正、找截契，賣与叔祖亞岳邊爲業，今因用度缺乏，憑衆再立借字壹紙，向叔祖邊借出錢肆千文，其錢即日收楚，自既借之后，業輕價重，去后

〔一〕王宏斌：《晚清貨幣比價研究》，開封：河南大學出版社，1990年，第35頁。
〔二〕曹樹基、李霏霽：《清中後期浙南山區的土地典當——基於松陽縣石倉村「當田契」的考察》，《歷史研究》2008年第4期。
〔三〕楊國禎：《明清土地契約文書研究》，北京：中國人民大學出版社，2009年，第13—72頁。

吾邊伯叔兄弟子侄毋得再言重借之理，今恐無憑，立借字爲照。（第二册，第八十八頁）

立退佃鍾高陞仝弟動弟、進高、英才，本家置有水田一坵，坐外屋下長坵安着，计租壹碩貳方，前已立正、找截契，並立借字，其田價重業断，理应退與叔祖亞岳邊自行起佃耕種，永爲己業，自立退佃之后，当即又向叔祖邊借出錢叁千文前來应用，此田自既立退立借实爲断業，吾邊伯叔兄弟子侄不敢再言执種之理，恐口無憑，立退佃爲照。（第二册，第八十九頁）

從内容看，這兩份契約同樣是爲完善前契未盡事宜，推進該地塊的産權轉讓。雙方訂立「借字」的原因，表面仍是賣主「用度缺乏」，但實際可能是因爲此前買主所付地價不足該地塊當時真正的價值。所以當賣主又獲得四千文現金後，才有「業輕價重」、「毋得再言重借」的説法。但所謂「毋得再言重借」的保證次月即被打破。上引「退佃」契中，鍾高升等聲明放棄耕作權，「不敢再言執種」的同時，「當即又向叔祖邊借出錢三千文」。由此可見，買主在「賣、找截、借」之後所獲得的，可能祇是該地塊「田面」的收益權，其使用權和處置權仍受賣主制約。至於買主對「田底」的權利，雖然「找截契」中曾有提及，但我們目前並未看到雙方在官府過户的證據；且上引契約均爲白契，故基本可以斷定，此項交易最終祇是「田面」權利的轉讓。

比之周邊地區，清代文成畲族的土地交易流程更爲繁複，上述案例中圍繞「田面」權利的「殘缺産權」交易即經過了「賣—找—借—退」四步程式。這種短時間内完成的複雜流程，可能是受地價長期上漲趨勢影響，但也可能反映的是土地産權結構分層的日益細化。就我們選録的契約來看，很多時候，文成畲民在「賣」之前還有「當」的程式，而「賣—找—退」過程中的「借」、「重借」等也有「當」的意義。據我們對本輯所録近百份當契、當字的粗略統計，除一例爲借穀外，其他都是借貸現金的交易。結合白契在當地畲族契約文書中佔據絶對優勢的現象，我們可以推測，當時文成畲族中以土地爲基礎的抵押貸款市場可能相當活躍。

二

除了通過各種形式的抵押、買賣進行動産、不動産的産權交易外，過去文成畲民中間還流行以「對」或「兑」的方式交易。如民國二十五年（1936）三月雷葉崇所立對字：

立对字雷葉宗，有田壹處，坐半屋後般駄田后墈，今因漢業祖邊兴造作用尚缺门前牆角一条，憑中踏明，將此田后墈小部份劃定與祖邊起造墻脚，如意作用，不許樣籙□［妨］礙稻禾，当即对來菜園叁處，一坐半田左手田頭園壹塊，一坐老屋水门頭下圓［園］壹塊，一坐祖坟頭園一塊，嗣後兩造各無返悔，今恐無憑，立此合同对字永遠大吉爲照。（第四册，第一百七十二頁）

雷漢業在雷葉崇家水田邊興建房屋，但缺少「門前墻脚一條」。經雙方商議，雷葉崇同意雷漢業以三塊菜園換取自家田後墈之一部用於建房，但規定「不許樣籙□［妨］礙稻禾」。本輯所録對字、兑字或兑契涉及的交易大多類此，即雙方經協商達成不動産的交換，以解決一方在生産或生活上的不便，尤以用田、地、園等生産資料交換宅基的情況最爲常見。但有時「對」也會成爲不動産交易的某種補充。試以20世紀50年代雷步傳與雷安福之間的田地交易爲例。1952年春雷步傳所立對字如下：

立对字親人雷步傳，缺田凑種，自己有水田一墢，坐花格鄉花地楊梅降安着，計田大小弍坵，計秧叁拾個，对與安福手，三面言定，永遠耕種管業，此係兩想［相］情愿，各無恢［反］悔，今裕［欲］有據，永遠爲照。（第三册，第二百五十六頁）

從字面看，這份契約令人頗爲費解，雷步傳本人「缺田湊種」，又將可以栽插三十個秧苗的水田兩小坵「對」給雷安福耕種，卻未能從雷安福處得到相應的回報。按常理判斷，這筆交易絶對是不合理的，那麼究竟是怎麼回事呢？兩人在三年後又立對字一紙，爲我們揭開了這個謎團。其文如下：

立对字親人雷安福，今因自心情愿，將手有水田一墢，坐花仰花地屋横頭安着，又墢駄降安着，共田弍墢，四至不具，憑中三面言定，出賣與雷步傳邊爲業，出價谷肆伯［佰］念觔，帖出田秧叁拾個安福耕種，除步傳秧肆拾個，弍人共秧柒拾個，各管自業，不許恢［反］悔之理，此係自心情愿，永遠爲照。（第三册，第二百六十頁）

原來，雷步傳是用四百五十斤稻穀加上之前兩坵三十個秧的田，換來了雷安福的兩坵水田。至於這筆交易爲何會出現這種前後懸隔的情况，還需要更多的研究才能解答。這筆交易另一個值得我們注意的地方，就是其發生的時間，正是在20世紀50年代初，「土改」後向集體化過渡的時代。雖然本輯收録的50年代文書數量有限，但仍爲我們研究這個地權結構劇變的時代提供了綫索。即如上引雷步傳與雷安福的交易，這筆交易的發生，可能與他們在民國時期即已進行的土地交易有所聯繫。只是「土改」以後雙方的經濟狀況可能發生了某種變化，或是受其他因素影響，以致不再採用現金換土地，而使用土地加實物交换的方式。

另外，本輯還收録了一些未規定抵押物的借款契據，名爲立生票或立憑票。此類契約本輯共録五份，雖然數量不多，卻向我們展示了晚清時期當地金融市場的另一種面相。例如咸豐八年(1858)十二月邢碎妹與雷林海之間的借貸：

立生票邢碎妹，今因缺錢應用，憑衆立生票一紙，雷宅林海親邊生出錢叁百文，其利加三起息，其錢即日收清無滯，今恐無憑，立生票爲照。(第五册，第一百四十三頁)

再如光緒八年(1882)十二月雷倉財與朱孟東之間的借貸：

立生票人雷倉財，今因缺錢應用，自心情愿，憑中立票一紙，向在朱孟東親邊生出錢拾千文正，面断利錢加弍起息，約至下年办还本利端正，不敢欠少，如若無錢交还，立生票一紙爲照。(第五册，第一百五十七頁)

這兩筆借貸都没有涉及任何抵押物，僅載明借款數額和利率，且邢氏與雷氏的借款連還款年限都未規定。這種約束極少的借貸形式，需要事主雙方相互有極高的信任纔能達成。從兩筆借貸中借款人對貸款人稱爲「親」這點來看，雙方關係應是較爲緊密的。並且兩筆借貸利率分别爲30%與20%，與當時文成地區大多數抵押借貸的利率相仿，這也間接佐證了借貸雙方的社會關係。

有償交易之外，本輯文書還向我們展示了畲民間無償贈予的現象，即「立送字」或「立送契」。如光緒十九年(1893)十二月鍾蘇文所立送契：

立送契鍾宅蘇文，本家承分有水田，坐落八都二源，土名牛塘底壟上不左邊外峯安着，計租叁碩，計畝久「玖」分正，合分田共計大小拾肆坵，面断照分下至行路坵爲界，其四至鍾邊正、找二契載明，不具，今因將此田立送契壹紙，送與雷宅女婿大生親邊掌管爲業，其田既送之後，一听雷邊起作耕種管業，其粮送过鍾邊完納，吾邊伯叔兄弟子侄不得言三語四之理，不若雷邊之事，此係自心情愿，並非逼抑返悔等情，今欲有據，立送契永遠爲照。（第五册，第一百六十四頁）

通過這份「送契」，鍾蘇文將本家的一宗田産送給女婿雷大生耕種，使雷氏免費獲得了該田産的使用權和收益權。然而，鍾氏並非完全放棄該田産的權利。契文有「其糧送過鍾邊完納」的規定，儘管我們不能確定「完納」所指爲何，但鍾氏顯然希望藉此對雷氏有所約束或警示。這項「送契」似乎可以看作畲民對於子女婚姻採取的某種保障措施，對我們加深關於畲族婚俗的理解應有所幫助。

文成畲民間的另一種贈予似乎更能體現畲族内部的親族互助關係。我們來看民國二十六年（1937）十二月雷永明等所立送字：

立送字雷永明、永候、永新，本家衆等有吉地一穴，坐落八外都四源馱坻，土名馱坻壟左邊山安着，因有至戚缺地安葬，衆等嘀議，将該吉地立送字一紙，自心情願，送與内戚鍾益叨等安葬父母兄弟等先靈，此吉地未送以先，並無内外人等文墨交關，既送之後，听從鍾邊擇吉扦葬，安厝先人，本家伯叔兄弟子侄人等不得異言之理，如有別情不清，一力雷邊自能支当，不涉鍾邊之事，所有花銷酒水，一併雷邊向山主代伊説明，從輕理解，面断坟圈以外四圍上下左右抽出山地貳丈肆尺，歸與鍾邊永遠簒籙，以作護蔭，日后無得私行砍掘附葬，永爲己業，此係雷邊中等自心甘願，並無逼抑等情，恐口無憑，立送字永遠大吉爲照。（第三册，第二百八十六頁）

因鍾益叨等無地安葬先人，姻戚雷永明等遂將自己租種山場内的一塊吉地贈與鍾氏，並自願代鍾氏向山主説情，以便降低山主對鍾氏的需索。但「送契」或「送字」在當時並非全爲贈予，我們以民國二十七年（1938）趙氏族衆所立「合同送契」爲例，其文如下：

立合同送契趙族衆等，有吉地壹穴，坐落青邑八外都四源馱坻壠安着，今送與鍾秉琴扦掘吉地壹穴，三面訂定，出價國幣肆元八角，又花紅酒蓆「席」式棹「桌」，其目隨契收訖，文分無滯，未送之先，並無文墨，既送之后，任听鍾邊做坟，吾邊内外人等如有此色，自能支解，不及鍾邊之事，恐口無憑，立合同送契爲照。（第三册，第二百九十六頁）

雖然名爲「送契」，但其性質實爲買賣合同。鍾秉琴花費「國幣四元八角，又花紅酒席二桌」，才獲得了這塊原屬趙氏族衆的墳地。爲什麽賣主不稱之爲「賣」而要説「送」呢？我們猜測，可能主要是爲了傳達友好的訊息，表示雙方關係的親密度，當然，在墳地交易中這也可能與某種習俗或信仰有關，與當時另一種稱爲「便」的交易形式在某些方面可能有異曲同工之處。本輯收録的「便契」共6件，均爲買賣性質，如其中最早的一件，訂於咸豐三年（1853）十二月的一份便契：

本家有合分屋基一座，坐落八都八源，土名半嶺安着，计租伍方六升早，計四至上至水圳爲界，下至茅寮爲界，左至山塆真[直]落爲界，右至小坑直落爲界，具立四至分明，今因缺錢應用，自心情愿，憑中立便契一紙，便與雷宅葉靈侄邊爲業，三面断作價錢陸千叁百文，其錢即日收訖，分文無滯，並無内外人等文墨交關，自賣之後，任听雷邊自行竪造作用，本家伯叔兄弟子侄不得言稱找借之理，亦無取贖，任听永爲業産，其基地契尽價足，此係兩想[相]情愿，並非逼抑等情，今欲有（據），立便永遠爲照。（第四册，第一百十七頁）

葉德章因「缺錢應用」將自己分得的宅基地「便」給雷葉靈使用，獲得價錢六千三百文。賣主葉德章稱買主雷葉靈爲「侄」，儘管一般認爲過去畲漢之間婚姻壁壘極爲森嚴，但我們並不能因此而否認這裏買賣雙方親戚關係的真實性，即使雙方並非真的親戚，但以「侄」相稱也足以説明雙方關係的親密程度。何況，本輯文書中漢畲交易時多有稱對方爲「親」、「相」、「兄」等的現象，所以，我們也許不必拘泥於畲漢分界的固有印象。就本輯文書所反映的情形，過去漢畲關係至少在某些個人或局部範圍是比較和諧甚至緊密的。至於這種較爲親密的關係是否會表現爲經濟交易中的實利優惠，需要對當時當地的同類交易進行更多比較研究才能確定。

可能受限於當時的保管條件，契約文書多有遺失或損毁的情況，後續發生交易或糾紛時，没有契約作爲證明就給當事人造成許多不便與不利。因此，便出現了「立充字」（又作「立沖字」）這種形式的契據。本輯所録「立充字」有單獨訂立或與退契、贖回契、賣契等契約聯立兩種基本情形。單立的如嘉慶十八年（1813）十二月周望忠所立充字：

立充字周望忠，今收过亞義邊銅錢壹千文，俱收完足，分文無滯，去後撿出票紙，以通不許行，充作古紙，今恐無憑，立充字爲照。（第四册，第五頁）

該字據内容極爲簡單，僅説明原賣主再次收款並承諾將遺失原契「充作古紙」。而與其他契約聯立的「充」字，受益人通常不必另付報酬。如1950年葉光仁立贖回契所附充字，其文如下：

> 立贖回契人葉光仁，本家自手先年受買藍邊翻［番］薯園、菜園弍片，坐落八都五源，土名菜垟粟塆頭安着，計園弍片，今因缺谷食用，自心情愿，立贖回契壹紙，向與藍阿蒙親邊回贖，即收藍邊贖谷叁石正，當收足訖，此園既贖之後，任听藍邊起園耕種，永遠管業，本家伯叔兄弟子侄等人，不得言称有分，亦毋返悔等情，恐口無憑，立贖回契永遠爲照。……
>
> 立充字葉光仁，有藍邊上手賣契未能檢回，去後檢着，充作廢紙，永不通行用，立充字爲據。（第五册，第一百三十四頁）

當時葉光仁家遭遇了糧食危機，遂將早年從藍阿蒙家購買的番薯園和菜園各一片退回藍家，藍家則提供三石稻穀作爲贖金。但本應交還給藍家的原賣契此時不知所蹤，於是葉光仁便在贖回契之後又加立「充字」一紙，聲明「去後檢着，充作廢紙，永不通行用」。大致來看，「充字」的作用主要是在上手契約遺失的情況下保證新買主的權利，但是像前引那種過於簡單的「充字」究竟起到何種作用，也還存在很大疑問。而且，由於「立充字」具有「格式化清零」的功能，也給糾紛訴訟中僞造契據打開了方便之門。特别是在文成這種官方力量較爲薄弱的地區，契約秩序如何維護是值得我們認真探究的問題。

要注意的是，這批畲族契約文書中事主雖有漢民，其反映的産權流動卻呈現出明顯的「單向性」，我們基本衹看到産權從漢民轉入畲民，很少看到相反的現象。這是因爲我們所録文書均由畲民保管，按照慣例，産權交易後所有相關契約都須移交買主。所以，我們仍需進一步收集畲族聚居區周邊漢族的文書資料，以便比較研究。

另外需要説明的是，此次收録了數量可觀的收據類文書，其内容多爲代收税户錢與租穀。此類文書大量存在，正與白契在文成畲族契約文書中的極高比例相對應，是我們觀察當地基層社會與官府關係的重要窗口。

三

經濟類契約不僅反映經濟關係，一定程度上也揭示了當時當地的農林種植結構。水稻和番薯是當地最重要的農作物，本輯所録契約中交易物亦以水田和山園爲最多，幾乎半數契約涉及田、山兩項。但在文成畲民的生活中，水稻和番薯的作用可能主要是解決温飽問題，山林經濟可能是他們更主要的現金來源。在經濟林木的種類上，除了前引文書提到的柏樹，還有松、杉、桐、竹、茶等。如咸豐四年（1854）雷維新所立賣契就提到了當地種植的九種經濟林木，兹將該契摘引如下：

立賣契雷維新，今因無錢應用，自心情（願），將自己分下栽插杉樹、松樹、塆杉、柏子、桐子、山茶、水竹、茶樹、棕樹、茅屋、田坎下、田坎上一概在内，坐落五十都五甲，土名木塆嶺安着，憑中立契送賣與親邊李亞有爲業，三面断定，時得賣出價錢肆仟文正，其錢即日隨契親收完訖，分文無滯，未賣之先，既賣之後，其松、杉、屋 宅、豎居雜勿［物］等項一併在内，悉听李邊管業，去後開判之日，雷邊不敢異言，若是内外人等交加不明，雷邊自行肢［支］解，不涉李邊之事，兩相情愿，各無反悔，今欲有憑，立賣契爲照。（第一册，第二百四十五頁）

可以看到，雷家當時栽種的主要是材料類、油料類和茶類三種，尤以松、杉兩種爲大宗。而光緒十八年（1892）所立賣契中又提到了另外幾種經濟林木，其文如下：

立賣契親人陳老伍，今因缺錢應用，自心情愿，將父手置有山塲壹片，坐落本都五甲木塆嶺崎田下安着，上至崎田，下至田壠，外至本户山底碎判屋横頭直落，四至分明，四至内有水竹、石竹、茅竹、柿樹、株樹、菜園並紅青一概在内，憑中立契出賣與雷碎金邊爲業，三面断定，得時價銅錢拾仟文正，隨成契日親手［收］完足，分文無滯，此山塲並雜物既賣之後，悉听雷邊開種栽插砍伐管業，永與己産，去后無加無找無尽，永無回贖等情，倘内外人等言说，陳邊自行支解，不涉雷邊之事，此係兩下情愿，各無返悔，今欲有憑，立賣契永爲照。（第一册，第二百五十五頁）

這份契約提到了水竹、石竹、茅竹等不同品種的竹木，還提到了柿樹，這些具體的品種信息，爲我們探索當地可能發展的手工業門類等提供了綫索。如榨油、製茶、竹編、棕衣、木材加工等等，都具備了探討的可能。另外，這些經濟作物的存在必然會有相應的交易市場、交易網絡和行銷路綫等等，也都是未來可以研究的課題。當然，通過對契約文書中各種交易價格的梳理，也可以嘗試討論諸如家庭收入、農林經濟各自的利潤，對家庭經濟的貢獻等問題。

正因這些經濟林木能爲畲民帶來較好的效益，所以，村莊或家族對管理山林往往有一定的制度設計，避免不端行爲導致秩序紊亂。如同治十年（1871）由「禁首鐘英財」擬定的一份禁約便有如下規定：

一禁春笋冬笋不許盗窃；
一禁竹木雜柴等項不許盗砍；
一禁樣籙栽種樹苗毋許牛羊践害；
一禁樣山薪艸各管各業，不許盗割；
一禁猪牛並鴨不許蹧踏百物；
一禁鰍鰕田螺不許捞放；
一禁竹頂不許斬截；
一禁荠藤稻稈不許盗窃；
一禁菜菓及六種不許盗窃。
（第二册，第一百九十二頁）

以上禁約表明，當時當地畲民生計所涉經濟物品頗爲豐富，樹林、竹柴、菜果、薺藤、稻杆、牛、羊、猪、鴨、鰍、鰕、田螺等都是他們收入或生活物品的來源。但村民們也擔心隨意放養家禽家畜會傷害林木及水稻等作物，因此立約加以禁止。同樣，出於保護稻田的目的，撈放鰍、鰕、田螺也在禁止範圍之内。該禁約還規定，如果有違犯以上各條者，罰酒三桌，罰錢二千四百文，如有獲賍，報信者償錢二百四十文，如獲私放者，首出與犯者同罰。如此嚴格的罰則，或可以説明此前曾有村民違反公德，圖自己私利而破壞村莊秩序。

因爲樹木經濟價值較高，因此，在日常的抵押契據中，能充當押品的並非僅有田地、山場、房屋、寮基等不動産，亦還有樹木、牲畜等動産，如光緒三十二年（1906）冬陳寬四與雷阿（亞）昌之間的典當交易：

立當字陳寬四，今因缺錢應用，自心情愿，將自己名下有柏樹弍枝，坐落本都三甲泒岩安着，憑中出字，送當與雷阿昌邊爲業，三面断定，時值價錢當出英洋壹元弍角文正，其錢即日親收完足，並無存滯，其柏樹未當之先，陳之業，既當之後，雷邊管業爲利錢，去後不據[拘]近遠年間，办还源[原]本取贖，雷邊不敢阻执之理，此係兩相情愿，各無反悔之理，今欲有憑，立當字爲照。（第一册，第一百〇七頁）

抵押物是「柏樹弍枝」，陳氏由此獲得借款「英洋壹元弍角」，每枝柏樹抵押得英洋六角。該契並未規定借款利率，亦無明確的回贖年限，只規定「既當之後，雷邊管業爲利錢」，即雷氏通過給陳氏借款獲得了兩枝柏樹的收益權。本契所當之柏樹又稱烏桕，其皮、葉均可入藥，可治療多種疾病和創傷；葉子還可製作黑色染料；桕子可提煉多種油脂，用於製造蠟燭、肥皂和多種工業原料，因此，具有很高的經濟價值。且其皮、葉、種子每年都能有所産出，所以雷氏每年從這兩枝柏樹獲得的收入，某種意義上即是陳氏借款所付的利息。若陳氏多年不贖，那麽雷氏的收益將遠遠超出其借款的本金。隨着時間推移，這種抵押就有可能演變成事實上的「賣」。

果然，到了宣統二年(1910)十二月，陳寬四與侄陳步法(發)二人又聯名立約，將上述兩枝柏樹買給雷阿昌後人雷金木：

立賣契人陳寬四、步法二人，今因缺錢應用，自身情愿，將自己分有甘[柏]子樹二枝，坐落五十三都三甲波岩水條下葉邊安着，路下一枝、坑邊一枝，共二枝，出字送賣雷金木邊，出於價錢紅洋弍元四角文正，即日親收完足，兩邊情愿，各無反悔，永無價變，立賣字永遠爲照。（第一册，第一百十九頁）

次年夏，兩人又與雷金木立約：

立賣契陳寬四仝侄步發，今因缺銀應用，自心情愿，將自己有柏樹弍枝，坐落本都三甲，土名泒岩壹枝，又有高坑垎壹（枝），共弍枝，憑中出契，送賣雷金木榴[留]樣管業，三面断定，時值價銀英洋壹元壹角正文，即日親收完足，並無存滯，未賣之先，陳邊之業，既賣之後，永爲雷己業，恐此來歷不青[清]，陳邊自行支解，去后永無加找，亦無回贖，此係兩相情愿，各無反悔，今欲有憑，立賣契永遠爲照。（第一册，第一百二十一頁）

經過兩次追加買契，陳氏兩枝柏樹的總價達到了英洋二元三角加紅洋二元四角。我們再來看，光緒三十三年(1907)五月施光沙與雷阿昌訂立的賣柏樹契約：

> 立賣字施(光)沙，今因缺錢應(用)，自心情愿，將自己有相[柏]子樹拾三枝，坐落本都土名三甲□岩上下安着，憑中出字送賣與雷亞昌爲業，賣出價錢英洋共四元六角正，即日親收完足，並無存滯，三面断定，剔子刘[留]樣，面断價重業輕，断無加找無贖，倘有内外人等言三語四，施邊自行支解，不涉雷邊之事，此係兩相情愿，各無反悔，恐口無憑，立賣尽字永遠爲照。(第一册，第一百十一頁)

十三枝柏樹賣得英洋四元六角，每枝合約英洋三角五分。這個價格遠遠低於雷氏半年前付給陳寬四的價格。[一] 施氏柏樹價格如此之低，主要原因可能是「剔子刘[留]樣」，即原業主在出賣前將價值較高的柏子全部摘下，買主失去了一年的柏子收入。但與三四年後陳氏柏樹所得高價相比，這樣的低價仍然讓人難以置信。這種現象的出現，究竟是市場變化帶來的波動，還是買賣雙方處境變化造成的差異，或是其他因素的影響，還需要進一步研究。

以上所舉實例，足以説明畲族文書於學術研究所具之價值。希望學界未來能夠利用這些寶貴資料，對明清以降畲民的日常生計、經濟觀念、社會結構、信仰世界以及與周邊漢族的關係，包括浙南地區的山地開發及區域環境變化等諸問題，進行深入研究。華東師範大學民間記憶與地方文獻研究中心願意在這方面與各界繼續合作，推動畲族民間文書的整理與研究工作。

本輯文書能夠順利出版，首先有賴於華東師範大學民間記憶與地方文獻研究中心與文成縣文化局及下屬縣圖書館的深度合作。文成縣圖書館原館長周肖曉與該縣黄坦鎮培頭村的鍾維禄先生曾與華東師範大學師生一起，跋山涉水，在文成的深山古村中訪問了許多畲民家庭，徵集到豐富的民間文獻，爲本書出版打下了堅實基礎。2017年，浙江大學出版社爲《浙江畲族文書集成》第一輯成功申請到國家出版基金資助，是本輯文書能夠出版的另一重要支撑。近兩年來，宋旭華先生爲本書的編輯、校對、出版前後奔走，他的心血與辛勞不可

[一] 本輯另收録有施光沙所立賣柏樹草契一份，賣價爲英洋四元。見本書第一册，第一百一十頁。

勝計。最後，華東師範大學中華優秀傳統文化傳承創新研究院通過『浙南畲民的生活、生產與傳統文化』課題（項目批准號：ECNU-CETC-201813）提供了有力的經費支援，解決了我們整理、編輯工作中的燃眉之急。

當然，由於我們學識有限，本書雖經數次反復校對，但識讀、句讀方面錯訛肯定還存在，所有錯訛之處，責任應由我們編輯團隊一力承擔，尚祈讀者諸君諒之，並望方家不吝賜正。

編者

二〇一九年四月十五日

凡例

一、本書依照文書歸户劃分大類，其細目僅按産生年代先後順序排列，不作其他分類。

二、采用圖文對照方式進行編輯，抄録格式悉依文書原樣，部分因排版需要，稍有改動。

三、標點原文，按照「能斷則斷」之原則，僅標逗號或頓號，最末標句號。

四、破損、難識者，用「□」表示；補足脱字，用「（　）」表示；改正錯字，用「〔　〕」表示；衍字，用「『　』」表示。部分文書中存在大量脱、錯、衍字，僅擇要補足改正。契約中之簽押和印記，則以「（押）」和「（印）」表示。

五、序言、凡例、目録及文書名悉用規範繁體字，文書内文繁、簡體字一般照録，異體字及俗字一般改爲規範字，個別通假字予以保留，另附《本書所見異體字、俗字與規範字對照表》以爲參考。

目録

公陽鄉馱尖民族村鍾顯農户

周山畲族鄉際下民族村雷本貴户

黄坦鎮高畲村鍾維超、鍾奶花、鍾炳義户

玉壺鎮外南村木塆嶺雷德徽户

公陽鄉馱尖民族村鍾顯農户

立加盡契人葉承迁今因缺錢應用自心情愿將有自己名下水田貳塅
計秋貳租共租伍俵正坐落本都二甲大尖横山峰楄衆田上安着土塅小路上下
安着共租伍俵正憑衆上年送賣與鍾勝佑邊耕種管業憑衆人三面議
定便得出銅錢壹拾貳千伍百文前收貳艮共錢叁拾柒千伍百文憑衆承契即日
親收佃價錢完訖不敢欠少此田塅至沆坪悉聽鍾邊自開墾耕種為業
收除过户行粮當差已業倘有去後賣主房内叔侄田塅四至不明賣主自行去
觧不累鍾邊之事斷定去後不許加找不許回贖兩家情愿各無反悔今
恐口無憑立加盡契永遠為照

其關四至烈后 東至山為界 南至葉邊界 西至山為界 北至拈衆田為界

嘉慶伍年十二月 日立加盡契人葉承迁（押）

憑衆 葉季珏（押） 葉錫乾（押）

代筆 雷啓玖（押）

(前頁)>>>>

立加盡契人葉承迁，今因缺錢應用，自心情愿，將有自己名下水田貳坵，計秧貳担，共租伍袋正，坐落本都二甲大尖横山峰福衆田上安着，半坵小路上下安着，共租伍袋正，憑衆上年送賣與鍾勝佑邊耕種管業，憑衆人三面議定，便得出銅錢壹拾貳千伍百文，前後貳契共錢叁拾柒千伍百文，憑衆承契，即□親收佃價錢完□(訖)，不敢欠少，此田坵至□荒坪，悉聽□(鍾)邊自□開恳[墾]耕種爲□(業)，收除过户，行粮當差已業，倘有去後賣主房内叔侄田坵至四至不明，賣主自行支解，不染鍾邊之事，断定去後不許加找，不許回贖，兩家情愿，各無恢[反]悔，今具開四至烈[列]后，東至山爲界，南至葉邊□(爲)界，西至山爲界，北至福衆田爲界。

憑衆　葉承珏(押)

葉錫乾(押)

嘉慶伍年十二月　日立加盡契人葉承迁(押)

代筆雷啓玖(押)

道光十八年陳亞許立宅字

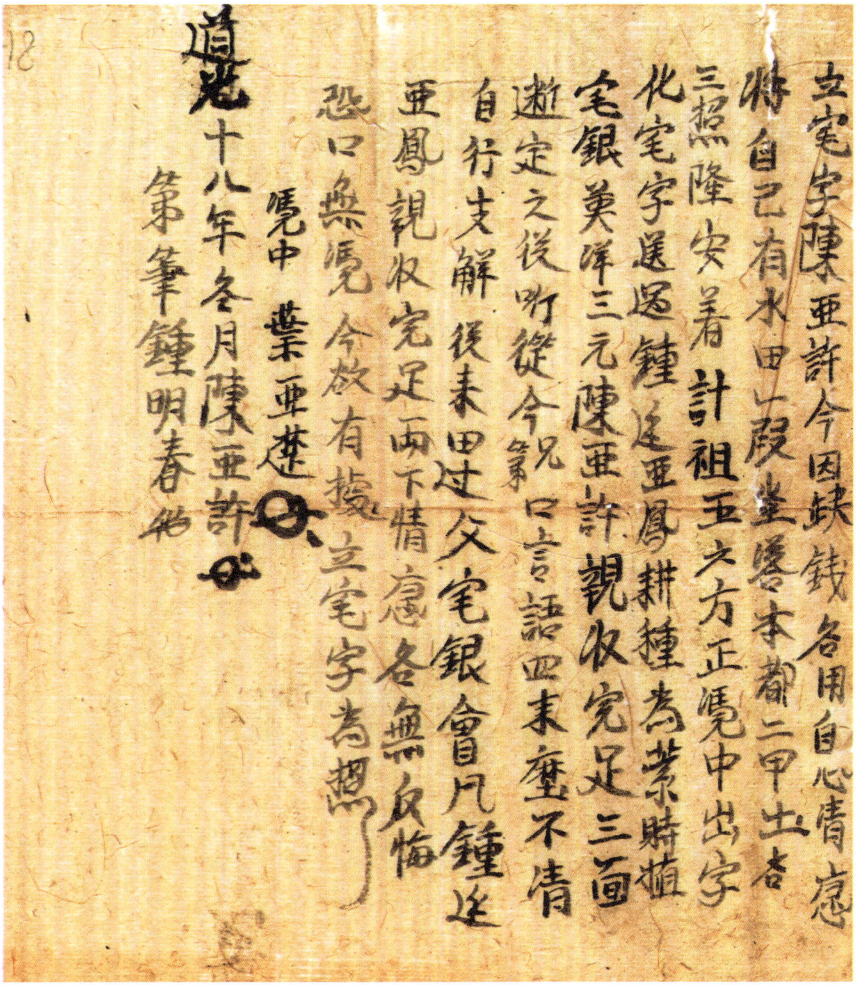

立宅字陳亞許，今因缺錢各［應］用，自心清［情］愿，
将自己有水田一段，坐落本都二甲，土名
三照隆安着，計租五六方正，憑中出字
化宅字送過鍾邊亞鳳耕種爲業，時植［值］
宅銀英洋三元，陳亞許親收完足，三面
断定，之後听從，今兄第［弟］口言語四，來歷不清，
自行支解，後來田过父宅銀會凡鍾邊
亞鳳親收完足，兩下情愿，各無反悔，
恐口無憑，今欲有據，立宅字爲照。

憑中　葉亞楚（押）

道光十八年冬月陳亞許（押）

第［代］筆鍾明春（押）

同治二十一年陳亞許立宅字

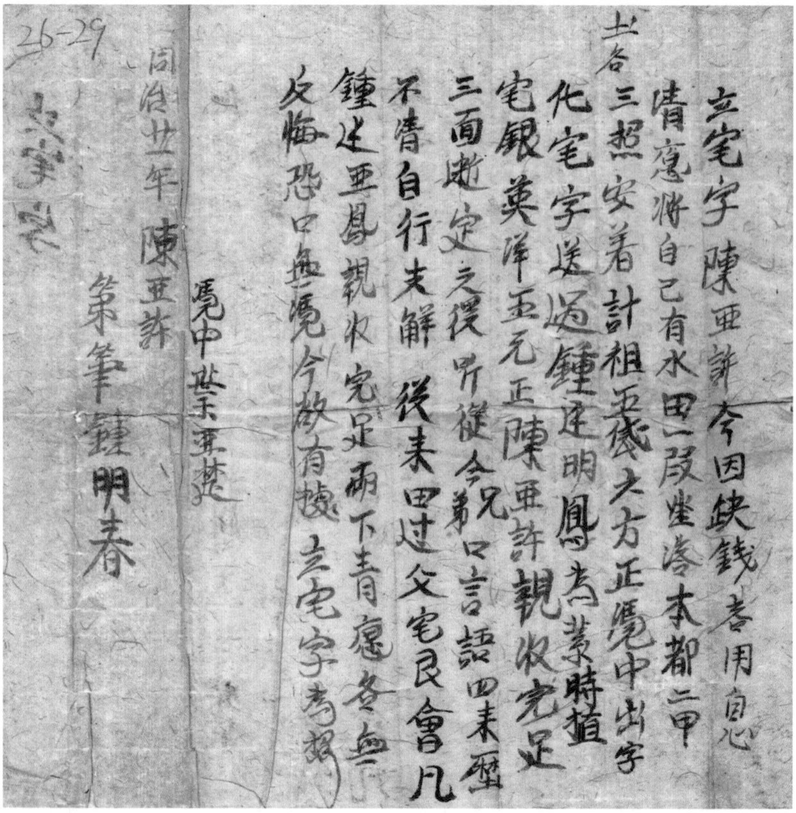

立宅字陳亞許今因缺錢耆用自心
情愿將自己有水田一段坐落本都二甲
土名三摺安着計租五秤大方正憑中出字
化宅字送過鍾廷明鳳為業時值
宅銀英洋五元正陳亞許親收完足
三面斷定之後界從今兄弟口言語四來歷
不清自行支解從來田过父宅良會凡
鍾廷亞鳳親收完足兩下青愿各無
反悔恐口無憑今欲有據立宅字為據
憑中 葉亞楚
同治廿年 陳亞許
代筆 鍾明春
立宅字

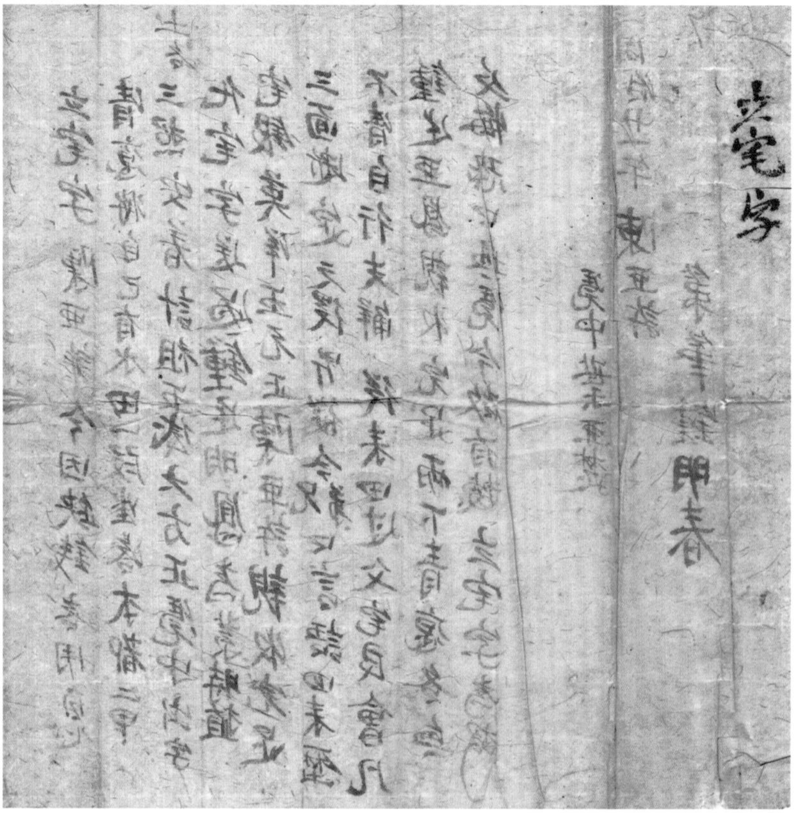

（前頁）>>>>

立宅字陳亞許，今因缺錢各[應]用，自心清[情]愿，将自己有水田一段，坐落本都二甲，土名三照安着，計祖[租]五袋六方正，憑中出字化宅字送過鍾邊明鳳爲業，時植[值]宅銀英洋五元正，陳亞許親收完足，三面断定，之後听從，今兄弟口言语四，來歷不清，自行支解，後來田过父宅艮[銀]會凡鍾邊亞鳳親收完足，兩下青[情]愿，各無反悔，恐口無憑，今欲有據，立宅字爲照。

憑中葉亞楚

同治廿一年陳亞許

第[代]筆鍾明春

立宅字

光緒二十一年陳亞選立宅字

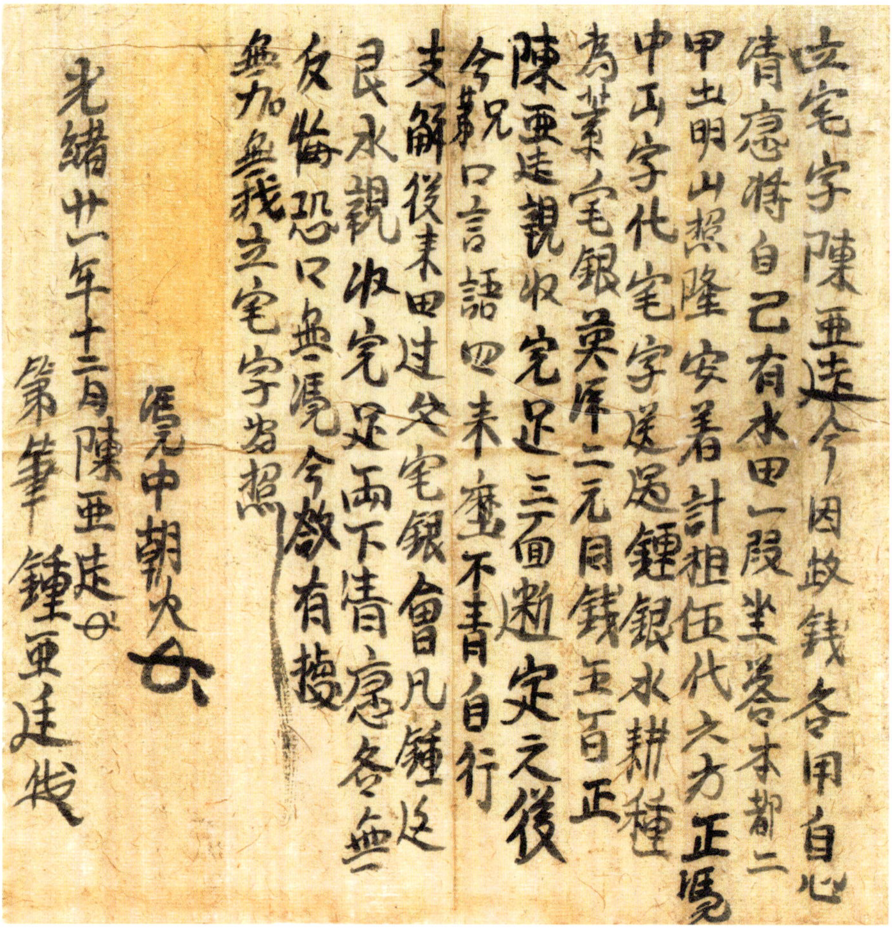

立宅字陳亞選，今因缺錢各［應］用，自心
清［情］愿，将自己有水田一段，坐落本都二
甲，土明［名］山照隆安着，計祖［租］伍代［袋］六方正，憑
中出字化宅字送過鍾銀水耕種
爲業，宅銀英洋二元同［銅］錢五百正，
陳亞選親收完足，三面断定之後，
今兄第［弟］口言語四，來歷不青［清］，自行
支解，後來田过父宅銀會凡鍾邊
艮水親收完足，兩下清［情］愿，各無
反悔，恐口無憑，今欲有據，
無加無找，立宅字爲照。

憑中朝火（押）

光緒廿一年十二月陳亞選（押）

第［代］筆鍾亞廷（押）

立賣契葉茲植仝弟茲釗今因缺錢應用自心情愿將
己有荒田壹坵坐本都土名大尖牛磨路上安着四至分明
計租伍方正憑中出契送賣與鍾廷良水仝朝火爲業
親得價銀英洋肆元伍角文正親收完足並無存滞
其錢即日三面斷定改耕管業此田未賣之先並無內外交
價不明去後不許加找永無回贖收除過户改耕完粮葉欽價
惠平依愿倘有內外人言三語四葉边不涉鍾边阻事此系兩
情愿各無反悔恐口無憑立賣盡契永遠爲照

憑中葉光柳

立賣契葉茲釗

代筆葉永裕

光緒三拾壹年秋月日

（前頁）>>>>

立賣契葉茲植仝弟茲釧，今因缺錢應用，自心情愿，將己有荒田壹坵，坐本都，土名大尖牛唐路上安着，四至分明，计租伍方正，憑中出契送賣與鍾邊艮水仝朝火爲業，親得價銀英洋肆元伍角文正，親收完足，並無存滯，其錢即日三面断定，改耕管業，此田未賣之先，並無内外交價不明，去後（押）不许加找，永無回贖，收除過户，改耕完粮，業欽[輕]價重，心平依愿，倘有内外人言三语四，葉邊不涉，鍾邊阻來，此系兩（相）情愿，各無反悔，恐口無憑，立賣尽契永遠爲照。

憑中葉光柳

光緒三拾壹年秋月日　立賣契葉茲釧

代筆葉永裕（押）

宣統二年鍾有岩立賣加盡契

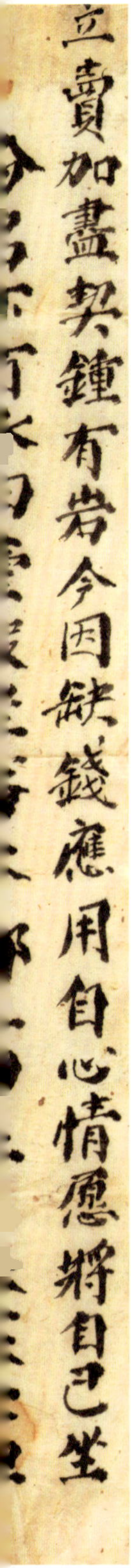
立賣加盡契鍾有岩今因缺錢應用自心情愿將自己坐

[illegible]安[illegible]言和叁鄉上[illegible]、中[illegible]送退賣與鍾廷木
邊為業，時值價銀英洋叁拾元弍角文正，鍾有岩親
收完足分銀，並無存留。三面断定，此田並無别處
交関，永無加找回贖等情。既賣盡之後，听從鍾廷
木邊起田耕種管業，收除過户魚鱗册完納，賣主
不許興言阻執之理。倘有賣主來歷不清，自行支解，
不涉買主之事。此係兩相情愿，各無反悔，今欲有據，
立賣加盡契永遠為照。

憑中　鍾有楚（押）

宣統二年十二月　鍾有岩立賣盡字（押）

代筆　雷元平（押）

（前頁）>>>>

立賣加盡契鍾有岩，今因缺錢應用，自心情愿，將自己坐分名下有水田壹段，坐落本都二甲，土名大尖下坦垟安着，計租叁袋正，憑中出契，送過賣與鍾廷木邊爲業，時值價銀英洋叁拾元弍角文正，鍾有岩親收完足，分銀並無存留，三面断定，此田並無別處交關，永無加找回贖等情，既賣盡之後，听從鍾廷木邊起田耕種管業，收除過户，魚鱗册完納，賣主不許異言阻執之理，倘有賣主來歷不清，自行支解，不涉買主之事，此係兩相情愿，各無反悔，今欲有據，立賣加盡契永遠爲照。

憑中鍾有楚（押）

宣統二年十二月鍾有岩立賣盡字（押）

代筆雷元平（押）

立賣加盡契鍾廷取今因缺錢應用自心情愿將自己
有水田壹段坐落本都二甲大尖土名下坦垟安看
計租叁袋正憑中出契送過賣與鍾廷木邊為業
時值價銀英洋叁拾壹元文正鍾廷取親收完足分
銀並無存留三面断定此田永無加找回贖等情既賣
之後听從鍾廷木邊改佃耕種管業照魚鱗册收除
過户完納賣主不許異言阻執之理倘有賣主來歷不
清自行支解不涉買主之事此係两下情愿各無反悔
恐口無憑今欲有據立賣加盡永遠為照

憑中葉應去

宣統二年十二月立賣加盡契鍾廷取

代筆雷元平

（前頁）>>>>

立賣加盡契鍾廷取，今因缺錢應用，自心情愿，將自己有水田壹段，坐落本都二甲大尖，土名下坦垟安着，計租叁袋正，憑中出契，送過賣與鍾廷木邊爲業，時值價銀英洋叁拾壹元文正，鍾廷取親收完足，分銀並無存留，三面断定，此田永無加找回贖等情，既賣之後，听從鍾廷木邊改佃耕種管業，照魚鱗册收除過户完納，賣主不許異言阻執之理，倘有賣主來歷不清，自行支解，不涉買主之事，此係兩下情愿，各無反悔，恐口無憑，今欲有據，立賣加盡永遠爲照。

憑中葉應去（押）

宣統二年十二月立賣加盡契鍾廷取（押）

代筆雷元平（押）

立当契鍾亜取，今因缺錢應用，自心情愿，將已分有水田段，坐落本都，土名黄山嵥安着，計租四袋正，凭中出契，送当與盟兄弟申登明為業，時得價銀英洋拾元，正文親收完足，無滞，三面斷定每年交利息加弍，去後若有利息不青，兄边耕種，曾弟边不許阻執，去後若有办还完價回贖，兄边不許阻执，此係兩相情愿，各無反悔，恐口無凭，立当契為照。

宣統四年正月　日

立当契鍾亜取（押）

凭中亜顏（押）

代筆永裕（押）

（前頁）>>>>

立当契锺亞取，今因缺錢应用，自心情愿，將己分有水田段，
坐落本都，土名黃山蜂安着，计租肆袋正，憑中出契，
送当與盟兄弟衆登明爲業，時得價銀英洋拾元
正文，親收完足無滯，三面断定，每年交利息加式，去
後若有利息不青［清］，兄邊耕种管（業），弟邊不許阻执，去
後若有办还完價回贖，兄邊不許阻执，此係兩相情
愿，各無反悔，恐口無憑，立当契爲照。

憑中亞顔（押）

宣統四年正月二十　立当契锺亞取（押）

代笔永裕（押）

民國元年鍾亞岩收字包契紙

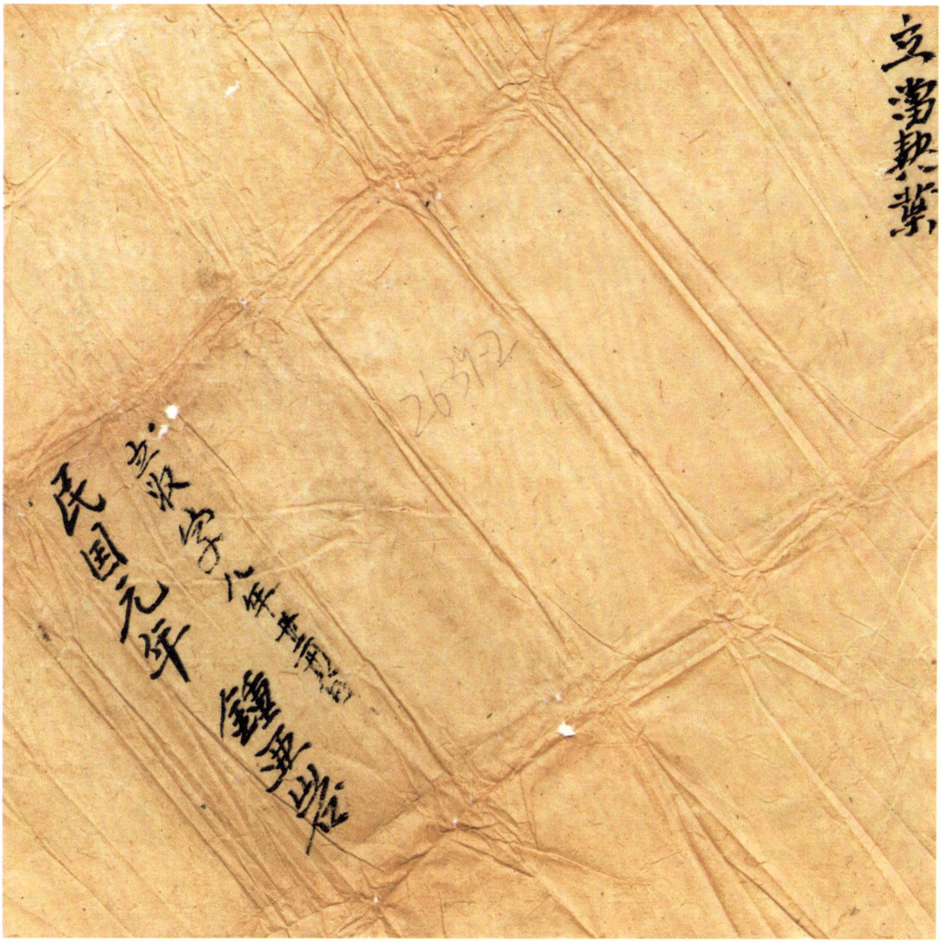

立當契業

立收字八年十二月廿八日

民国元年　鍾亞岩

民國元年鍾亞岩立當契

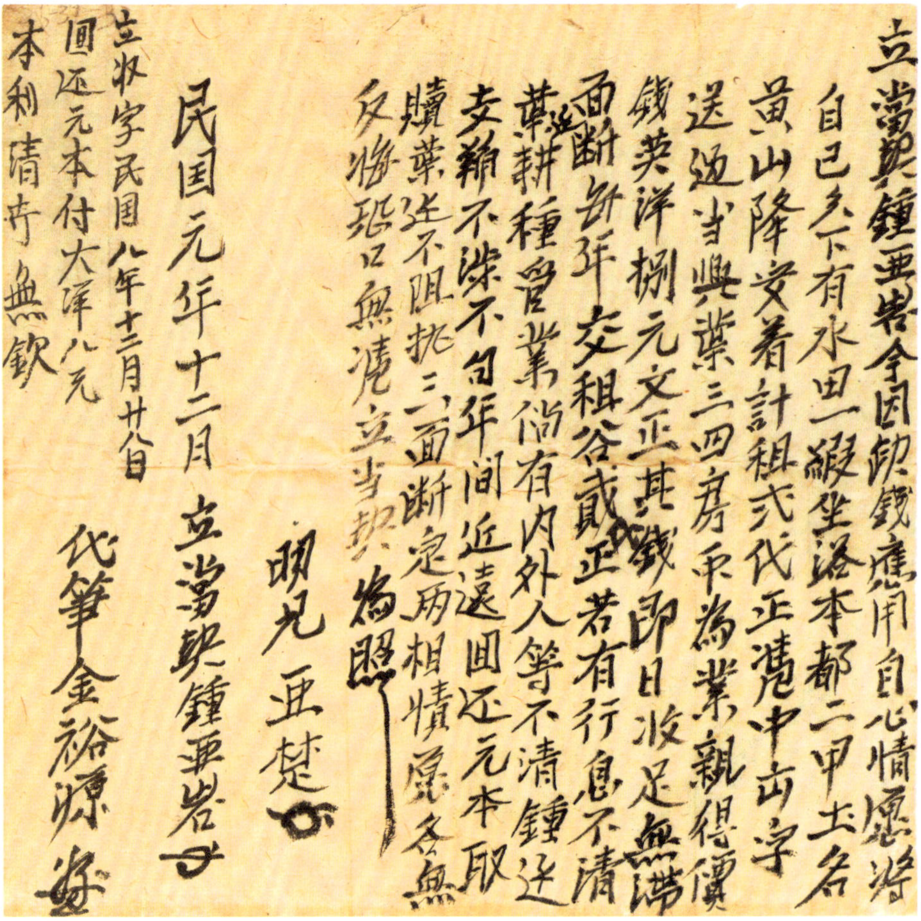

立當契鍾亞岩，今因缺錢應用，自心情愿，將自己名下有水田一緞[段]，坐落本都二甲，土名黄山降安着，計租式代[袋]正，憑中出字，送過当與葉三、四房衆爲業，親得價錢英洋捌元文正，其錢即日收足無滯，面断每年交租谷貳代[袋]正，若有行息不清，葉邊耕種管業，倘有内外人等不清，鍾邊支解，不涉，不句[拘]年间近遠，回还元本取贖，葉邊不阻执，三面断定，兩相情愿，各無反悔，恐口無憑，立当契爲照。

明兄亞楚（押）

民国元年十二月　立當契鍾亞岩（押）

立收字，民国八年十二月廿八日

回还元本付大洋八元　代筆金裕源（押）

本利清□[訖]無欽[欠]

民國元年鍾廷取立當字

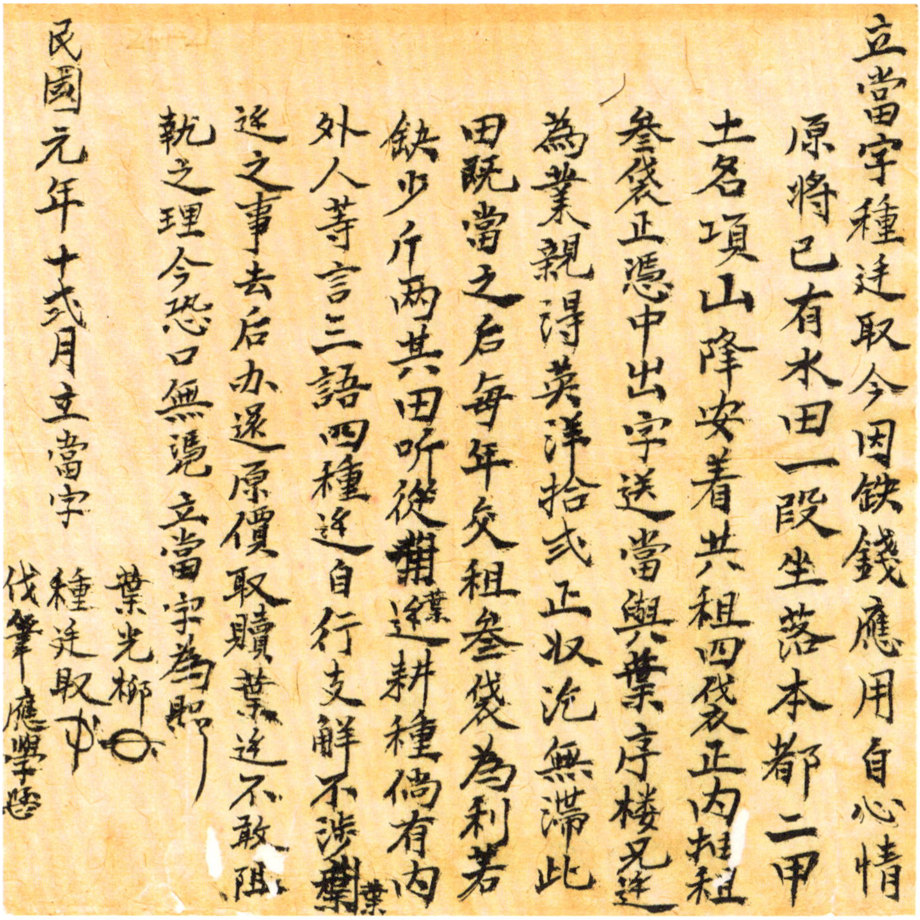

立當字種［鍾］廷取，今因缺錢應用，自心情原［願］，將己有水田一段，坐落本都二甲，土名項山降安着，共租四袋正，內抽租叁袋正，憑中出字，送當與葉序楼兄邊爲業，親得英洋拾弍正，收訖無滯，此田既當之后，每年交租叁袋爲利，若缺少斤兩，其田听從葉邊耕種，倘有内外人等言三語四，種［鍾］邊自行支解，不涉葉邊之事，去后办還原價取贖，葉邊不敢阻執之理，今恐口無憑，立當字爲照。

葉光柳（押）

民國元年十弍月立當字　種［鍾］廷取（押）

伐［代］筆　應學（押）

民國三年包契紙

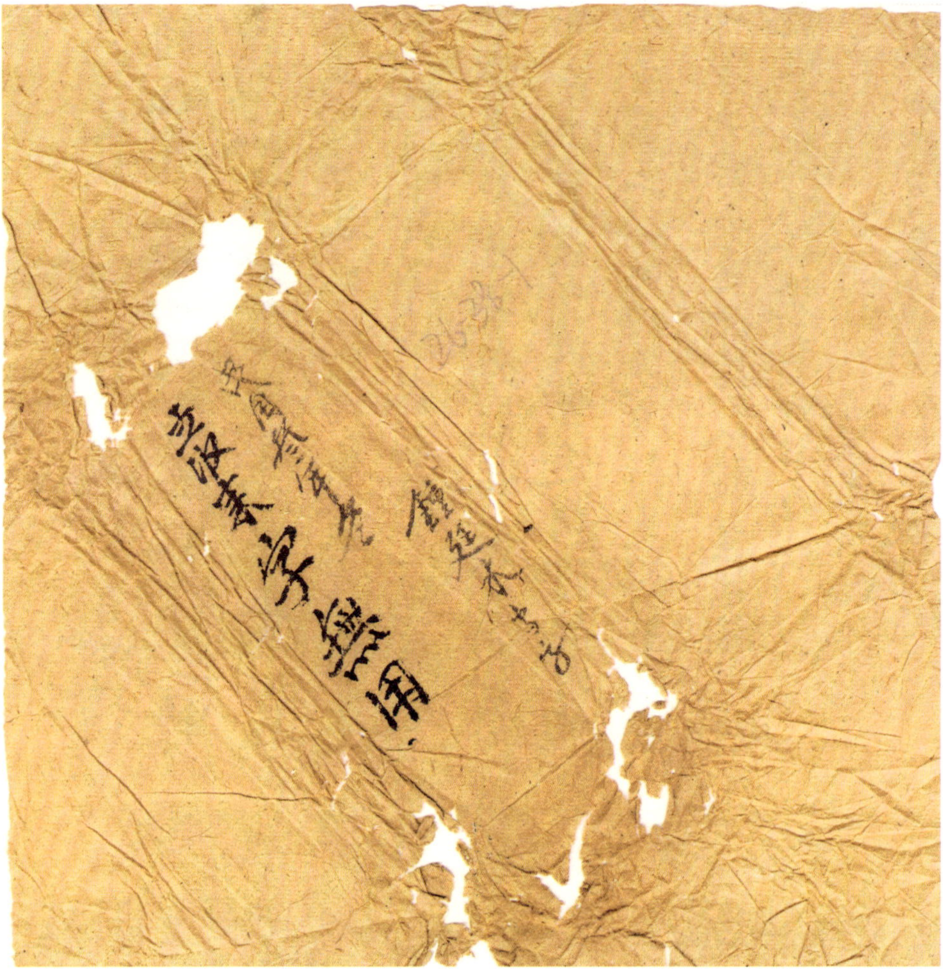

鍾廷木当字

民国叁年冬

立收來字無用

民國三年鍾廷木立當字並民國七年立收字

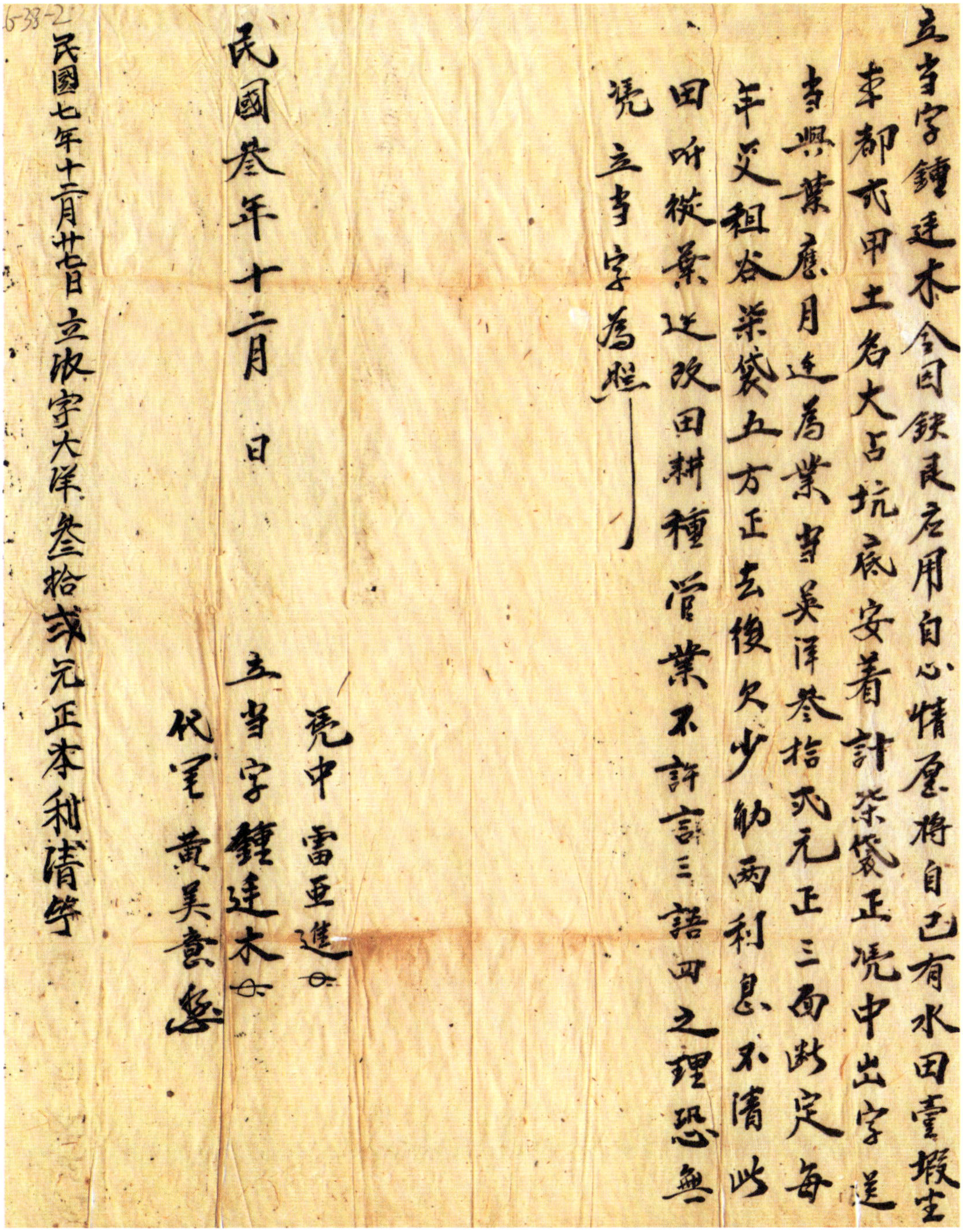

立當字鍾廷木今因缺艮應用自心情愿將自己有水田壹坵坐
夲都弍甲土名大占坑底安着計茶袋正憑中出字送
與葉應月边為業當吳洋叁拾弍元正三面斷定每
年交租谷柒袋五方正去後欠少納兩利息不清此
田听從業边改田耕種管業不許言三語四之理恐無
憑立當字為照

民國叁年十二月　日　立當字鍾廷木（押）
憑中雷亞進（押）
代筆黃美意（押）

民國七年十二月廿七日立收字大洋叁拾弍元正本利清訖

（前頁）>>>>

立当字鍾廷木，今因缺㞒［银］应用，自心情愿，将自己有水田壹坵，坐本都弍甲，土名大占坑底安着，計（租）柒袋正，憑中出字，送当與葉應月邊爲業，当英洋叁拾弍元正，三面断定，每年交租谷柒袋五方正，去後欠少觔兩、利息不清，此田听從葉邊改田耕種管業，不許言三語四之理，恐無憑，立当字爲照。

憑中雷亞進（押）

民國叁年十二月　日　立当字鍾廷木（押）

代笔黄美意（押）

民國七年十二月廿七日，立收字大洋叁拾弍元正，本利清楚

民國五年葉繼聽立當字

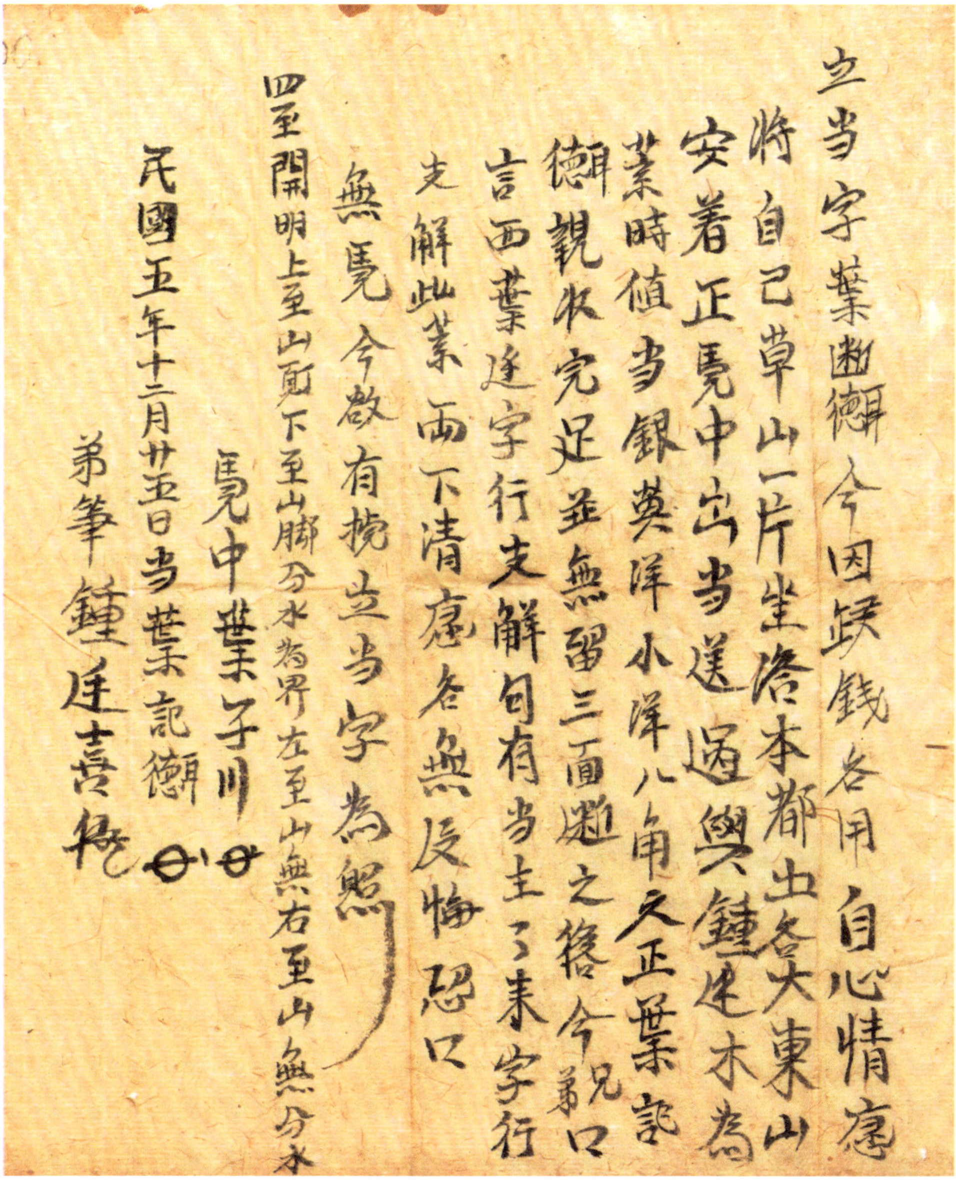
立当字葉繼聽今因缺錢各用自心情愿
將自己草山一片坐落本都土名大東山
安着正見中出当送過與鍾廷木為
業時值当銀英洋小洋八角文正葉繼聽
親收完足並無留三面繼之路今兄弟口
言西葉逢字行史解句有当主了未字行
史解此業兩下清愿各無反悔恐口
無憑今欲有據立当字為照
四至開明上至山頂下至山脚分水為界左至山無右至山無分水
見中葉子川
民國五年十二月廿五日当葉繼聽
弟筆鍾廷喜

（前頁）>>>>

立当字葉断〔繼〕聽，今因缺錢各〔應〕用，自心情愿，
將自己草山一片，坐洛〔落〕本都，土名大東山
安着正，憑中出当，送過與鍾廷木爲
業，時值当銀英洋小洋八角文正，葉記〔繼〕
聽親收完足，並無留，三面断之後，今兄弟口
言西〔四〕，葉邊字〔自〕行支解，句〔苟〕有当主□來，字〔自〕行
支解，此業兩下清〔情〕愿，各無反悔，恐口
無憑，今欲有據，立当字爲照。
四至開明，上至山頂，下至山脚分水爲界，左至山無，右至山無分水。

憑中葉子川（押）
民國五年十二月廿五日当葉記〔繼〕聽（押）
弟〔代〕筆鍾廷喜（押）

民國六年雷德彩立加找盡契

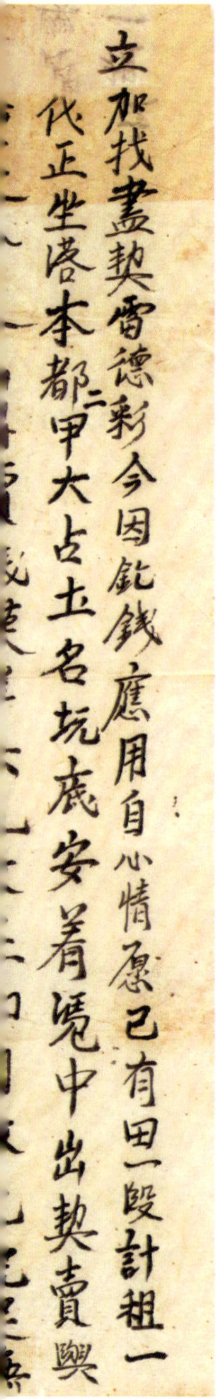
立加找盡契雷德彩今因缺錢應用自心情愿已有田一段計租一
代正坐落本都二甲大占土名坑底安着憑中出契賣與

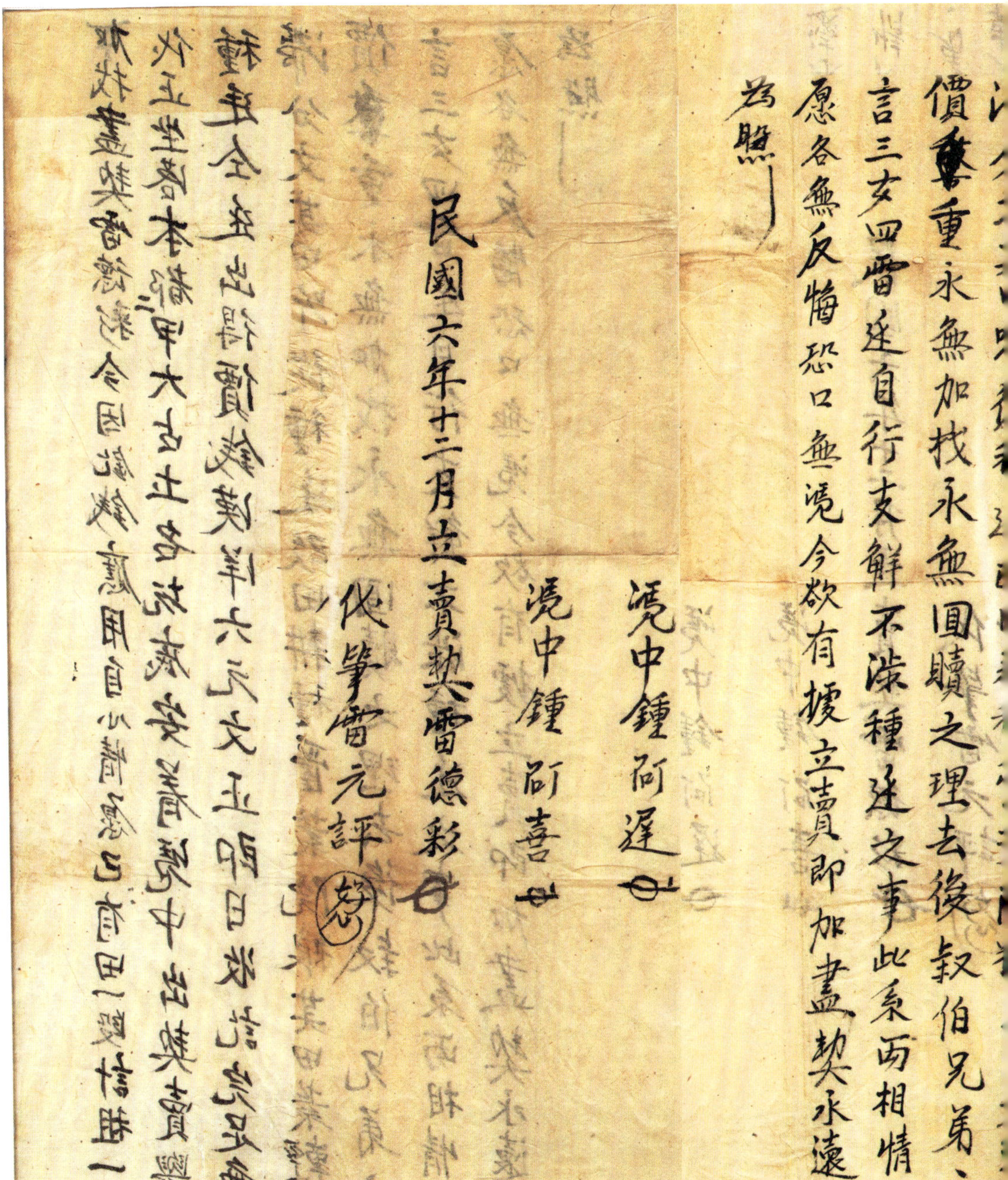

價錢重永無加找永無回贖之理去後叔伯兄弟、
言三女四雷廷自行支解不涉種廷之事此系兩相情
愿各無反悔恐口無憑今欲有據立賣即加盡契永遠
為照

憑中鍾阿遲
憑中鍾阿喜
民國六年十二月立賣契雷德彩
代筆雷元評

種年全主出價錢英洋六元文正即日收訖分文無
文正係本都二甲大石土名坑底安着憑中出契賣與
加找盡契雷德彩今因錢無應用自心情愿將己有田一坵計租一

（前頁）>>>>

立加找盡契雷德彩，今因釳[缺]錢應用，自心情愿，己有田一段，計租一代[袋]正，坐落本都二甲大占，土名坑底安着，憑中出契，賣與種[鍾]廷仝邊，出得價錢英洋六元文正，即日收訖完足，無滯分文，其田听從種[鍾]邊改田耕種，管業院[完]粮，其田業輕價重，永無加找，永無回贖之理，去後叔伯兄弟言三女[语]四，雷邊自行支解，不涉種[鍾]邊之事，此系兩相情愿，各無反悔，恐口無憑，今欲有據，立賣即加盡契永遠爲照。

憑中鍾阿遲（押）

憑中鍾阿喜（押）

民國六年十二月立賣契雷德彩（押）

代筆雷元評（押）

民國七年鍾阿木立當字

立借字鍾阿木今因缺應用自心情愿將己有水田壹段坐落

送佃與朱永申邊為業親得價銀英洋伍拾伍元正即日親收
完足並無滯此田既佃立后三面断定每年交租谷拾壹袋正
不敢欠少倘若租谷不清此佃悉听朱邊起佃耕種管業鍾邊
並無異言去后有力年分亦還原本取贖朱邊不許阻执此係
兩相情愿各無反悔今欲有據立佃字為照

凭中　鍾阿財十（押）

民國七年冬十二月　日立佃字　鍾阿木（押）

代筆　葉昌迪（押）

（前頁）>>>>

立當字鍾阿木，今因缺應用，自心情愿，將己有水田壹段，坐落本都二甲，土名三垟鼎安着，計租老額陸袋正，上至草山路，下至昌焕田，左至嶺頭福衆田，右至山員垟山邊爲界，憑中出字，送當與宋永申邊爲業，親得價銀英洋伍拾伍元正，即日親收完足，並無滯，此田既當之后，三面断定，每年交租谷拾壹袋正，不敢欠少，倘若租谷不清，此佃悉听宋邊起佃耕種管業，鍾邊並無異言，去后有力年分［份］亦还原本取贖，宋邊不許阻执，此係兩相情愿，各無反悔，今欲有據，立當字爲照。

憑中　鍾阿財（押）

民國七年冬十二月　　日立當字鍾阿木（押）

代筆　　葉昌迪（押）

立讀加找盡契鍾廷仝今因鈌錢應用自心情愿自己
有水田乙段計租一代正坐落坑内安着覔中出契
讀與鍾廷木邊出得價錢英洋六元正即日収訖
完足無滯分文其田听從種邊改田耕種管業院
粮其田業輕價重永無加找永回贖之理去後叔
自兄第言三女四種廷自行鼓解不涉鍾廷木為業
之事此系两相下情愿各無反悔恐口無憑今欲有據
並
立讀加盡契永遠為照

覔中鍾牌出

民國八年十二月立賣契鍾廷仝

代筆雷元評

（前頁）>>>>

立讀［賣］加找盡契鍾廷仝，今因乞［缺］錢應用，自心情愿，自己有水田一段，計租一代［袋］正，坐落坑内安着，憑中出契，讀［賣］與鍾廷木邊，出得價錢英洋六元正，即日收訖完足，無□［滯］分文，其田听從種［鍾］邊改田耕種，管業院［完］粮，其田業輕價重，永無加找，永（無）回贖之理，去後叔自［伯］兄第［弟］言三女［语］四，種［鍾］邊自行鼓［支］解，不涉鍾廷木爲業之事，此系兩相下情愿，各無反悔，恐口無憑，今欲有據，並立讀［賣］加盡契永遠爲照。

憑中鍾朝土（押）

民國八年十二月立賣契鍾廷仝（押）

代筆雷元評（押）

民國八年金裕源包契紙

民國八年　金裕源

民國八年金裕源立當契

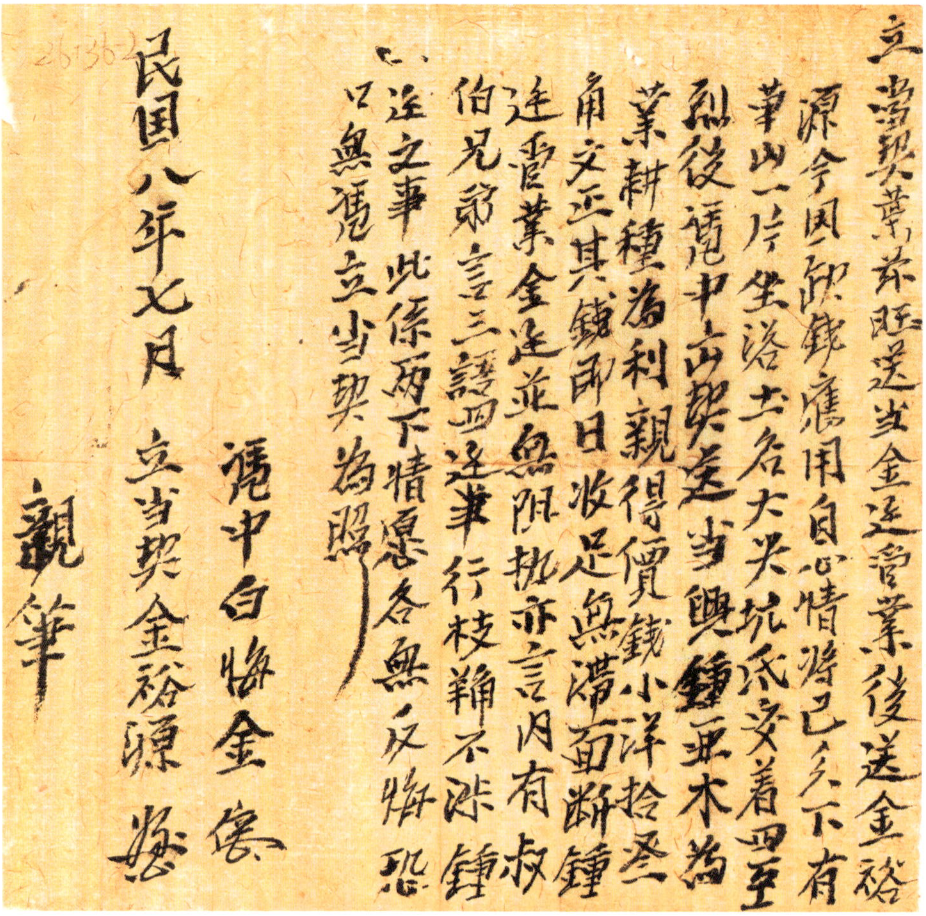

立當契葉兹旺，送当金邊管業，後送金裕
源，今因缺錢應用，自心情（願），將己名下有
草山一片，坐落土名大尖坑底安着，四至
烈［列］後，憑中出契，送当與鍾亞木爲
業，耕種爲利，親得價錢小洋拾叁
角文正，其錢即日收足無滯，面断，鍾
邊管業，金邊並無阻执亦［異］言，内有叔
伯兄弟言三語四，（葉）邊自行枝［支］解，不涉鍾
邊之事，此係兩下情愿，各無反悔，恐
口無憑，立当契爲照。

憑中白悔金（押）

民国八年七月　立当契金裕源（押）

親筆

立賣加盡契鍾有賞，今因缺錢應用，自心情愿將自己
有山崗半坪，計簕豆乙百陸拾支正，坐落本都
大尖门墓下，安着浣忠出契賣與叔鍾廷木廷
管業栽種，三面斷定，親得價銀大洋乙元正，其
銀即日親收完足，分銀並無存留，輕價重價，心
意足，無加無找，永無回贖。此展未賣之先，並無
别處交関，既賣業以后，三面斷定，有域地在内。倘
有内外人等言三語四，賣主自行支解，不涉買廷
之事。此係兩相承愿，各無反悔，今恐無憑，立賣盡
契永遠為照。

浣忠鍾朝才

民國玖年冬月　吉立賣盡契鍾有賞

代筆雷元平

(前頁)>>>>

立賣加盡契鍾有賞，今因缺錢應用，自心情愿，將自己有山园半坪，計藤豆一百陸拾支[枝]正，坐落本都大尖門臺下安着，憑忠[中]出契，賣與叔鍾廷木邊管業栽種，三面断定，親得價銀大洋一元正，其銀即日親收完足，分銀並無存留，(業)輕價重價，心滿意足，無加無找，永無回贖，此處未賣之先，並無别處交關，既賣業以后，三面断定，有域地在内，倘有内外人等言三語四，賣主自行支解，不涉買邊之事，此係兩相承愿，各無反悔，今欲有據，立賣盡契永遠爲照。

憑忠[中]鍾朝才(押)

民國玖年冬月吉立賣盡契鍾有賞(押)

代笔雷元平(押)

立賣盡業子旺送賣與金亞水邊今因缺銀應
用自心情願將自己有草山壹片坐落本都
土名二甲馱尖坑冬妥著上至橫路下至路左
岩塔腳慌平為界右至分水為界四至奧鄰卅
分明憑中出契送賣與鍾亞木邊管業玉
得侍伍賀銀國幣洋叄圓叄角正即日親
收完足並無存滯此山既賣去後永無加找
永無回贖不涉異言之理不許言三語四恐口
無遠立賣契永遠為照

　　　　　　　　　　　憑中　葉子川（押）

中華民國玖年冬月日　　　　白悔金（押）

　　　　立賣盡契金亞水（押）

　　代筆　雷益增（押）

立賣盡葉子旺，送賣與金亞水邊，今因缺銀應
用，自心情願，將自己有草山壹片，坐落本都
土名二甲馱尖坑底安着，上至橫路，下至路左
岩塔腳慌[荒]平[坪]為界，右至分水為界，四至魚鄰[鱗]册
分明，憑中出契，送賣與鍾亞木邊管業，出
得侍[時]值賀[價]銀國幣洋叄圓叄角正，即日親
收完足，並無存滯，此山既賣，去後永無加找，
永無回贖，不涉異言之理，不許言三語四，恐口
無憑，立賣契永遠為照。

　　　　　　　　　　　憑中　葉子川（押）

中華民國玖年冬月日　　　　白悔金（押）

　　　　立賣盡契金亞水（押）

　　代筆　雷益增（押）

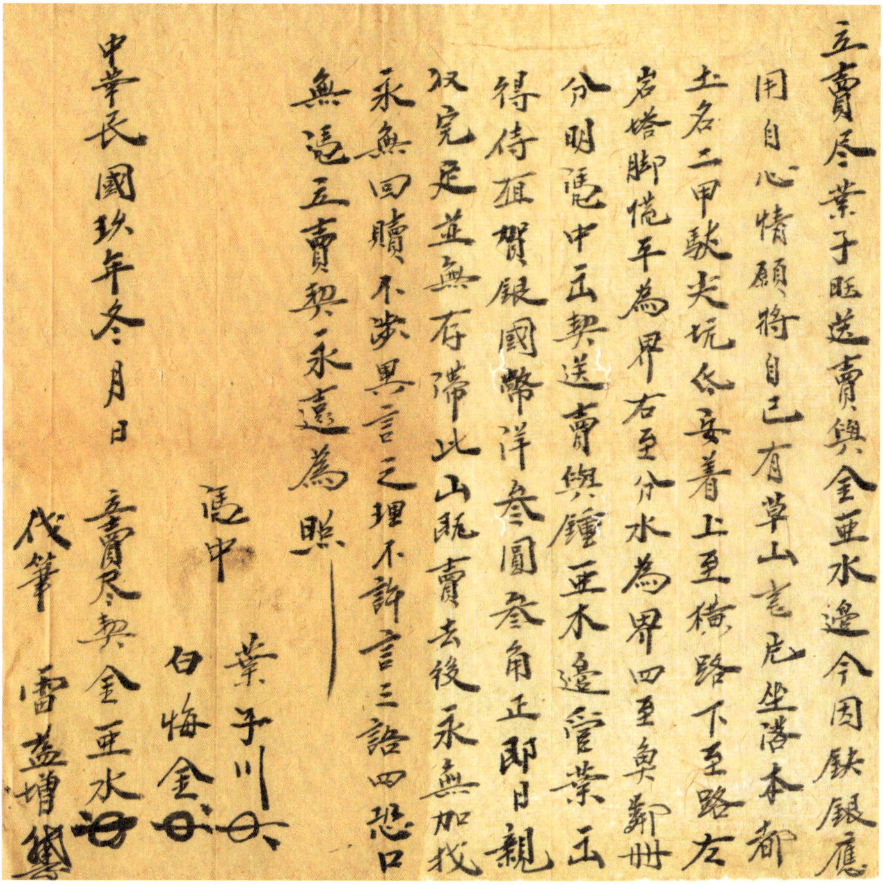

民國九年金亞水賣盡契包契紙

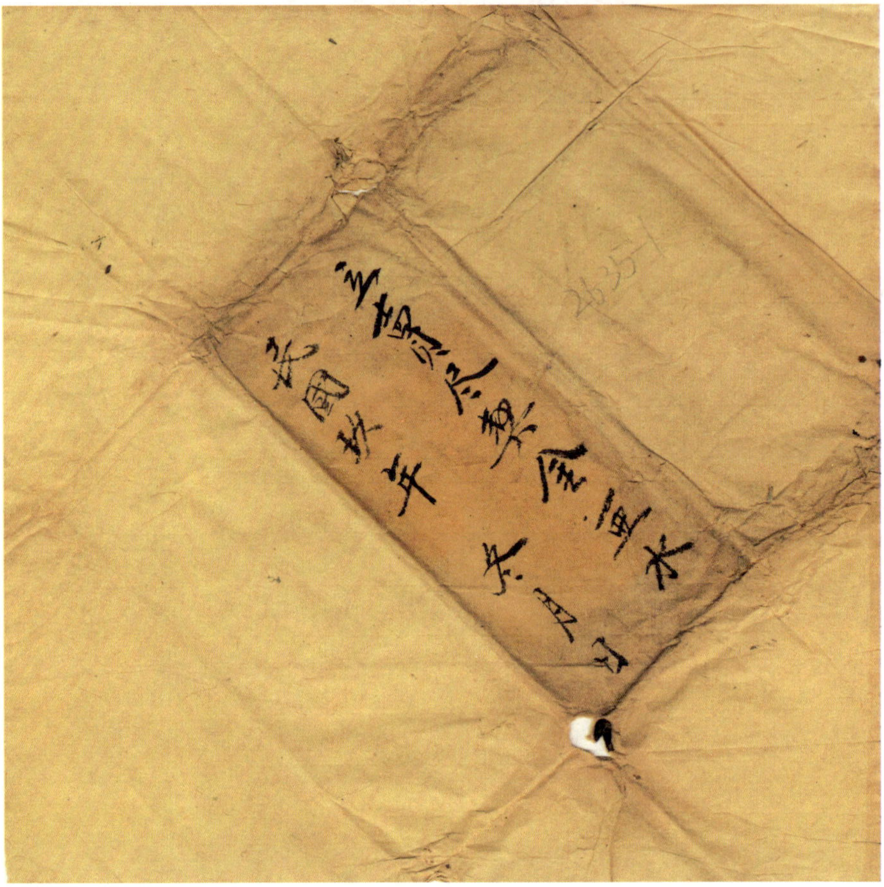

立賣尽契金亞水
民國玖年　冬月日

民國十六年金裕源等立賣加盡契

立賣加盡契金裕源今因缺錢應用自心情願將自己下有草山一片坐落五十三都二甲土名有坦安前葉繼彩買金家後賣鍾曾葉四至列後憑中出契送賣大岙鍾廷桐二人全買親錢英洋弍元叁角文正其錢即日親收完足並無加找亦無回贖三面斷倘有內外人等言三語四金邊自行枝解不涉鍾之事此係兩下情各反悔恐口無憑立賣加盡契為照

計開四至　上至横路　下至横路　左至葉邊　右至葉繼凉　為界

憑中　葉蘇釗（押）

民国拾陸年冬　立賣加盡契　金裕源（押）

金大成母亦洽（押）

親筆

（前頁）>>>>

立賣加尽契金裕源，今因缺錢應用，自心情源［願］，將自己下有草山一片，坐落五十三都二甲，土名有坦安，前葉继彩買金家，後賣鍾管業，四至烈［列］後，憑中出契，出賣大尖鍾廷同、廷木二人仝買，親（得）錢英洋弍元叁角文正，其錢即日親收完足，並無加找，亦無回贖，三面断，倘有内外人等言三語四，金邊自行枝［支］解，不涉鍾之事，此係兩下情（願），各（無）反悔，恐口無憑，立賣加尽契爲照。

計開四至，上至横路，下至横路，左至葉邊，佑［右］至繼凉爲界。

憑中葉兹釧（押）

民國拾陸年冬　立賣加尽契金裕源（押）

金大成母出洽（押）

親筆

民國十六年包契紙

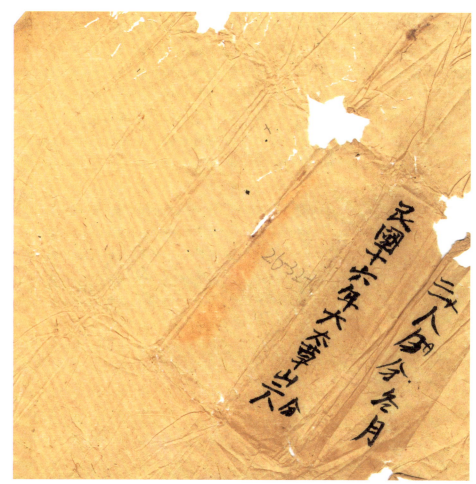

三人合分冬月
民國十六年大太草山二人分

民國十八年葉序楼立賣契

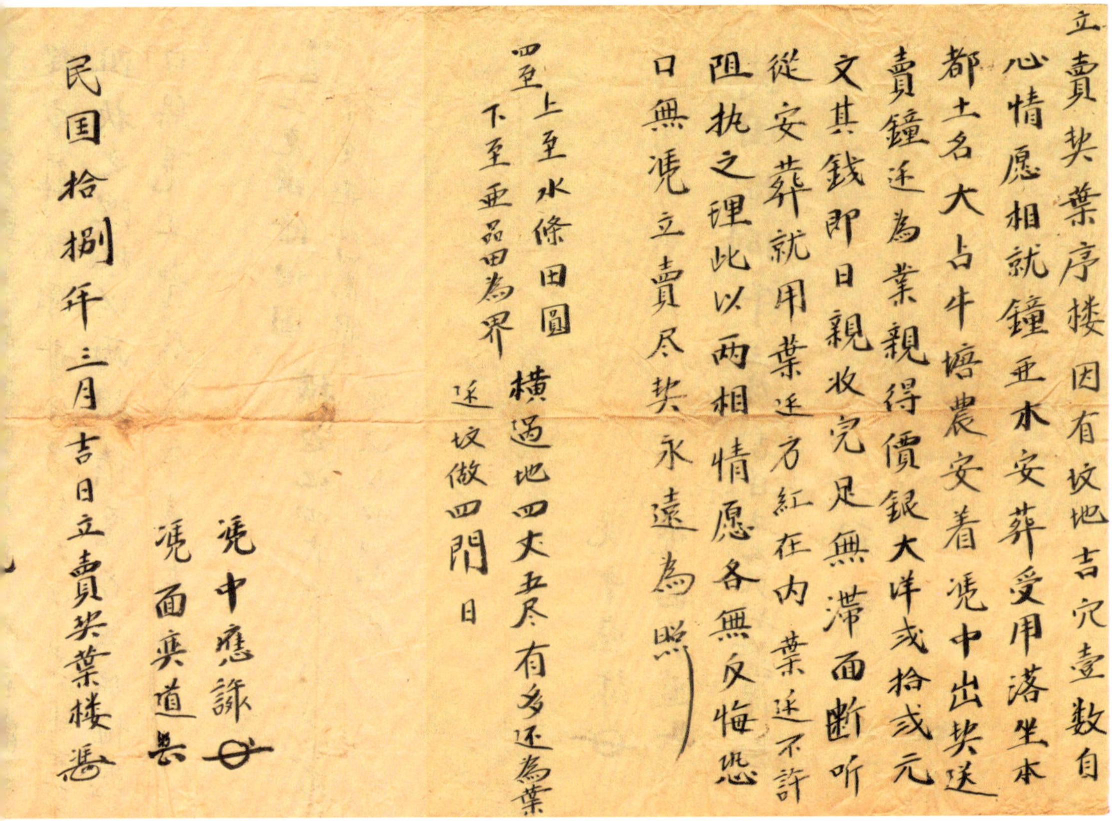
立賣契葉序楼因有坟地吉穴壹數自
心情愿相就鐘亚木安葬受用落坐本
都土名大占牛塆農安着凴中出契送
賣鐘迯為業親得價銀大洋贰拾贰元
文其錢即日親收完足無滯面斷听
從安葬就用葉迯有紅在内葉迯不許
阻执之理此以兩相情愿各無反悔恐
口無凴立賣尽契永遠為照
四至上至水條田圖
下至亚品田為界
横過地四丈五尺有多迯為葉
迯坟做四門日
凴中應詠（押）
凴面奐道（押）
民国拾捌年三月吉日立賣契葉序楼（押）

（前頁）>>>>

立賣契葉序楼，因有坟地吉穴壹数，自心情愿，相就鍾亞木安葬受用，落坐本都，土名大占牛塘農安着，憑中出契，送賣鍾邊爲業，親得價銀大洋弍拾弍元文，其錢即日親收完足無滞，面断，听從安葬就用，葉邊方紅在内，葉邊不許阻执之理，此以兩相情愿，各無反悔，恐口無憑，立賣尽契永遠爲照。

四至　上至水條田圓[園]　横過地四丈五尽有，多还爲葉

　　下至亞品田爲界　　　邊坟做四門日

憑中應詠（押）

憑面奕道（押）

民国拾捌年三月吉日立賣契葉楼（押）

親筆

民國十八年葉繼聽立賣加盡契

立賣加盡契葉繼聽，今因缺錢應用，自心情愿將自己
有草山壹片，坐落本都土名茴水尖一峰安爲外
横路下一片安爲，四至列后，憑忠出契送賣與鍾有竹
邊應樣管業，以及逢青在内，其銀即日前後收契，親得
價銀大洋弍元文正，親收完足，分文並無存留，此係未賣
之先並無別家交關，既賣盡之後，輕價重價，心滿意足，無
加無找，永無取贖之理，此係兩下承愿，各無反悔，恐歎有
據，立此賣加盡契，永遠爲照。

四至分明：上至山頂，下至坑水，右至山河，左至山河爲界。

民国拾捌年孟夏月六月初三日　葉繼聽（押）

憑忠　吳道（押）

代筆　繼寸（押）

(前頁)>>>>

立賣加盡契葉继聽，今因缺錢應用，自心情愿，將自己有草山壹片，坐落本都，土名百水尖一垟安着，外横路下 一片安着，四至列后，憑忠[中]出契，送賣與鍾有竹邊應樣管業，以及逢青在内，其銀即日前後共契親得，價銀大洋弍元文正，親收完足，分文並無存留，此處未賣之先，並無别處交關，既賣尽業以後，(業)輕價重價，心滿意足，無加無找，永無取贖之理，此係兩下承愿，各無反悔，今欲有據，立此賣加盡契永遠爲照。

四至分明，上至山頂，下至分水，左至山河，右至山河爲界。

憑忠[中]　奕道(押)

民国拾捌年孟夏月六月初三日　葉继聽(押)

代筆　继寸(押)

民國十八年葉繼聽山契包契紙

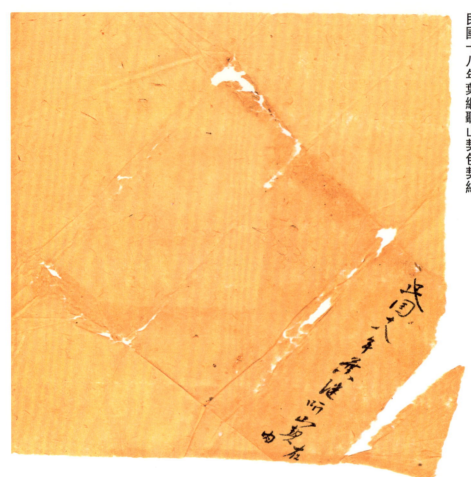

民國十八年葉繼听山契在内

民國二十年收據

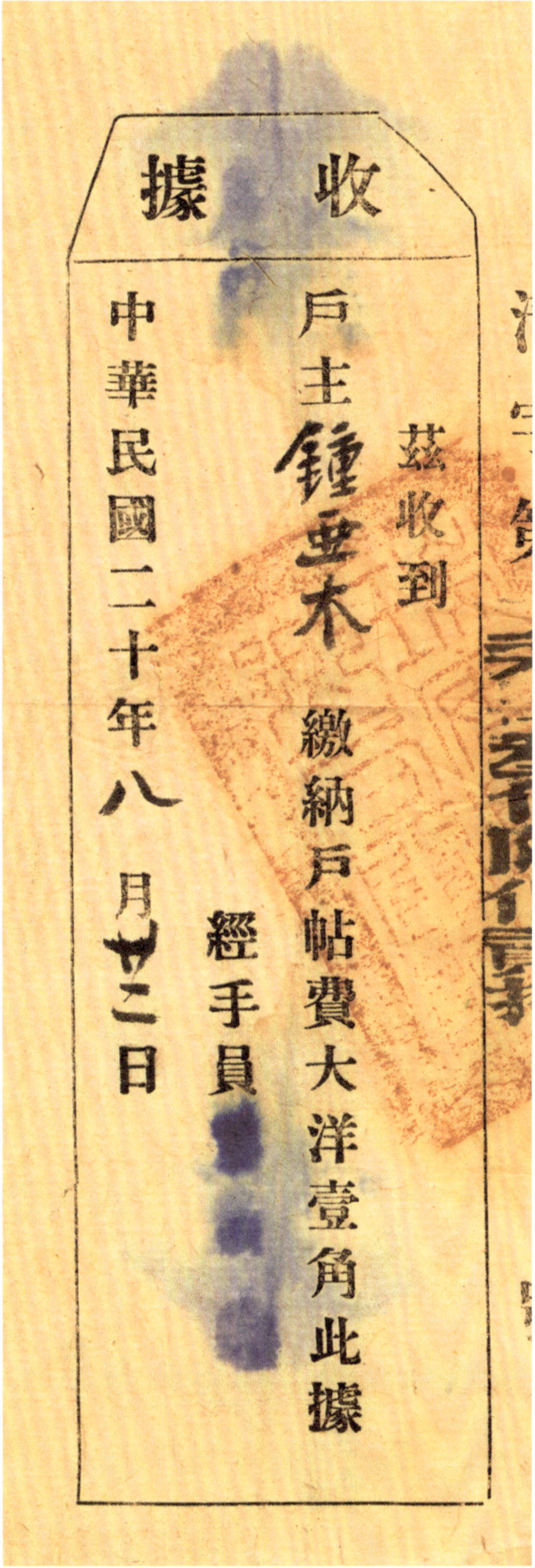

收

兹收到

户主鍾亞木繳納户帖費大洋壹角，此據。

經手員□□□

據　中華民國二十年八月廿二日

民國二十一年葉序樓等立加找盡契

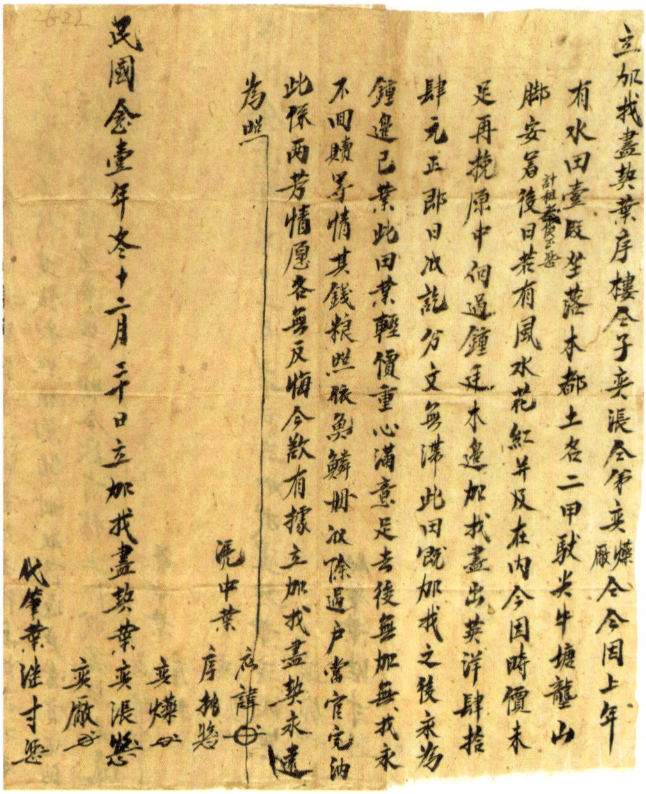

立加找盡契葉序樓仝子奕浱仝弟奕爍、奕廠仝，今因上年
有水田壹段，坐落本都，土名二甲馱尖牛塘壟山
脚安着，計租叁袋正(押)，後日若有風水花紅並及在内，今因時價未
足，再挽原中向過鍾廷木邊加找盡出英洋肆拾
肆元正，即日收訖，分文無滯，此田既加找之後，永爲
鍾邊己業，此田業輕價重，心滿意足，去後無加無找，永
不回贖等情，其錢粮照依魚鱗册收除過户，當官完納，
此係兩芳[方]情愿，各無反悔，今欲有據，立加找盡契永遠
爲照。

憑中葉　応諱(押)
序桃(押)
奕爍(押)
民國念壹年冬十二月二十日立加找盡契　葉奕浱(押)
奕廠(押)
代筆　葉继寸(押)

民國三十六年延生道場所牒

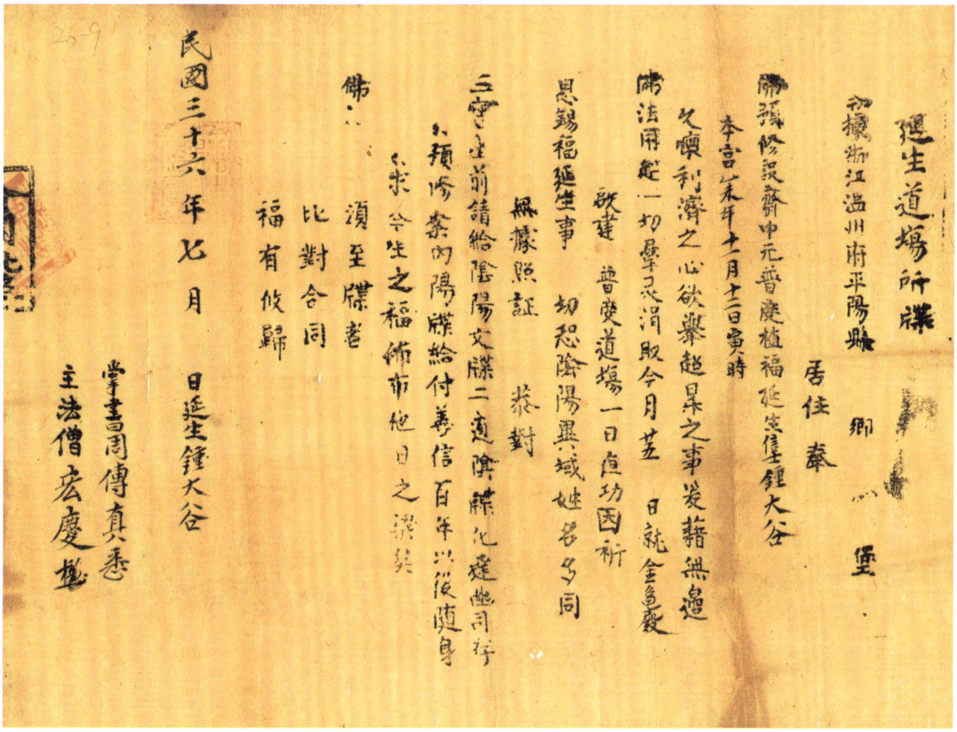

延生道場所牒

今據浙江温州府平陽縣　鄉　堡

居住　奉

佛預修設齋中元普度植福延生信士鍾大谷

本宫，乙未年十一月十二日寅時，

久懷利濟之心，欲舉超昇之事，髮藉無邊

佛法，闬超一切羣灵，涓取今月廿五　日，就金龟殿

啓建　普度道場一日庶功，因祈

恩賜福延生事，切恐陰陽異域，姓名多同，

無據照證，恭對

三寶聖前請給陰陽文牒二通，陰牒化達幽司，存

□預修案内，陽牒給付善信，百年以後随身

□求　今生之福，佈布他日之樂矣。

佛　須至牒老

比對合同

福有攸歸

民國三十六年（印）七月　日延生鍾大谷

掌書周傳真（押）

主法僧宏慶（押）

（印）

包契紙

吉地

當字包契紙

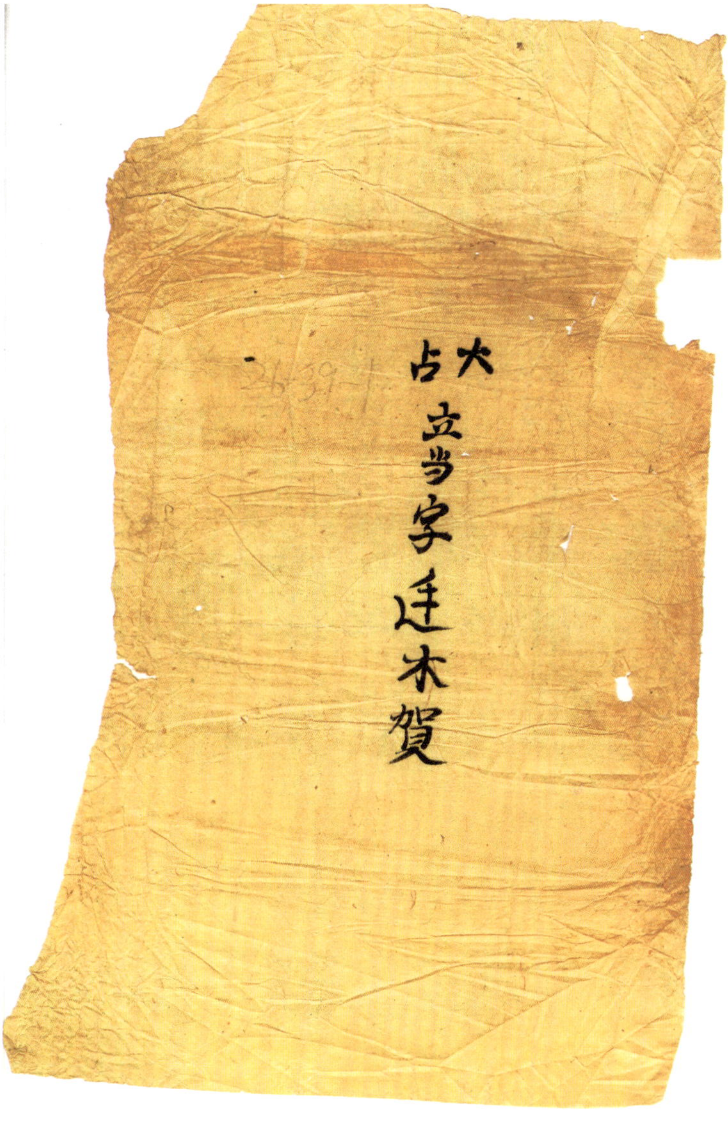

大占立当字　廷木賀

陳增彩立賣盡契

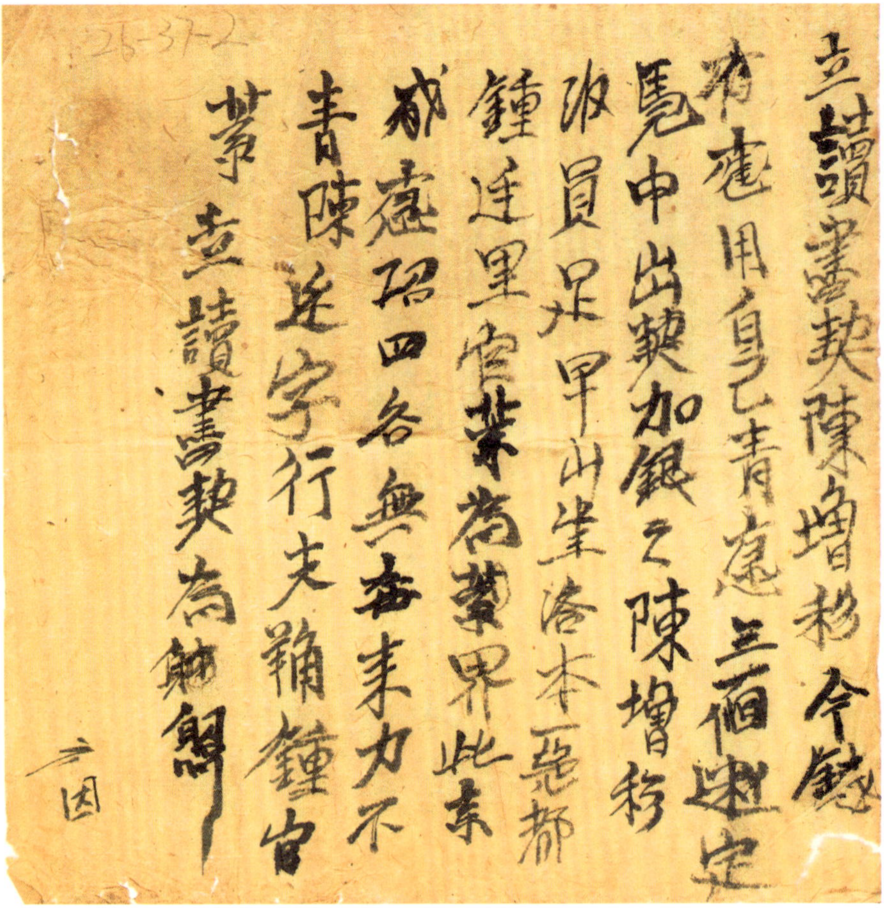

立讀〔賣〕盡契陳增彩，今缺
有〔錢〕應用，自己青〔情〕愿，三面断定
憑中出契，加銀錢，陳增彩
收員足，早〔草〕山坐落本惡都，
鍾廷里官〔管〕業，爲業界，此系
成〔情〕愿，恐四，各無每〔悔〕，來力〔歷〕不
青〔清〕，陳邊字〔自〕行支解，鍾官〔管〕
業，立讀〔賣〕盡契爲照。

□因

二源鎮陳鍾民族村鍾永林户

乾隆四十九年雷氏立分業鬮書

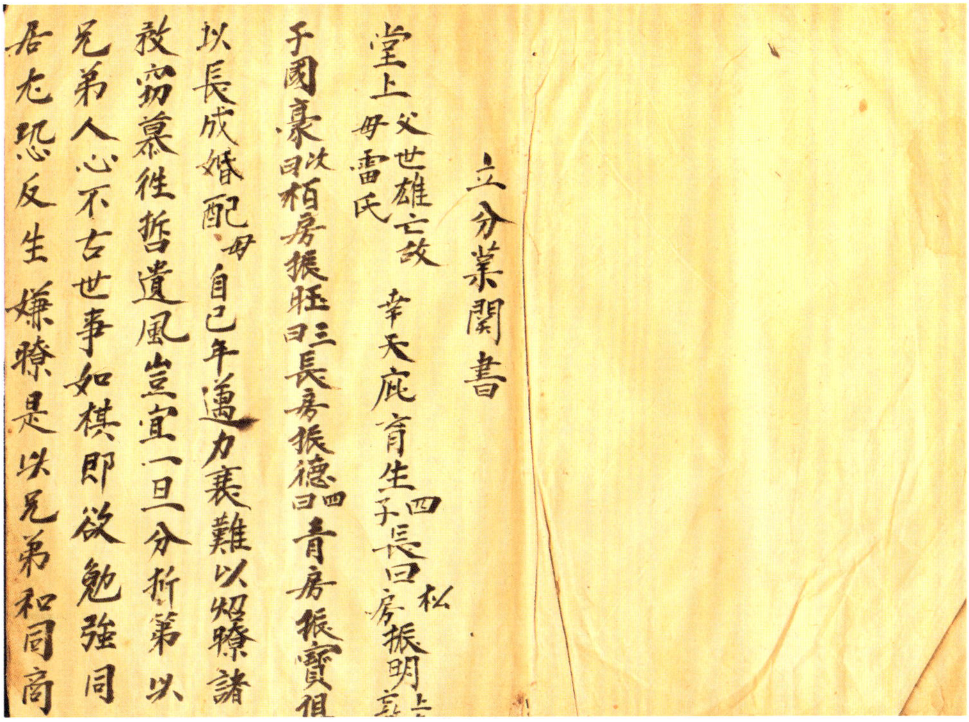

立分業鬮書

堂上父世雄亡故 母雷氏 幸天庇育生四子長曰松房振明

子國豪次曰栢房振珏三曰長房振德四曰青房振寶

以長成婚配 母自己年邁力衰難以照料諸

致窮慕往哲遺風豈宜一旦分析第以

兄弟人心不古世事如棋即欲勉強同

居尤恐反生嫌隙是以兄弟和同商

議邀請尊長伯叔親戚等各將受
分祖父及自續置基地屋宇田園
竹木財物器用等項品搭均分禱
神拈鬮為定諸兄開載明白俱係至
公無私各宜分照閬管業如有爭長
競短挑此分閬經公重罰今恐無憑
立分閬肆紙一樣兄弟各挑乚紙永為
子孫存照

計開屋宇田產業山塲竹木開俱于后
一倍頭房屋右邊正屋四直横軒五直共九（直）
一廊火箱間一直第三直分與私房居住
一正乚間直第弍直分與栢房居住
一横軒内第弍直分與長房居住
一横軒外弍直分與青房居住
一正屋中堂横軒中堂直出路道衆用
一左邊倉屋乚座三間各合一手中堂直出路道用乗

一淨山后房屋乚座朝面
一左近正屋三直分與私房居住
一右邊正屋三直分與栢房居住
一左邊横軒并前大共五直分與長房居住
一右近横軒并前大共五直分與青房居住
一正屋中堂直出前大中堂直出路道衆用
一左邊牛欄朝间私栢長青各合一間作用
一右近倉屋伍直各房合一直中堂直出路道衆用

一祭稽萱坟田坐落八都五源土名林畲尖
单坵安着計租叁碩私栢長青輪流祭坟
一祭兄弟坟田坐落八都五源淨山后土名寨下
均坵安着計租叁碩又屋后弍坵又水碓乚坵
二号租弍石共租伍石私栢長青子祭坟田
一拈松房長子田坐落八都五源淨山后土名
寨下安着計田一坵計畝一亩伍分計租朝碩
伍方分與孫國家管業

一屋后墻园内吉地一穴分与國豪日后安厝管業
計開松房田段山場園地竹木一所在田近四至内
一段田坐落若淨山后屋後降安着
一至小長坵田外堪為界 下至坑為界
一左小坑直上大坵下第式罡田堪外横入塘為界
一右至屋右近路直上小長坵為界此田俱立四至分明
一段土名大坡上頭安着
一上至山頂為界下至坑為界左至坑直上
頂為界右至坑直上牛塘水口為界又四
至内下坑邊抽出田式拾坵分為與長房
耕種管業此田俱開四至分明
一段田土名三國坵安着
一至上至山頂為界下至山圳為界左至山
圳水井坵外堪〻横过水圳頭〻直上塘口〻
水圳横过為界右至水圳直上墻坵上罡
後坎横过小塘〻〻直上塘〻直上山頂為界

此田俱立四至分明
計開栢房田段山場地園竹木一所在田近四至
一段田坐落淨山后土名嶺脚安着
一至大坵第式罡田坎外為界 上至坑為界
左至小坑為界右至小坑為界 下段坑邊抽出
三罡共田拾叁坵 分為青房耕種管業此田
俱立四至明白
一段田坐落土名水碓埄安着
一左至山圳直大坳為界右至小坑直山頂
為界下至坑為界此田計開四至分明
一段田坐落土名墩坵安着
一上至塘下至水圳為界又至小坑為界左
至下坑直上中石壁〻〻直上坳坵〻直埄
水圳為界右至山圳直上水井坵外堪為
界 坑邊栢房四至内抽出田拾柒坵分與
長房耕種管業計開四至分明

計開長房田段山場園地竹木在田迳四至内
一段田坐落大界土名安着
一至上山頂為界下至水口為界左至奇峯
直下坑口為界右至小坑直上大垅二嵬田堪
外横入小塘〻〻直上中塘〻〻直上〻塘〻〻直上小
塆〻〻直上山頂為界俱開四至分明
一段田坐落土名石壁上安着
一上至山頂為界下至坑為界左至山圳直上
小塆直上塆垅〻〻上嵬後堪横過小塆〻〻直
上小塘〻〻直上山頂為界
栢房坑迳四至内田抽来拾七垅長房耕種
管業又松四至内大圳上下段坑迳抽来田弍拾
垅長房耕種管業
計開青房田段山場園地竹木一所在田迳四至内
一段田坐落土名寨下安着
一至山頂為界下至屋後塆坑為界左至奇

峯峰直下小塆〻〻直下上塘〻〻直下中塘〻〻直下
小塘〻〻直下小長垅坎外横入下路為界右至
山頂直下塌垅〻〻直下石壁〻石壁〻〻直下坑為
界此田計開四至分明
一段田坐落土名牛塘下塆安着
一至上至山頂為界下至水口左至牛塘下坑直
水口為界右至梅樹降直下為界
栢房嶺脚下段坑迳四至内抽来田拾三垅青房
耕種管業此田俱立四至分明
計開坐落九都四源髙村土名水碓峯屋宇
田座菜乙座乜直松栢長青駟房均分
一正屋左迳中柱后直过中堂分與長房居住
一正屋左迳中柱前直〻过中堂分與栢松房居住
一正屋右迳中柱后直〻过中堂分與青房居住
一正屋右迳中柱前直〻过中堂分與栢房居住
一中堂直出路道眾用

一正屋右边田大小叁坵松栢長青爭業

一号田坐落土名㷀窟后龍壟下段田大小拾乚坵分與松青房營業

一号田坐落水碓降屋門前大小陸坵分与松房耕種營業

一号田坐落土名㷀窟上段田分與栢房耕種營業

一号田坐落土名水碓降淺田大小九坵分與栢房營業

一号田坐落水碓埄土名栗坵田乚坵分與長房耕種營業

一号田坐落水碓降土名水尾田分與長房營業

一号田坐落土名㷀窟路下分與青房營業

一号田坐落水碓土名黄坭田坵弃水𡸁大小伍坵青房營業

乾隆貳拾玖年十月　日立分業鬮書母雷氏

青房

子國汝曰栢房振旺三曰長房振德四曰青房振寶俱

立分業鬮書

堂上父世雄亡故，母雷氏幸天庇育，生四子，長曰松房振明上年亡故，子國豪，次曰栢房振旺，三曰長房振德，四曰青房振寶，俱以[已]長成婚配，母自己年邁力衰，難以照暸[料]諸敉[務]，竊慕往哲遺風，豈宜一旦分折，第以兄弟人心不古，世事如棋，即欲勉强同居，尤恐反生嫌暸[隙]，是以兄弟和同商

議，邀請尊長伯叔親戚等，各將受
分祖父及自續置基地、屋宇、田園、
竹木、財物、器用等項，品搭均分，禱
神拈鬮爲定，諸兄開載明白，俱係至
公無私，各宜分照鬮管業，如有争長
競短，执此分鬮經公重罰，今恐無憑，
立分鬮肆紙一樣，兄弟各执一纸，永爲
子孫存照。

計開屋宇、田産業、山塲、竹木開俱于后，

一培頭房屋，右邊正屋四直，横軒五直，共九直，
一直火箱間，一直第三直，分與松房居住，
一正一間，直第弍直，分與栢房居住，
一横軒内第弍直，分與長房居住，
一横軒外弍直，分與青房居住，
一正屋中堂、横軒中堂直出路道衆用，
一左邊倉屋一座三間，各合一半，中堂直出路道衆用，
一净山后房屋一座，肆面，
一左邊正屋三直，分與松房居住，
一右邊正屋三直，分與栢房居住，
一左邊横軒並前大共五直，分與長房居住，
一右邊横軒並前大共五直，分與青房居住，
一正屋中堂直出、前大中堂直出路道眾用，
一左邊牛欄肆間，松、栢、長、青各合一間作用，
一左邊倉屋伍直，各房合一直，中堂直出路衆道用，
一祭椿萱坟田，坐落八都五源，土名林畲尖
单坵安着，計租叁碩，松、栢、長、青輪流祭坟，
一祭兄弟坟田，坐落八都五源净山后，土名寨下
坳坵安着，計租叁碩，又屋后弍坵，又水碓一坵，
二号，租弍石，共租伍石，松、栢、長、青于祭坟田，
一拈松房長子田，坐落八都五源净山后，土名
寨下安着，計田一坵，計畝一亩伍分，計租肆碩
伍方，分與孫國豪管業。

一屋后塆园内吉地一穴，分与國豪日后安厝管業，
計開松房田段、山場、園地、竹木一听在田邊四至内，
一段田坐落土名浄山后屋後降安着，
一(上)至小長坵田外堪爲界，下至坑爲界，
一左(至)小坑直上大坵下第式毘田堪外横入塘爲界，
一右至屋右邊路直上小長坵爲界，此田俱立四至分明，
一段土名大坡上頭安着，
一上至山頂爲界，下至坑爲界，左至坑直上
頂爲界，右至坑直上牛塘水口爲界，又四
至内下坑邊抽出田弍拾坵，分爲與長房
耕種管業，此田俱開四至分明，
一段田土名三國坵安着，
一至上至山頂爲界，下至山圳爲界，左至山
圳水井坵外堪以横过水圳顛以直上塘口以
水圳横过爲界，右至水圳直上塆坵上毘
後坎横过小塘塆以直上塘以直上山頂爲界
此田俱立四至分明，
　計開栢房田段、山場、地園、竹木一听在田邊四至内，
一段田坐落浄山后，土名嶺脚安着，
一(上)至大坵第式毘田坎外爲界，下至坑爲界，
左至小坑爲界，右至小坑爲界，下段坑邊抽出
三毘，共田拾叁坵，分爲青房耕種管業，此田
俱立四至明白，
一段田坐落土名水碓埄安着，
一左至山圳直大坳爲界，右至小坑直山頂
爲界，下至坑爲界，此田计開四至分明，
一段田坐落土名墩坵安着，
一上至塘，下至水圳爲界，又[右]至小坑爲界，左
至下坑直上中石壁以直上坳坵以直埄
水圳爲界，右至山圳直上水井坵外堪爲
界，坑邊栢房四至内抽出田拾柒坵，分與
長房耕種管業，计開四至分明

計開長房田段、山場、園地、竹木在田邊四至内，

一段田坐落大界土名安着，

一至上山頂爲界，下至水口爲界，左至奇峰

直下坑口爲界，右至小坑直上大坵二晁田堪

外横入小塘以直上中塘以直上以塘以直上小

塆以直上山頂爲界，俱開四至分明，

一段田坐落土名石壁上安着，

一上至山頂爲界，下至坑爲界，左至山圳直上

小塆直上塆坵以上晁後堪横過小塆以直

上小塘以直上山頂爲界，

栢房坑邊四至内田抽來拾七坵長房耕種

管業，又松四至内大圳上下段坑邊抽來田式拾

坵長房耕種管業，

計開青房田段、山場、園地、竹木一听在田邊四至内，

一段田坐落土名寨下安着，

一(上)至山頂爲界，下至屋後塆坑爲界，左至奇

峰垟直下小塆以直下上塘以直下中塘以直下

小塘以直下小長坵坎外横入下路爲界，右至

山頂直下塆坵以直下石壁石壁以直下坑爲

界，此田计開四至分明，

一段田坐落土名牛塘下塆安着，

一至上至山頂爲界，下至水口，左至牛塘下坑直

水口爲界，右至梅樹降直下爲界，

栢房嶺脚下段坑邊四至内抽來田拾三坵青房

耕種管業，此田俱立四至分明，

計開坐落九都四源高村，土名水碓垟屋宇

田産業一座七直，松、栢、長、青肆房均分，

一正屋左邊中柱后直过中堂，分與長房居住，

一正屋左邊中柱前直过中堂，分與松房居住，

一正屋右邊中柱后直过中堂，分與青房居住，

一正屋右邊中柱前直过中堂，分與栢房居住，

一中堂直出路道衆用，

子國，次曰栢房振旺，三曰長房振德，四曰青房振寶俱。

一正屋右邊田大小叁坵，松、栢、長、青衆業，
一号田坐落土名靈窯后壟下段田，大小拾一坵，分與松房管業，
一号田坐落水碓降屋門前，大小陸坵，分與松房耕種管業，
一号田坐落土名靈窯上段田，分與栢房耕種管業，
一号田坐落土名水碓垟淺田，大小九坵，分與栢房管業，
一号田坐落水碓垟，土名粟坵田，一坵，分與長房耕種管業，
一号田坐落水碓降，土名水尾田，分與長（房）管業，
一号田坐落土名靈窯路下，分與青房管業，
一号田坐落水碓，土名黄坭田坵並水晁[晀]，大小伍坵，青房管業。

乾隆肆拾玖年十月　日立分業鬮書母雷氏

青房

道光八年吴作川立山批

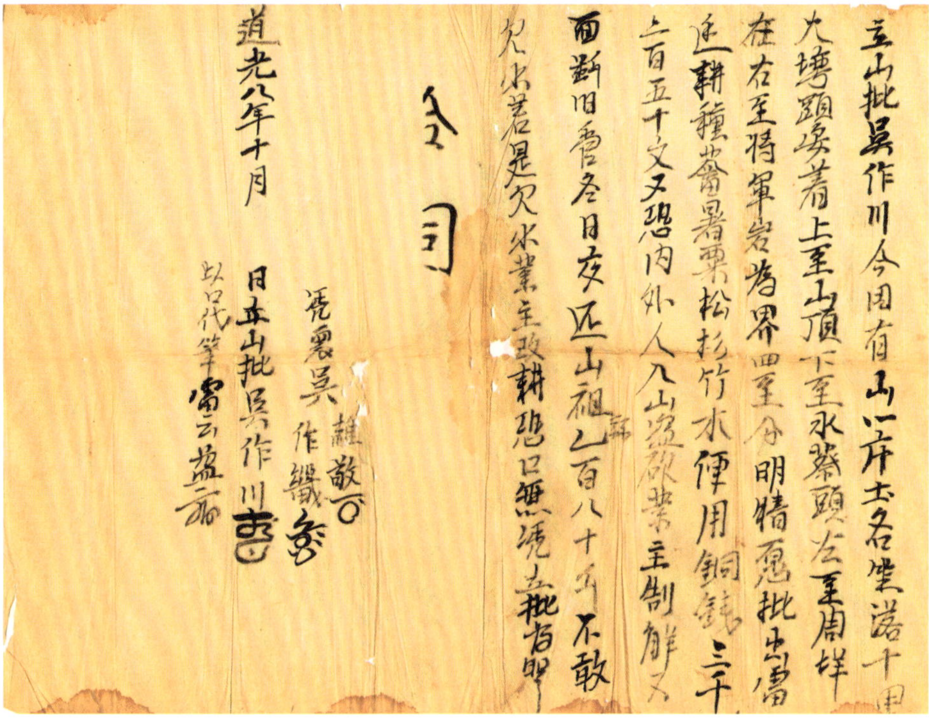

立山批吴作川，今因有山一片，土名坐落十甲大墫頭安着，上至山頂，下至水蔡頭，左至周垟在，右至將軍岩爲界，四至分明，情愿批出雷邊耕種蕃暑[薯]、粟、松杉、竹木，便用銅錢三千二百五十文，又恐内外人入山盜砍，業主制[支]解，又面断旧管冬日交还山祖[租]絲一百八十斤，不敢欠少，若是欠少，業主改耕，恐口無憑，立批爲照。

合同

憑衆　吴　維敬(押)

　　　　　作畿(押)

道光八年十月　日立山批吴作川(押)

以口代筆雷云益(押)

道光十五年吴作釗立發佃

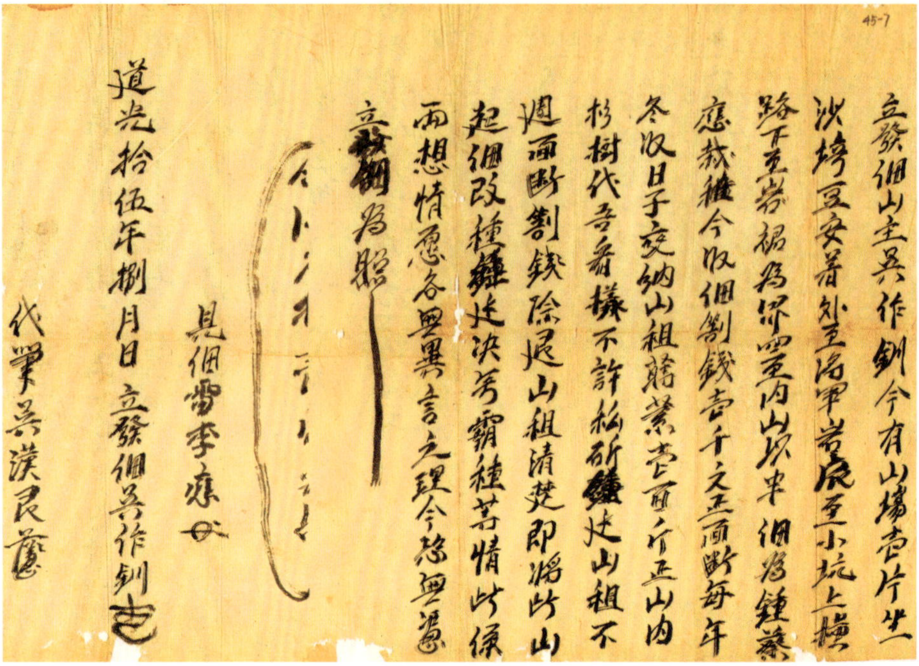

立發佃吴作釗，今有山場壹片，坐沙塆豆[頭]安着，外至將軍岩，底至小坑上横路，下至岩裙爲界，四至内山以半佃爲鍾蔡應栽種，今收佃劄錢壹千文正，面斷每年冬收日子交納山租蒔絲壹百斤正，山内杉樹代吾看樣，不許私斫，鍾邊山租不週[周]，面斷劄錢除退山租清楚，即將此山起佃改種，鍾邊决無霸種等情，此係兩想[相]情愿，各無異言之理，今恐無憑，立發佃爲照。

見佃雷李應（押）

道光拾伍年捌月日　立發佃吴作釗（押）

代筆吴漢艮（押）

道光二十六年吴作釗立山批

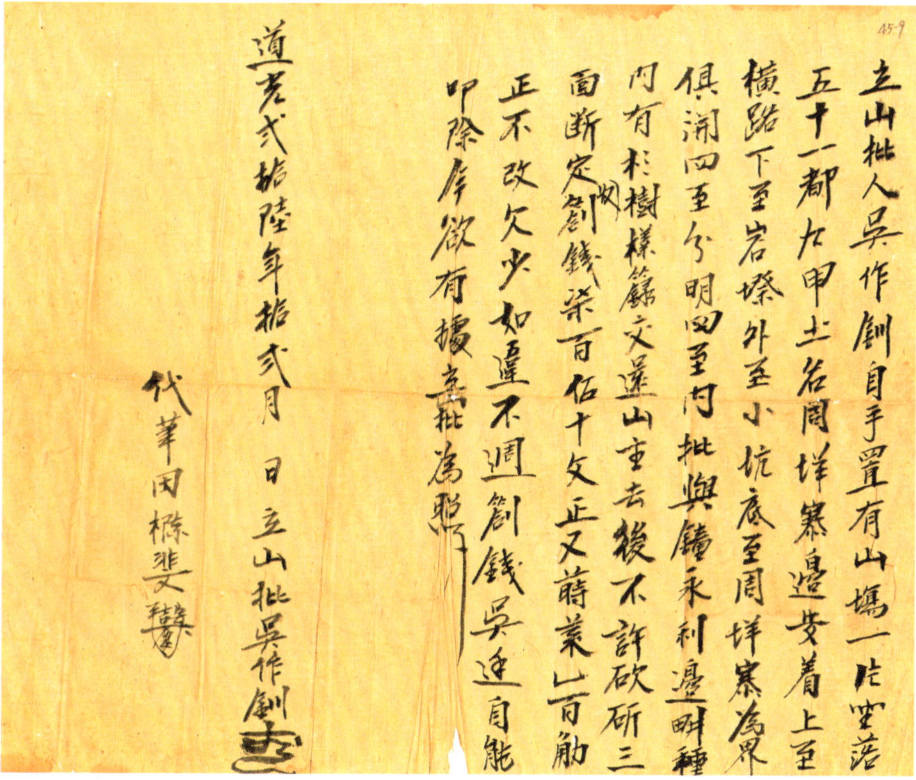

立山批人吴作釗，自手置有山場一片，坐落
五十一都九甲，土名周垟寨邊安着，上至
横路，下至岩礤，外至小坑，底至周垟寨爲界，
俱開四至分明，四至内批與鍾永利邊畊種，
内有杉樹樣籙交還山主，去後不許砍斫，三
面断定收劄錢柒百伍十文正，又蒔絲一百觔
正，不改[敢]欠少，如違不週[周]，劄錢吴邊自能
叩[扣]除，今欲有據，立批爲照。

道光弍拾陸年拾弍月　日　立山批吴作釗(押)

代筆田櫟斐(押)

光緒二十五年趙廷伍立賣契

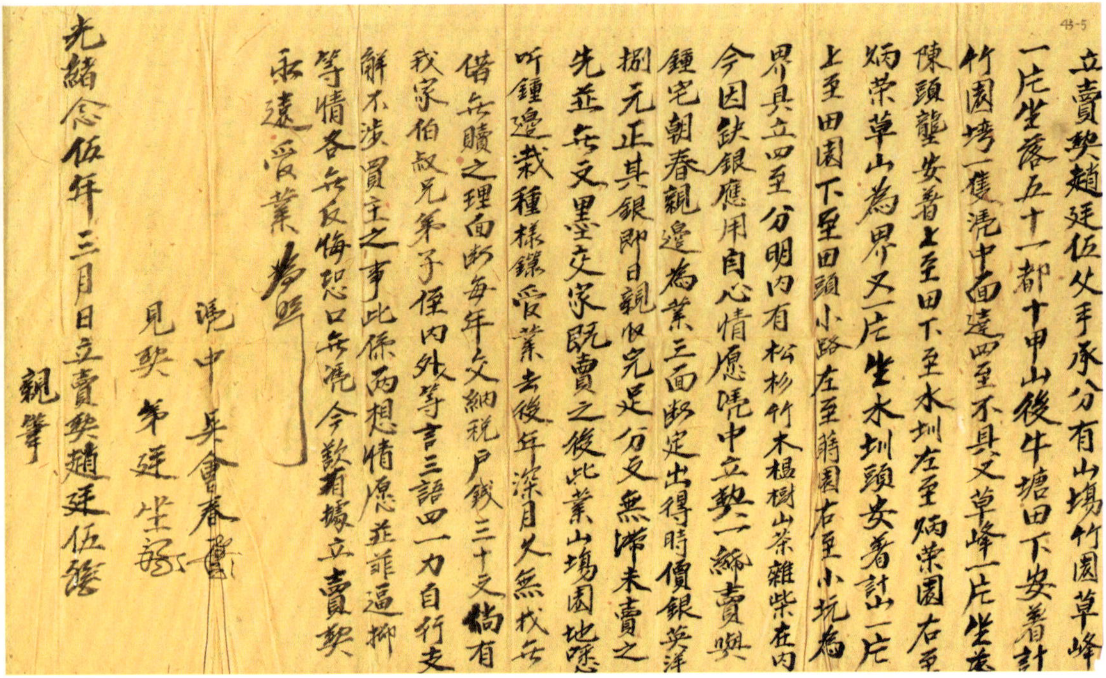

立賣契趙廷伍，父手承分山塲、竹園、草峰一片，坐落五十一都十甲山後牛塘田下安着，計竹園垮一隻，憑中面達，四至不具，又草峰一片，坐落陳頭壟安着，上至田，下至水圳，左至炳荣園，右至炳荣草山爲界，又一片坐水圳頭安着，計山一片，上至田園，下至田頭小路，左至蔣園，右至小坑爲界，具立四至分明，内有松杉、竹木、榅樹、山茶、雜柴在内，今因缺銀應用，自心情愿，憑中立契一紙，賣與鍾宅朝春親邊爲業，三面断定，出得時價銀英洋捌元正，其銀即日親收完足，分文無滯，未賣之先，並無文墨交家[加]，既賣之後，此業山塲園地悉听鍾邊栽種様籙管業，去後年深月久，無找無借無贖之理，面断每年交納税户錢三十文，倘有我家伯叔兄弟子侄内外人等言三語四，一力自行支解，不涉買主之事，此係兩想[相]情愿，並非[非]逼抑等情，各無反悔，恐口無憑，今欲有據，立賣契永遠管業爲照。

憑中吴會春（押）
見契 弟 廷坐（押）
光緒念伍年三月日 立賣契趙廷伍（押）
親筆

光緒三十二年陳錫財立當契

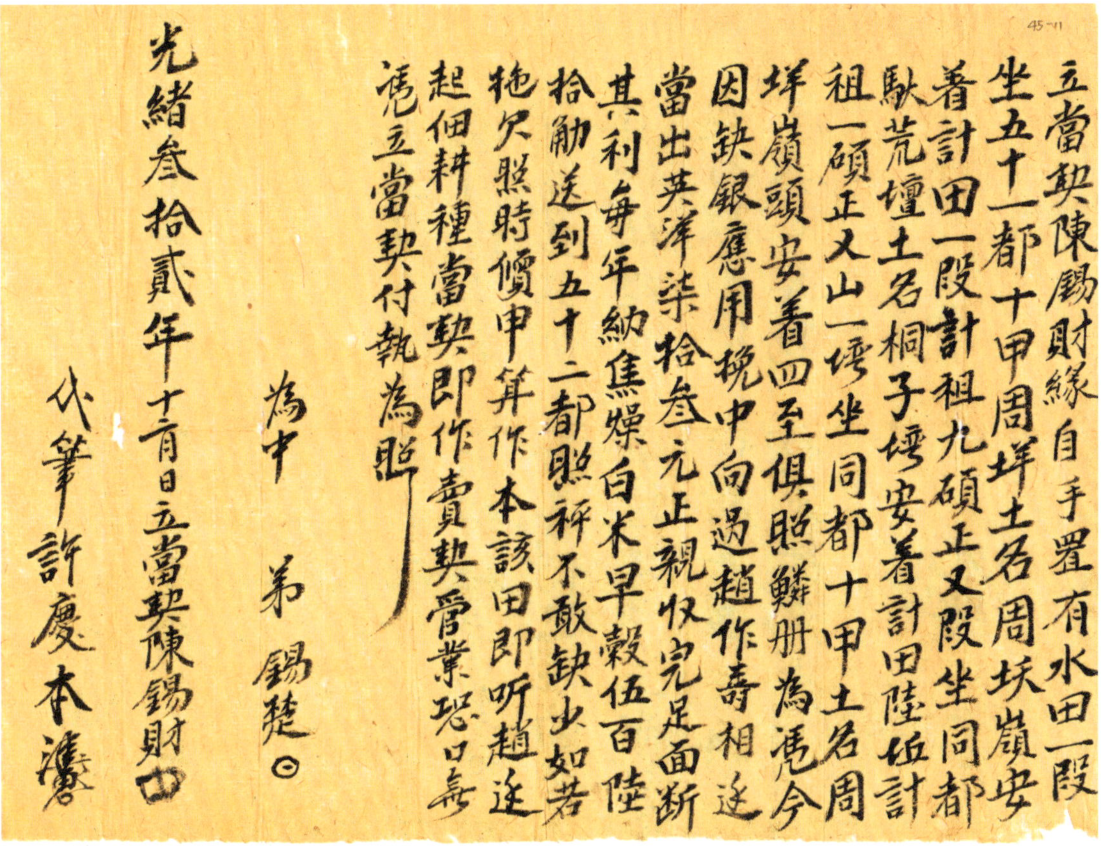

立當契陳錫財，緣自手置有水田一段，坐五十一都十甲周垟，土名周坟嶺安着，計田一段，計租九碩正，又段坐同都馱荒壇，土名桐子墺安着，計田陸坵，計租一碩正，又山一墺，坐同都十甲，土名周垟嶺頭安着，四至俱照鱗册爲憑，今因缺銀應用，挽中向過趙作壽相邊當出英洋柒拾叁元正，親收完足，面断其利每年納焦燥白米早穀伍百陸拾觔，送到五十二都照秤，不敢缺少，如若拖欠，照時價申算作本，該田即听趙邊起佃耕種，當契即作賣契管業，恐口無憑，立當契付執爲照。

爲中　弟　錫楚（押）

光緒叁拾貳年十二月日立當契陳錫財（押）

代筆許慶本（押）

宣統三年陳錫財立找盡契

立找盡契陳錫財緣前月出賣水田數股坐落本都
十甲土名周垟嶺路底路外安著其四至祖額列明正契
為定今又缺銀急用挽中再向過吳宅溫仁兄邊找盡
出英洋壹拾元正合并正找貳契共得價銀英洋捌拾
元正其英洋隨契親收完訖分文無滯此田既找盡之
後听從吳邊起佃耕種管業其粮面斷貼稅完納去後
深月久永無找無借之理倘若內外人等言三語四我邊
自行料理不涉吳邊之事三面訂定惟自邊不許取贖吾
家伯叔兄弟侄斷無異言再無返悔等情此係兩造情
愿今恐無憑找盡契為照

見契　三弟　陳錫楚（押）
陳東金（押）
憑中
月

（前頁）>>>>

立找盡契陳錫財，緣前月出賣水田数段，坐落本都十甲，土名周垟嶺路底路外安着，其四至、祖［租］碩列明正契爲定，今又缺銀急用，挽中再向过吴宅温仁兄邊找盡出英洋壹拾□元正，合併正、找貳契共得價銀英洋捌拾元正，其英洋隨契親收完訖，分文無滯，此田既找盡之後，听從吴邊起佃耕種管業，其粮面断貼税完納，去後年深月久，永遠□（無）找無借之理，倘若内外人等言三語四，我邊自行料理，不□（涉）吴邊之事，三面訂定，惟自邊不許取贖，吾家伯叔兄弟□（子）侄断無異言，再無返悔等情，此係兩造情愿，今恐無憑，□（立）找盡契爲照。

見契　三弟　陳錫楚（押）
憑中　陳東金（押）
胡炎進（押）
宣統三年　拾月　日　立找断盡契陳錫財（押）
代筆　許慶本（押）

周山畲族鄉周垟民族村馱嶺雷德華户

乾隆四十七年雷林女立票

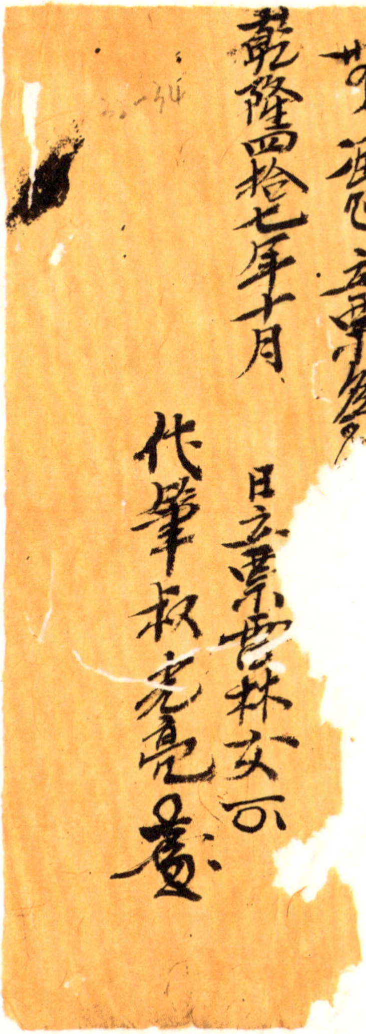

前來應用面
冬熟並本利
卅九憑立票爲
乾隆四拾七年十月　日立票雷林女（押）
代筆叔光亮（押）

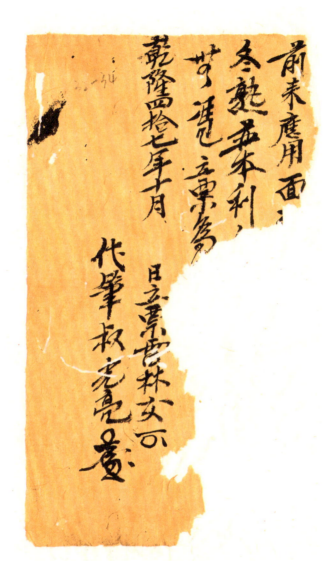

道光三年王秉鳳立劄批

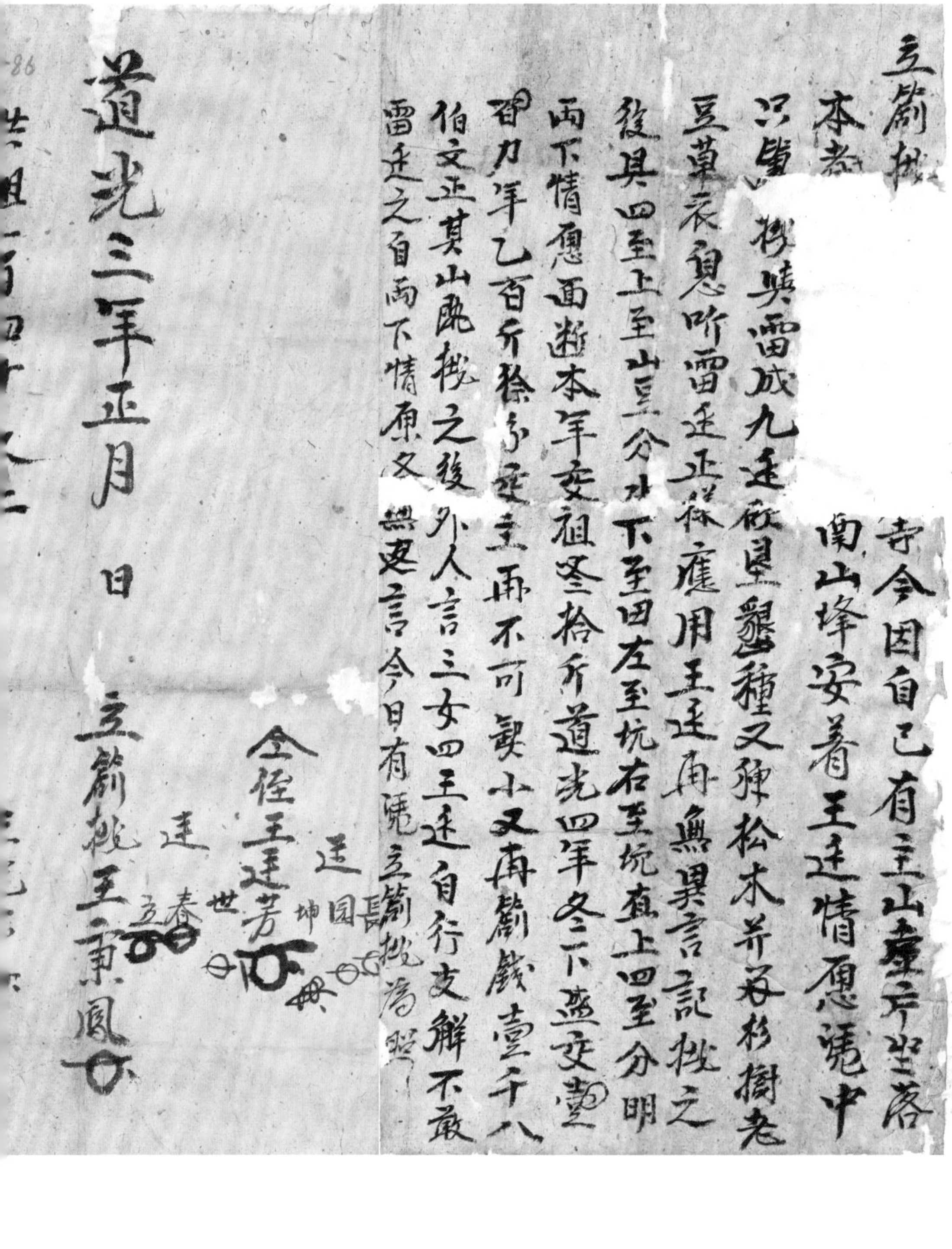

立劄批……寺今因自己有主山壹片坐落
本都……閬山垮安着王廷情愿凭中
只鐘□批賣與雷成九廷砍墾種又種松木并雜杉樹老
豆草衣息听雷廷正森應用王廷再無異言記批之
後其四至上至山頂分水下至田左至坑右至坑直上四至分明
兩下情愿面断本年交祖銭拾千道光四年冬下照交壹
碼力年乙百斤徐子交主而不可缺少又再劄錢壹千八
伯文正其山既批之後外人言三女四王廷自行支解不敢
雷廷之自兩下情愿各無返言今日有凭立劄批為照

道光三年正月　日　立劄批王秉鳳（押）
全侄王廷芳（押）
廷春（押）
廷國（押）
長
坤
世

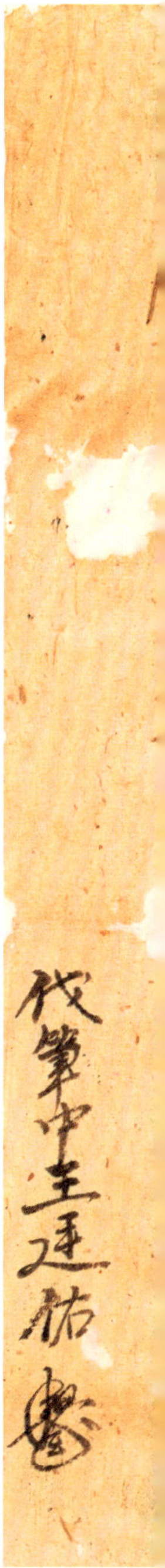

（前頁）>>>>

立劄批□□□□□□等，今因自己有主山壹片，坐落
本都□□□□□□南山垟安着，王邊情愿憑中
只憑批與雷成九邊砍垦墾種，又種松木並及杉樹、老
豆、草衣，息〔悉〕听雷邊正樣應用，王邊再無異言，記批之
後，具四至，上至山豆〔頭〕分水，下至田，左至坑，右至坑直上，四至分明，
兩下情愿，面断本年交祖〔租〕叁拾斤，道光四年冬下盛交壹
百，力年一百斤，徐□□主再不可缺小，又再劄錢壹千八
伯〔佰〕文正，其山既批之後，外人言三女〔語〕四，王邊自行支解，不敢〔干〕
雷邊之自〔事〕，兩下情原〔願〕，各無返言，今日有憑，立劄批爲照。

長（押）
廷园（押）
坤（押）
仝侄王廷芳（押）
世（押）
廷春（押）
立（押）

道光三年正月　日　立劄批王秉鳳（押
共祖〔租〕一百四十文正　王光木（押）
代筆中王廷佑（押）

道光八年王阿四立賣契

立賣契人王阿四今因缺錢應用自心情愿將有祖手置山場
壹片坐落五□三都五甲□□嶺南山除安着四大房
各坐分各下墳之一壹賣當成九爲葉即日親得價
錢壹千文正親收完足無滯明叔伯子侄言三語□
桂棋封水之意在內四至上至山頂分水下至田左至坑
右至坑直下之分明然□三語王阿四自行支解不語
雷進之事永遠無找無贖兩下情愿各無反悔今欲
無憑立賣契爲照

27-89

道光八年十月　日立賣契王阿四（押）
憑兩林阿發（押）
憑中王建章（押）
代筆藍永堂（押）

（前頁）>>>>

立賣契人王阿四，今因（缺）錢應用，自心情□（願），将有祖手置山場壹片，坐落五十三都五甲□□□南山降安着，四大房各坐分名下，憑□（衆）□賣雷成九爲葉［業］，即日親得價錢壹千文正，親□（收）完足無滯明，叔伯子侄言三語四，挂棋［旗］封水立意在内，四至上至山豆［頭］分水，下至田，左至坑，右至坑直上，四至分明，恐言三語四，王阿四自行支解，不語雷邊之事，永遠無找無贖，兩下情愿，各無怰［反］悔，今恐無並［憑］，立讀［賣］契爲照。

憑面林阿瘳（押）

憑中王王廷壽（押）

道光八年十月　日立賣契王阿四（押）

代筆藍永堂（押）

道光八年王廷方等立賣契

27-85

立賣契人王廷定方今因錢應用自心情愿將有祖手置山場壹片坐落五十三都五甲石坦頭南山降宅着四旁各坐分名下憑中送賣雷成九爲業即日親得價錢壹千文正親收完足無滯明數伯子侄言三語四桂棋封水重處左內四至上至山頂分水下至田左至坑右至坑直上四至分明並言三語王定方自行支解不諳雷近之讀契事永遠無找贖兩下情愿各無反悔今欲無憑立賣契爲照

道光八年十二月　日

憑面叔王廷春（押）
見面定也（押）
憑中王廷京（押）
日立賣契王定方（押）
十六年十二月日又收錢壹百念拾文王士興（押）
代筆姪陳啟東（押）
代筆叔王光恕（押）

（前頁）>>>>

立賣契人王廷方、定方，今因（缺）錢應用，自心情愿，將有祖手置山場壹片，坐落五十三都五甲石坦頭南山降安着，四大房各坐分名下，憑中送賣雷成九爲業，即日親得價錢壹千文正，親收完足無滯明，叔伯［伯］子侄言三語四，柱棋［掛旗］封水□意在内，四至上至山豆［頭］分水，下至田，左至坑，右至坑直上，四至分明，恐言三語（四），王定方自行支解，不語雷邊之讀［賣］契事，永遠無找贖，兩下情愿，各無恹［反］悔，今恐無憑，立讀［賣］契爲照。

憑面叔王廷春（押）

憑面定也（押）

憑中王廷亲（押）

道光八年十二月日立賣契王定方（押）

十六年十二月日尽錢壹百壹拾文王士興（押）

代筆□陳啓東（押）

代筆叔王光恕（押）

道光十年王廷坤等立賣契

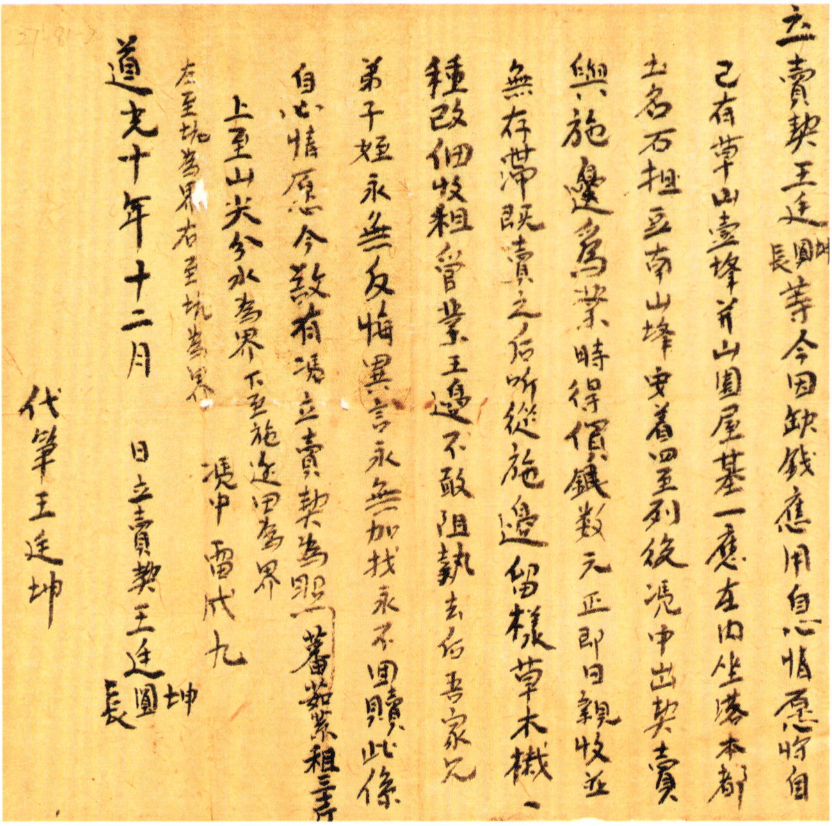

立賣契王廷坤、廷圓、廷長等，今因缺錢應用，自心情愿，將自
己有草山壹埄並山園屋基一應在內，坐落本都，
土名石担豆(頭)南山埄安着，四至列後，憑中出契賣
與施邊爲業，時得價錢数元正，即日親收，並
無存滯，既賣之后，听從施邊留樣草木栽
種改佃，收租管業，王邊不敢阻執，去后吾家兄
弟子姪永無反悔異言，永無加找，永不回贖，此係
自心情愿，今欲有憑，立賣契爲照。　蕃茹絲租三十斤。
上至山尖分水爲界，下至施邊田爲界，
左至坑爲界，右至坑爲界。

憑中　雷成九

道光十年十二月　日立賣契王廷坤、圓、長

代筆王廷坤

田契包契紙

門口下田契在内

民國八年施式程等立賣加盡契

立賣加盡契施式程等今有太祖田壹段坐落本
都土名南山垟門口却安着計租三代正憑忠
出契送賣雷士錦管業出得價銀大洋叁拾壹
完正即日親收完足並無存滯卜此田未賣之先段賣
之後所從雷廷收除过户段旦耕種在内外支家不
明施廷自行支段不涉雷廷之事此係兩相情
愿各無允悔恐後無憑今欲有憑立賣加盡契
永遠為照
上至山下至園
左至田右至坑

民國捌年十二月　日立賣加盡契施式程（押）
光墻（押）
式澮（押）
憑忠胡希銘（押）
代筆光荣（押）

（前頁）>>>>

立賣加盡契施式程等，今有太租［祖］田壹段，坐落本都，土名南山𡊨門口却安着，計租三代［袋］正，憑忠［中］出契，送賣雷士錦管業，出得價銀大洋叁拾壹完［元］正，即日親收完足，並無存滯，此田未賣之先，叚［既］賣之後，听從雷邊收除過户，叚旦耕種，内外交家［加］不明，施邊自行支叚［解］，不涉雷邊之事，此係兩相情愿，各無几［反］悔，恐後無憑，今欲有憑，立賣加盡契永遠爲照。

上至山，下至園，

左至田，右至坑。

憑忠［中］胡希□（押）

光墻（押）

民國捌年十二月　日立賣加盡契施式程（押）

式澮（押）

代筆　光茶（押）

民國九年雷阿盟等立賣加盡契

賣加盡契雷阿盟阿要阿銀三兄仝等今因缺銀應用自身心愿將自己有
山塆茶二片大路上壹片壹所在內該山見青樣樹草以一並在內
坐落本都五甲滄下土名穩周物峰上安着四至分明憑中
立契賣与藍阿鎖會業立得價銀英洋拾叁元壹角文正
即日親收完足並無存滯三面斷定各無反悔業輕價
重永無價找亦無回贖該塆所從藍進耕種管業雷進不
許阻執之理恐有內外人等復生一十便不明言三語四雷進自
行枝解不滯藍進之事兩相心愿各無反悔今欲有據恐口
無憑立賣加盡契永遠為照

憑中 李阿覺（押）
雷應宗（押）

立賣加盡契 雷阿盟（押）
阿要（押）
阿銀（押）

依憑代筆李珍（押）

民國九年十二月 日

（前頁）>>>>

（立）賣加盡契雷阿盟、阿要、阿銀三兄仝等，今因缺銀应用，自身情愿，將自己有山園茶二片，大□上壹片壹所在内，此山見青樣樹草以一併在内，坐落本都五甲濟下，土茗［名］蘇周物峰上安着，四至分明，憑中出契，賣与藍阿鎖管業，出得價銀英洋拾叁元壹角文正，即日親收完足，並無存滯，三面断定，各無反悔，業輕價重，永無價找，亦無回贖，此園聽從藍邊耕種管業、雷邊不許阻執之理，恐有内外人等復生（枝節），子侄不明言三語四，雷邊自行枝［支］解，不滯涉（押）藍邊之事，兩相心愿，各無反悔，今欲有據，恐口無憑，立賣加盡契永遠爲照。

李 阿笼（押）

憑中 雷 應宗（押）

阿盟（押）

民國九年十二月 日 立賣加尽契 雷 阿要（押）

阿銀（押）

依憑代筆 李珍（押）

民國二十四年聘書

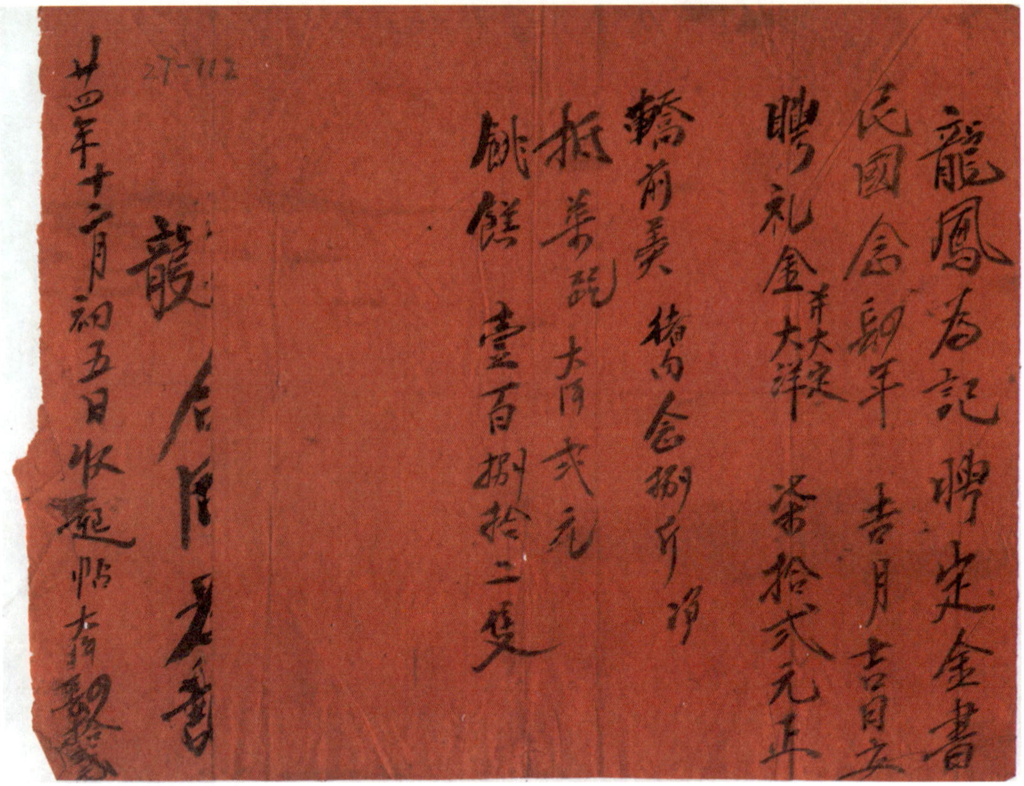

龍鳳爲記　聘定金書

民國念肆年　吉月吉日立

聘礼金並大定大洋　柒拾弍元正

轎前羹　猪肉念捌斤净

抵菜蔬大洋弍元

餅餻　壹百捌拾二隻

□　合同爲記

廿四年十二月初五日收起帖大洋肆拾弍元

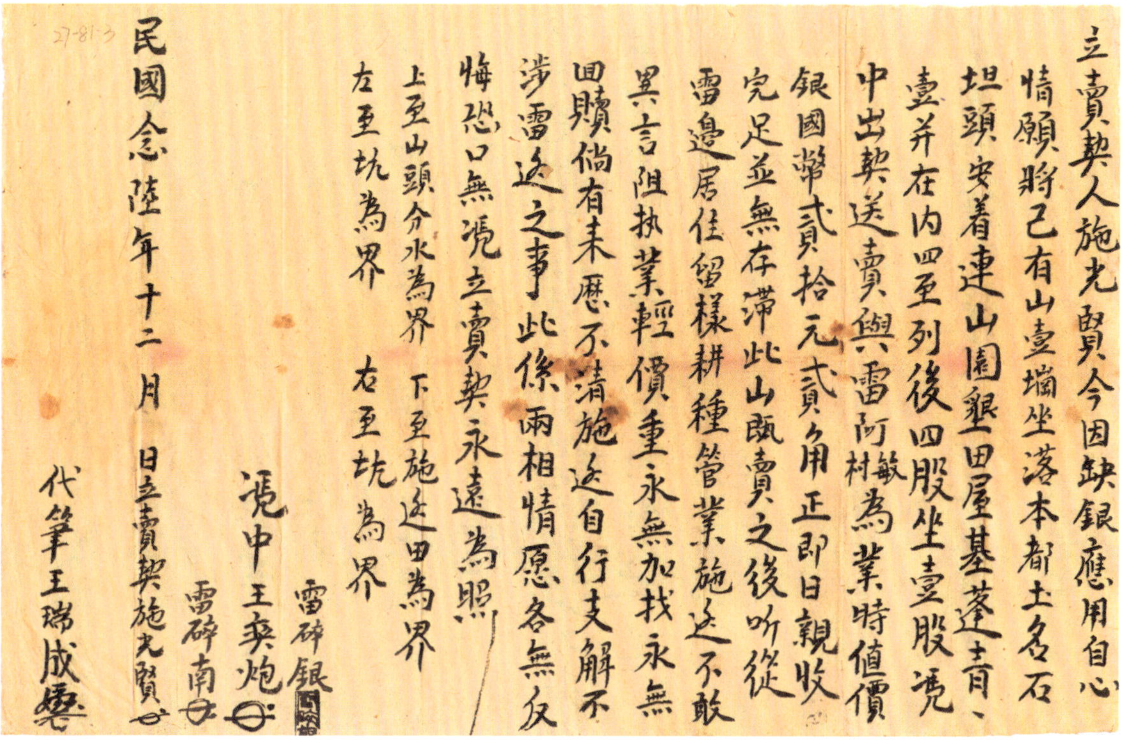

立賣契人施光賢，今因缺銀應用，自心情願，將己有山壹崗，坐落本都，土名石坦頭安着，連山園、墾田、屋基、蓬青壹併在內，四至列後，四股坐[作]壹股，憑中出契，送賣與雷阿敏、阿村爲業，時值價銀國幣貳拾元貳角正，即日親收完足，並無存滯，此山既賣之後，听從雷邊居住，留樣，耕種管業，施邊不敢異言阻执，業輕價重，永無加找，永無回贖，倘有來歷不清，施邊自行支解，不涉雷邊之事，此係兩相心愿，各無反悔，恐口無憑，立賣契永遠爲照。

上至山頭分水爲界，下至施邊田爲界，左至坑爲界，右至坑爲界。

雷碎銀（印）

憑中王奕炮（押）

雷碎南（押）

民國念陸年十二月　日立賣契施光賢（押）

代筆王瑞成（押）

民國二十七年雷明金立賣即加盡契

立賣即加盡契雷明金今因缺錢應用自心情愿將自己有水田壹假坐落
本都公陽鄉土著五甲洛下門臺下垟安着計租伍袋正並吉地
花洪在内四至依與鱗册管業憑中立契送賣與雷永村管業
立得價銀國幣大洋壹佰陸拾元正之即日親收完足並無存滯
此田既賣以後听從買邊改佃耕種管業其錢粮收除过户不許
賣邊異言阻执此田業輕價重無加無找永無回贖永無加找言
三語四来力不清賣邊自行支解不涉買邊之事此係兩相情愿各
無反悔恐口無憑今欲有據立賣即加盡契永遠為照

中華民國弍拾柒年冬月　日　立賣即加盡契　雷明金

憑中　雷碎銀　藍必先

代筆　雷本業

（前頁）>>>>

立賣即加尽契雷明金，今因缺錢應用，自心情愿，將自己有水佃［田］壹段，坐落本都公陽鄉，土茗［名］五甲濟下門臺下垟安着，計租伍袋正，並吉地花洪在内，四至依魚鱗册管業，憑中出契，送賣與雷永村管業，出得價銀國幣大洋壹佰陸拾元正文，即日親收完足，並無存滯，此佃［田］既賣以後，听從買邊改佃耕種管業，其錢粮收除过户，不許賣邊異言阻执，此佃［田］業輕價重，無加無找，永無回贖，永無加找，言三語四，來力［歷］不清，賣邊自行支解，不涉買邊之事，此係兩相心愿，各無反悔，恐口無憑，今欲有據，立賣即加尽契永遠爲照。

憑中 雷碎銀（押）

藍必先（押）

中華民國弍拾柒年冬月 日立賣即加尽契 雷明金（押）

代筆 雷本業（押）

民國三十五年雷元法通行證

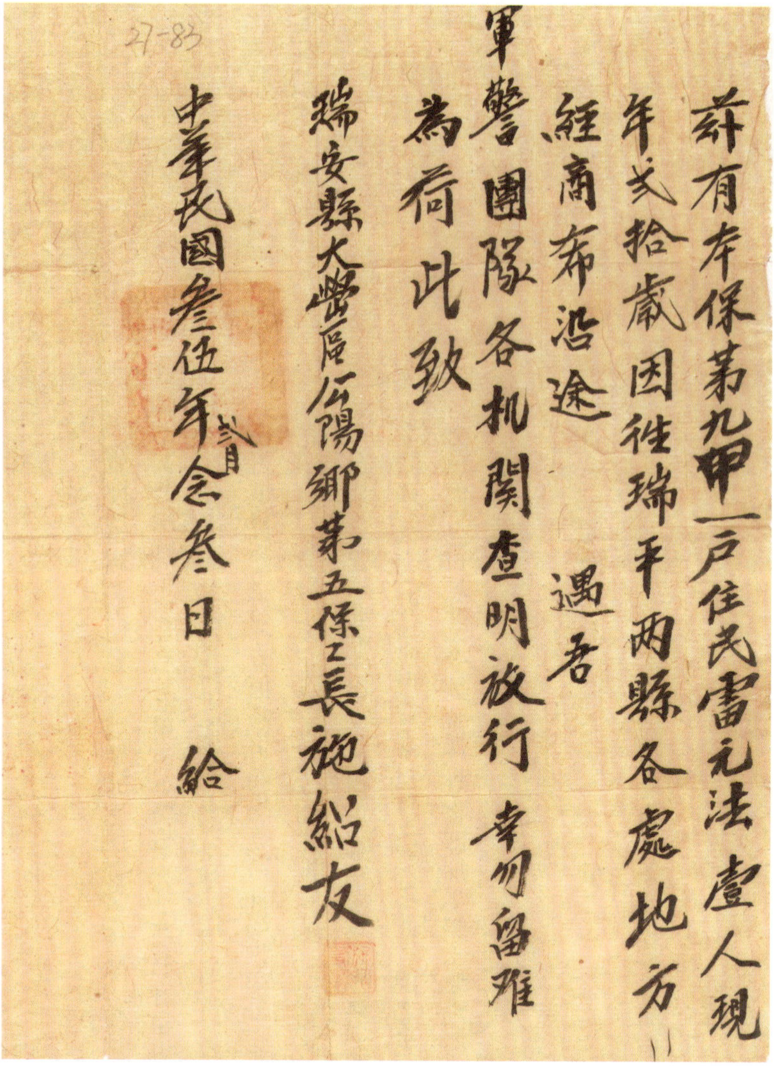

兹有本保第九甲 一户住民雷元法壹人，現
年式拾歲，因往瑞平兩縣各處地方
經商，希沿途 遇吾
军警團隊各机關查明放行，幸勿留难
爲荷，此致。
瑞安縣大㽞區公陽鄉第五保保长施紹友（印）
中華民國叁伍年式月念叁日 給（印）

周山畲族乡上坑民族村雷本超户

道光元年葉錫亨立賣契

10-28-2

立賣契葉錫亨仝二房弟南仝三房弟錫倫仝四房侄并先蓬
今因缺錢應用自心情愿將自己有倫流屋基壹但坐
落本都土名上庄畢（嶺）峰安着俱開四至分（明）上至屋后横路
下至田左至田豆右至雷成清山降直落為界境中出契賣
雷士娥仝弟李孫迷為業親得價錢捌仟五佰文正親
收完足其無存滯此屋基并圓所從雷迷收除過户葉
迷不許言二二口四此係兩下情愿各無反悔今恐無憑立賣
契永遠為照了

道光元年二月　日

境面　雷成清（押）
　　　張朝洪（押）

立賣契葉錫亨（押）
　　　南炳（押）
　　　倫〇
　　　并先蓬

親筆（押）

（前頁）>>>>

立賣契葉錫亨仝二房弟南炳仝三房弟錫倫仝四房侄兹兄等，今因缺錢應用，自心情愿，將自己有倫［輪］流屋基壹但，坐落本都，土名上莊半嶺降安着，俱開四至分明，上至屋后横路，下至田，左至田豆［頭］，右至雷成清山降直落爲界，憑中出契，賣雷士斌仝弟李孫邊爲業，親得價錢捌仟五伯（佰）文正，親收完足，並無存滯，此屋基並圓［園］听從雷邊收除過户，葉邊不許言三口四，此係兩下情愿，各無反悔，今恐無憑，立賣契永遠爲照。

憑面　雷成清（押）

張朝洪（押）

南炳（押）

錫亨（押）

道光元年二月日　立賣契葉錫倫（押）

兹兄（押）

親筆（押）

光緒二十四年雷申雨立當契

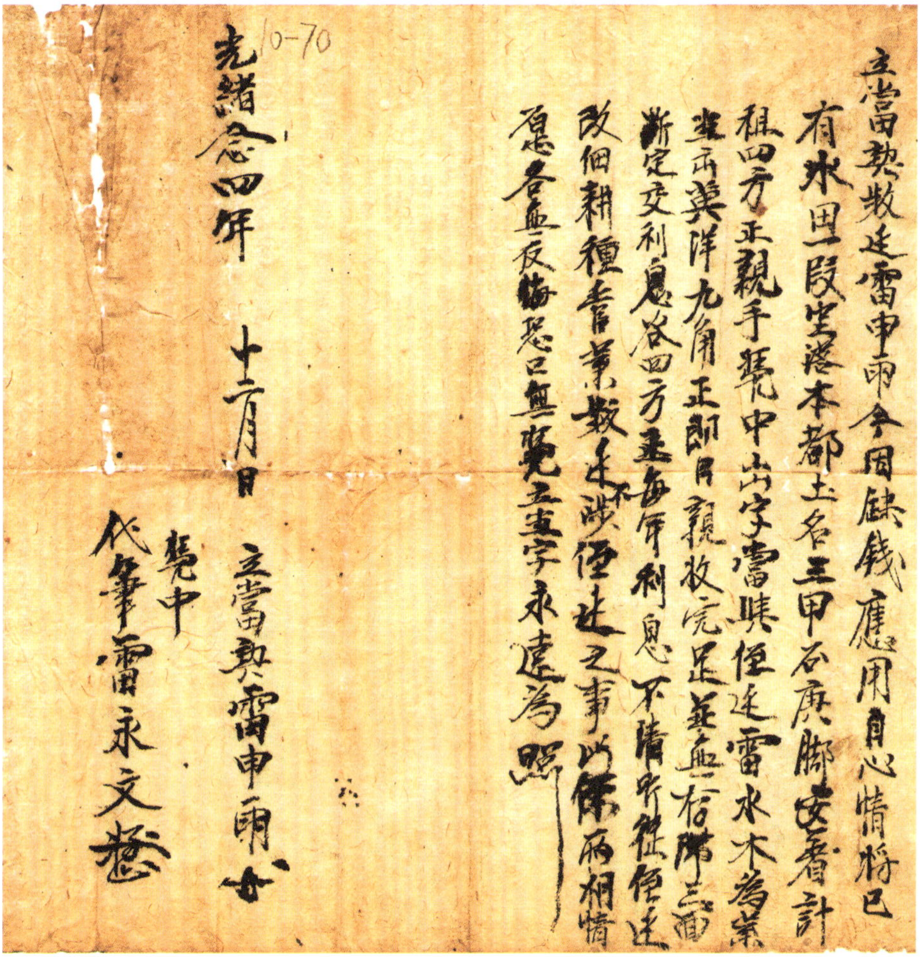

立當契叔邊雷申雨，今因缺錢應用，自心情（願），將己有水田一段，坐落本都，土名三甲石庚脚安着，計租四方正，親手憑中出字，當與侄邊雷水木爲業，当出英洋九角正，即日親收完足，並無存滯，三面断定，交利息谷四方正，每年利息不清，听從侄邊改佃耕種管業，叔邊不涉侄边之事，此係兩相情愿，各無反悔，恐口無憑，立当字永遠爲照。

光緒念四年　十二月日　立當契雷申雨（押）

憑中

代筆雷永文（押）

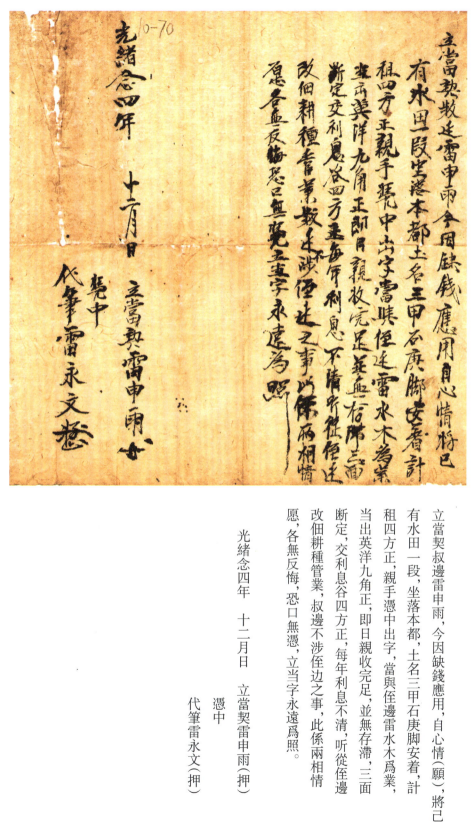

光緒二十六年雷陳和立賣盡契

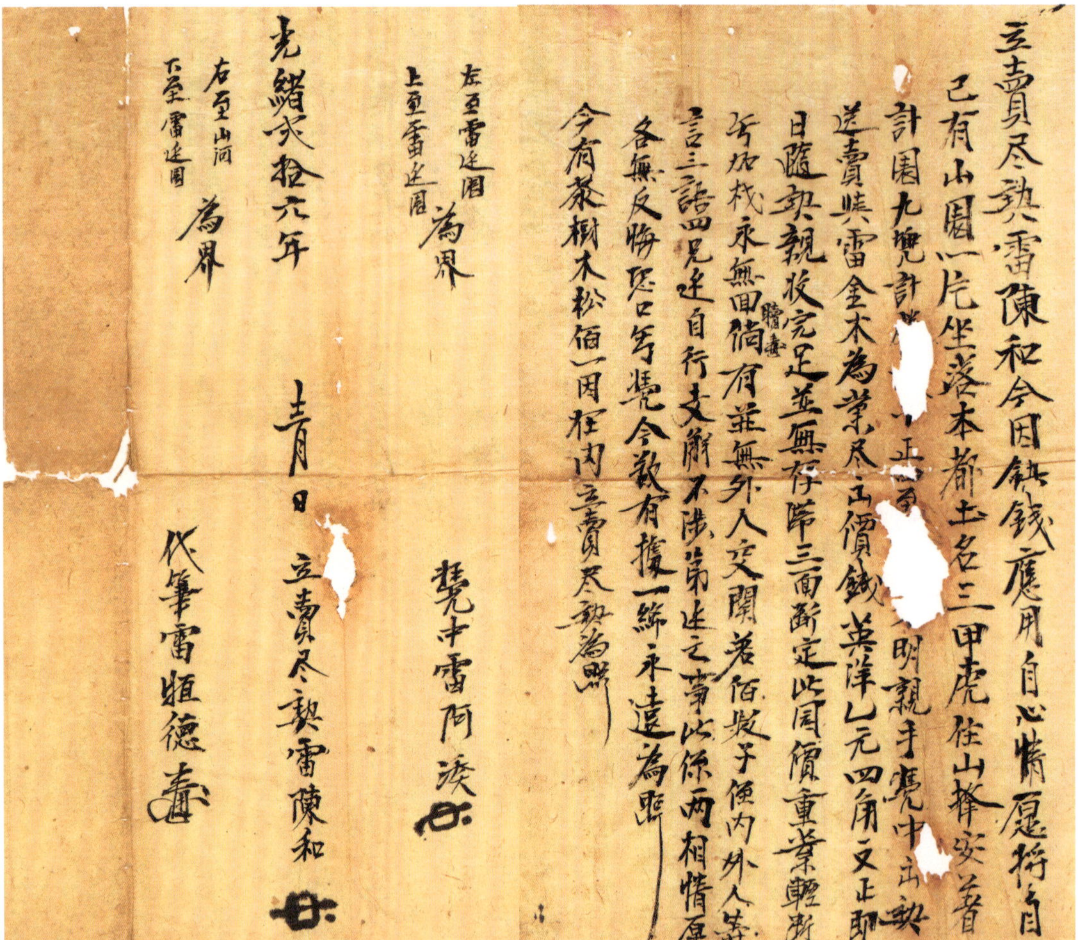

立賣盡契雷陳和今因缺錢應用自心情愿將自
己有山園一片坐落本都土名三甲虎住山擇安着
計園九塊計[illegible]正[illegible]明親手憑中出契
送賣與雷金木為業盡山價錢英洋山元四角正即
日隨契親收完足並無存留三面斷定此園價重業輕斷
不加找永無回贖盡倘有並無外人交關若伯叔子侄內外人等
言三語四児述自行支解不涉業主之事此係兩相情愿
各無反悔恐口無憑今欲有據一紙永遠為照
今有茶樹木松佰一因在內立賣盡契為照

左至雷述田
上至雷述田　為界

憑中雷阿淡（押）

光緒貳拾六年十二月　日　立賣盡契雷陳和（押）

右至山洞
下至雷述田　為界

代筆雷𡈼德（押）

（前頁）>>>>

立賣尽契雷陳和，今因缺錢應用，自心情愿，将自己有山園一片，坐落本都，土名三甲虎住山降安着，計園九憑，計□□□正，四至□□□明，親手憑中出契，送賣與雷金木爲業，尽出價錢英洋一元四角文正，即日隨契親收完足，並無存滯，三面断定，此园價重業輕，断無加找，永無回贖，倘有，並無外人交關，若伯叔子侄内外人等言三語四，兄邊自行支解，不涉弟邊之事，此係兩相情愿，各無反悔，恐口無憑，今欲有據，一紙永遠爲照。

今有茶、樹木、松佰［柏］一因［應］在内，立賣尽契为照。

上至雷邊園
左至雷邊園
爲界

憑中雷阿湊（押）

光緒弍拾六年　　十二月日　　立賣尽契雷陳和（押）

右至山河
下至雷邊園
爲界

代筆雷恒德（押）

光緒二十七年雷亞安立賣盡契

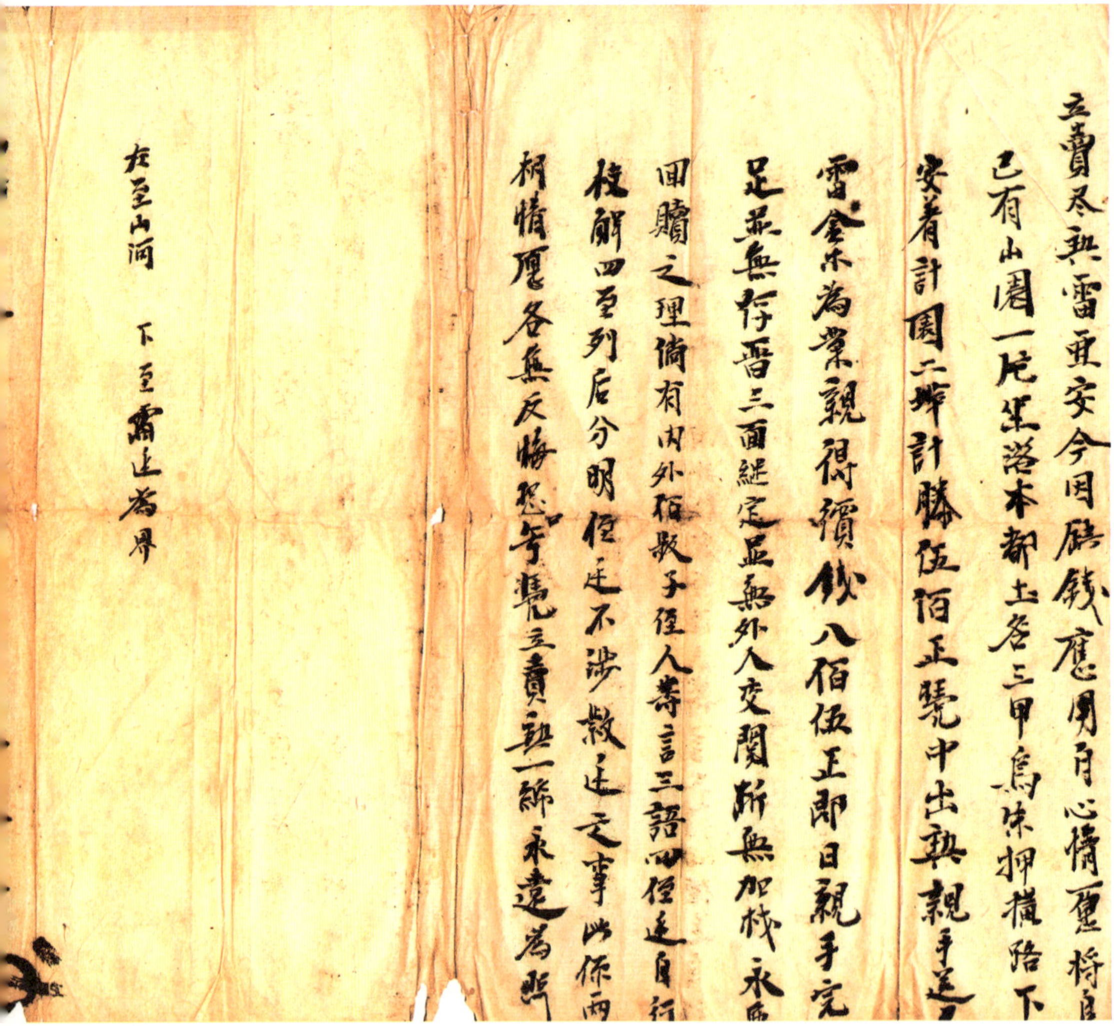
立賣盡契雷亞安今因缺錢應用自心情愿將自
己有山園一片坐落本都土名三甲烏漈押橫路下
安着計園二坪計稅伍佰正號中出盡親手送
雷金宋為業親得價錢八佰伍正即日親手完
足并無存留三面繳定並無外人交關斷無加找永
回贖之理倘有內外伯叔子侄人等言三語四任亞自
枝解四至列后分明任亞不涉叔亞之事此係兩
相情愿各無反悔恐口無憑立賣盡契一紙永遠為照
左至山涧　下至雷亞為界

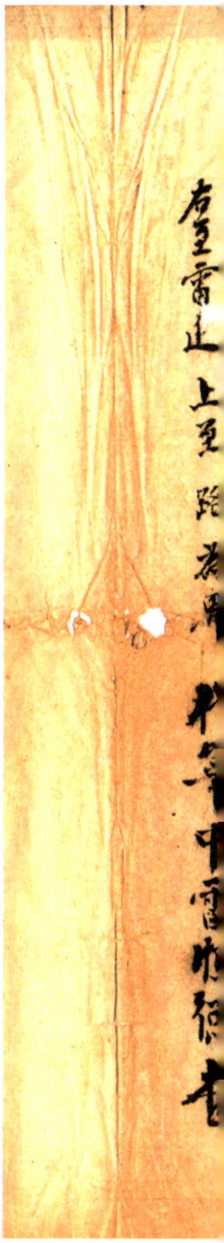

（前頁）>>>>

立賣尽契雷亞安，今因缺錢應用，自心情愿，將自己有山園一片，坐落本都，土名三甲烏朱押横路下安着，計園二坪，計藤伍佰正，憑中出契，親手送與雷金木爲業，親得價錢八佰伍正，即日親手[收]完足，並無存留，三面継[断]定，並無外人交關，断無加找，永無回贖之理，倘有内外伯叔子侄人等言三語四，侄邊自行枝[支]解，四至列后分明，侄邊不涉叔邊之事，此係兩相情愿，各無反悔，恐無憑，立賣契一紙永遠爲照。

左至山河　下至雷邊爲界

光緒二十七年　十二月　日立賣尽契雷亞安（押）

右至雷邊　上至路爲界　代筆中雷恒德（押）

光緒三十年雷亞对妻雷氏立賣盡契

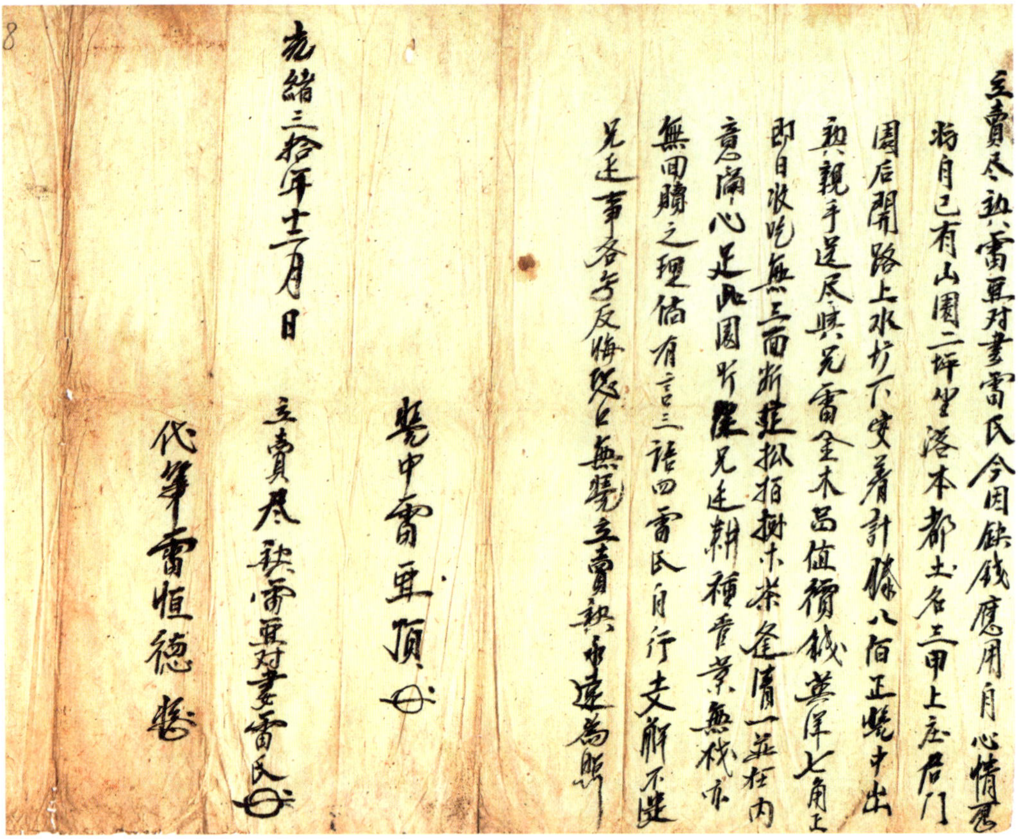

立賣尽契雷亞对妻雷氏，今因缺錢應用，自心情愿，將自己有山園二坪，坐落本都，土名三甲上莊后门園后開路上水圹下安着，計藤八佰正，憑中出契，親手送尽與兄雷金木，出值價錢英洋七角正，即日收吃[訖]無(滯)，三面断，並松柏、樹木、茶、逢清一併在内，意滿心足，此園听從兄邊耕種管業，無找亦無回贖之理，倘有言三語四，雷氏自行支解，不涉兄邊事，各無反悔，恐口無憑，立賣契永遠爲照。

憑中雷亞頂(押)

光緒三拾年十二月日　立賣尽契雷亞对妻雷氏(押)

代筆雷恒德(押)

光緒三十年葉永發等立賣契

立賣契人葉永發、茂浪、茂盛、茂隆、茂勤等，今因缺銀應用，自心情愿
將自己有水田併山園壹段，坐落本都三甲，土名淺魚鳥塹
安着，計租陸袋弍方正，憑中出契賣與雷亞金承邊為
業，親收價銀紅洋念弍元正，隨契日，手親收完足，並無存帶。
既賣之後，其田所從雷邊收過耕種管業，恐有田座未
歷不清，復生支節，葉邊自行支解，不涉雷邊之事。其
間四至：上至施邊田，下至葉邊園，左至雷邊園，右至王邊
為界。此係兩相情愿，各無反悔，今欲有據，立賣契永遠為照。

70-61

光緒叁拾年叁拾弍月　日　立賣契葉　茂浪（押）
茂隆（押）
永發（押）
茂盛（押）
茂勤（押）

代筆中葉茂滔（押）

（前頁）>>>>

立賣契人葉永發、茂盛、茂浪、茂勤、茂隆等，今因缺銀應用，自心情愿，將自己有水田並山園壹塅，坐落本都三甲，土名浅魚高塹安着，計租陸袋弍方正，憑中出契，賣與雷亞金木邊爲業，親收價銀紅洋念弍元正，随契日子親收完足，並無存滯，既賣之後，其田听從雷邊改過耕種管業，恐有田産來歷不清，復生支[枝]節，葉邊自行支解，不染雷邊之事，具開四至，上至施邊田，下至葉邊園，左至雷邊園，右至王邊爲界，此係兩相情愿，各無反悔，今欲有據，立賣契永遠爲照。

光緒叁拾年冬拾弍月日立賣契葉　茂浪（押）
茂隆（押）
永發（押）
茂盛（押）
茂勤（押）

代筆中葉茂滔（押）

光緒三十一年葉永發等立賣加盡契

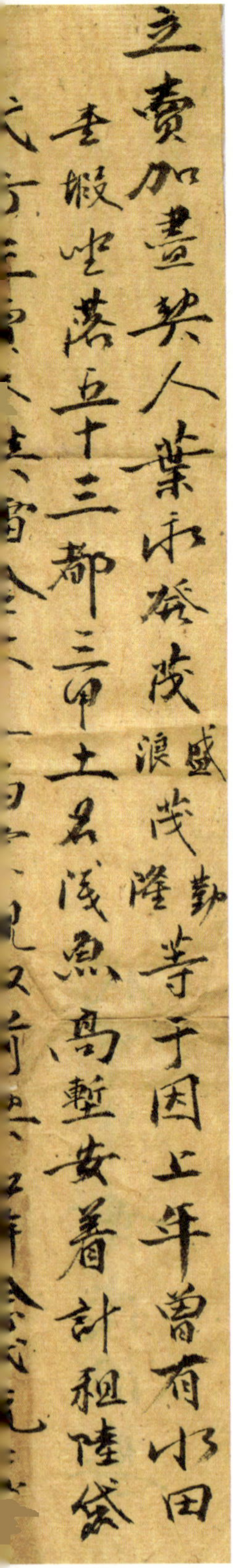

10-83

式契共得價銀红洋捌拾捌元五角正隨加盡契日手親收完足
並無存滯既加盡之後三面斷定收除過戶照契辦冊字号完
糧改佃回查俱載前契賣業去後永無回贖斷無加找之理永
為雷道已業此係兩相情愿各無反悔今欲有據立賣加
盡契永遠為照

光緒叁拾壹年冬拾弍月　日立賣加盡契葉茂根（押）
茂隆（押）
永裕（押）
茂盛（押）
茂勤（押）

代筆中葉茂潤（押）

（前頁）>>>>

立賣加尽契人葉永發、茂盛、茂浪、茂勤、茂隆等，于因上年曾有水田壹塅，坐落五十三都三甲，土名浅魚高塹安着，計租陸袋弍方正，賣尽與雷金木邊爲業，親收前契紅洋念弍元正，鉴今缺錢应用，憑原中加出價銀紅洋念弍元五角正，前後正、加弍契，共得價銀紅洋肆拾肆元五角正，随加尽契日子親收完足，並無存滯，既加尽之後，三面断定，收除過户照魚鳞册字号完糧改佃，四至俱載前契，管業，去後永無回贖，断無加找之理，永爲雷邊己業，此係兩相情愿，各無反悔，今欲有據，立賣加尽契永遠爲照。

茂浪（押）

茂隆（押）

永發（押）

光緒叁拾壹年冬拾弍月日立賣加尽契葉　茂盛（押）

茂勤（押）

代筆中葉茂滔（押）

光緒三十二年雷申雨立賣契加找盡契

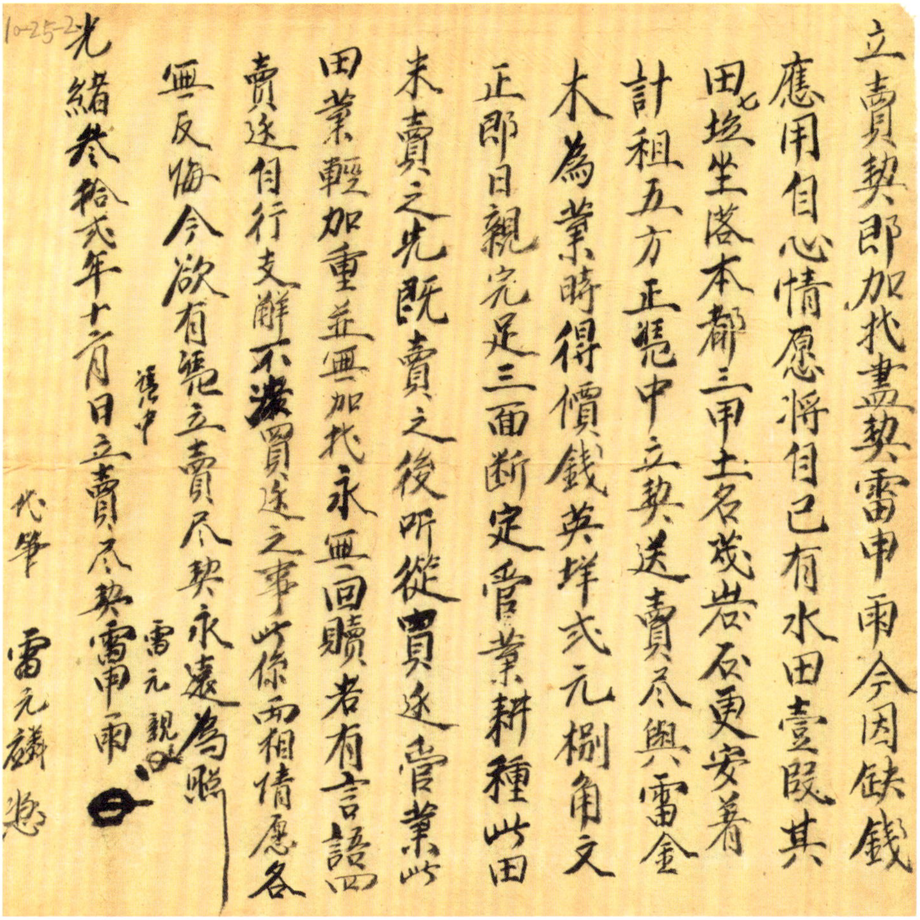

立賣契即加找盡契雷申雨，今因缺錢
應用，自心情愿，將自己有水田壹段，其
田七坵，坐落本都三甲，土名茂岩石更安着，
計租五方正，憑中立契，送賣尽與雷金
木爲業，時得價錢英垟[洋]弍元棚[捌]角文
正，即日親(收)完足，三面断定，管業耕種，此田
未賣之先，既賣之後，听從買邊管業，此
田業輕加[價]重，並無加找，永無回贖，若有言(三)語四，
賣邊自行支解，不涉買邊之事，此係兩相情愿，各
無反悔，今欲有憑，立賣尽契永遠爲照。

憑中　雷元親(押)

光緒叁拾弍年十二月日立賣尽契雷申雨(押)

代筆　雷元麟(押)

光緒三十二年雷新雨立賣盡契

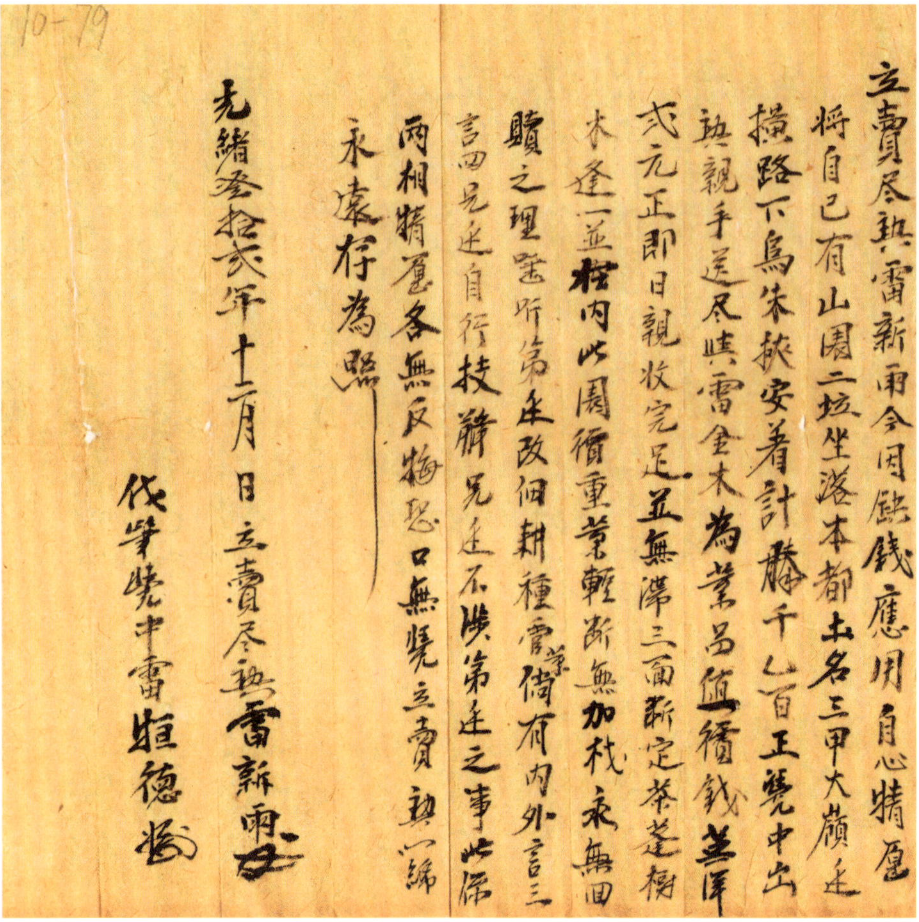

立賣尽契雷新雨，今因缺錢應用，自心情愿，將自己有山園二坵，坐落本都，土名三甲大嶺邊横路下烏朱挾安着，計藤千一百正，憑中出契，親手送尽與雷金木爲業，品值價錢英洋弍元正，即日親收完足並無滯，三面断定茶蓬、樹木逢一併在内，此園價重業輕，断無加找，永無回贖之理，悉听弟邊改佃耕種管業，倘有内外言三言四，兄邊自行技[支]解，兄邊不涉弟邊之事，此係兩相情愿，各無反悔，恐口無憑，立賣契一紙永遠存爲照。

光緒叁拾弍年十二月　　日立賣尽契雷新雨（押）

代筆憑中雷恒德（押）

光緒三十二年陳寬四立當字

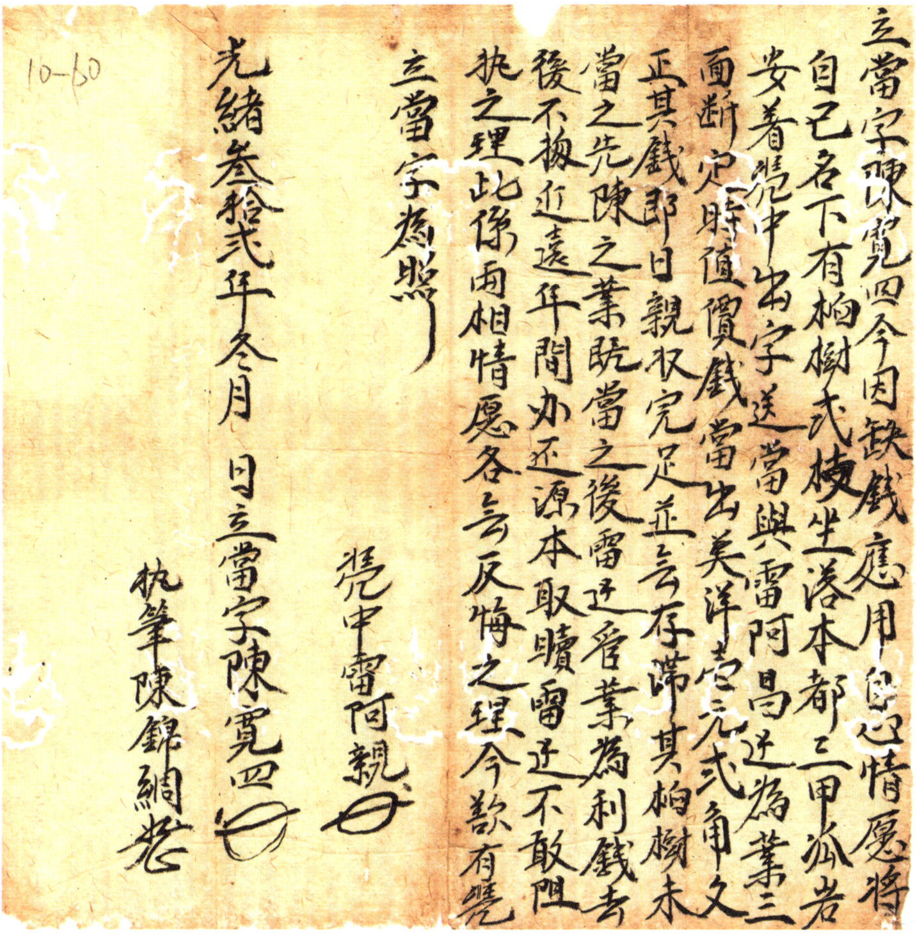

立當字陳寬四，今因缺錢應用，自心情愿，將自己名下有柏樹弍枝，坐落本都三甲泒岩安着，憑中出字，送當與雷阿昌邊爲業，三面断定，時值價錢當出英洋壹元弍角文正，其錢即日親收完足，並無存滯，其柏樹未當之先，陳之業，既當之後，雷邊管業爲利錢，去後不據[拘]近遠年間，办还源[原]本取贖，雷邊不敢阻执之理，此係兩相情愿，各無反悔之理，今欲有憑，立當字爲照。

憑中雷阿親（押）

光緒叁拾弍年冬月 日立當字陳寬四（押）

执筆陳錦綢（押）

光緒三十二年雷申雨立當字

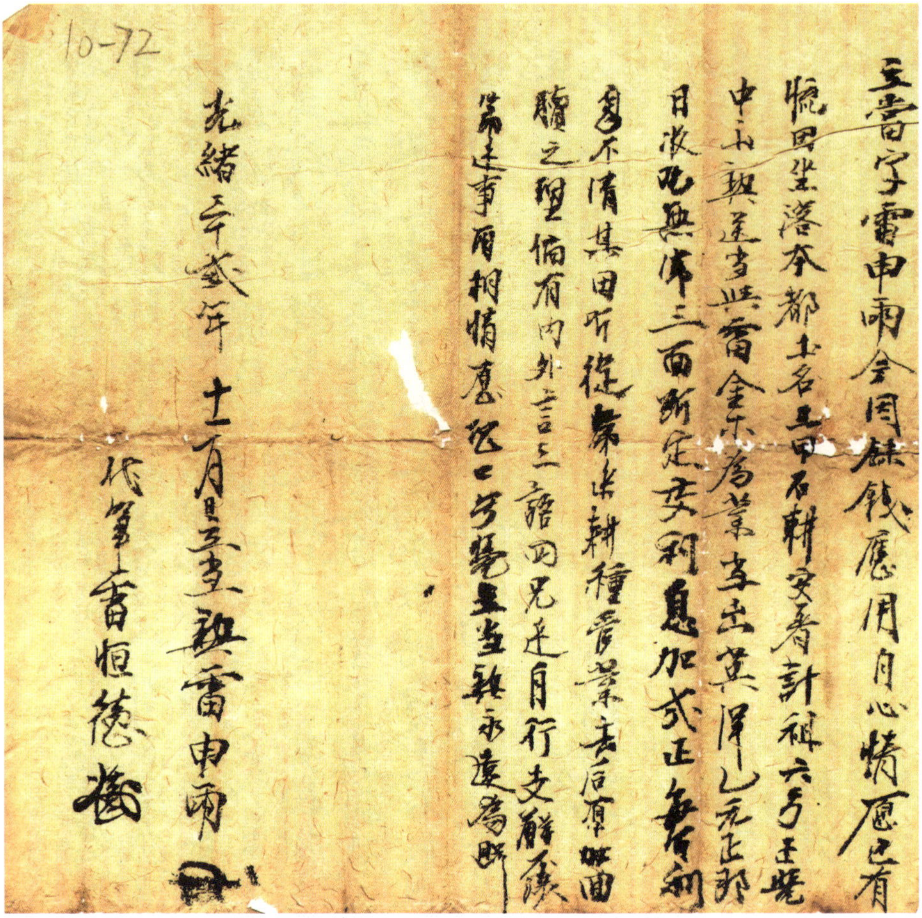

立當字雷申雨，今因缺錢應用，自心情愿，己有慌[荒]田，坐落本都，土名三甲石耕安着，計租六方正，憑中出契，送当與雷金木爲業，当出英洋一元正，即日收吃[訖]無滯，三面断定，交利息加式正，每年利息不清，其田听從弟邊耕種管業，去后原加[價]回贖之理，倘有内外言三語四，兄邊自行支解，不涉弟邊事，兩相情愿，恐口無憑，立当契永遠爲照。

光緒三十弍年十二月日立当契雷申雨（押）

代筆雷恒德（押）

光緒三十二年雷新雨立賣盡契

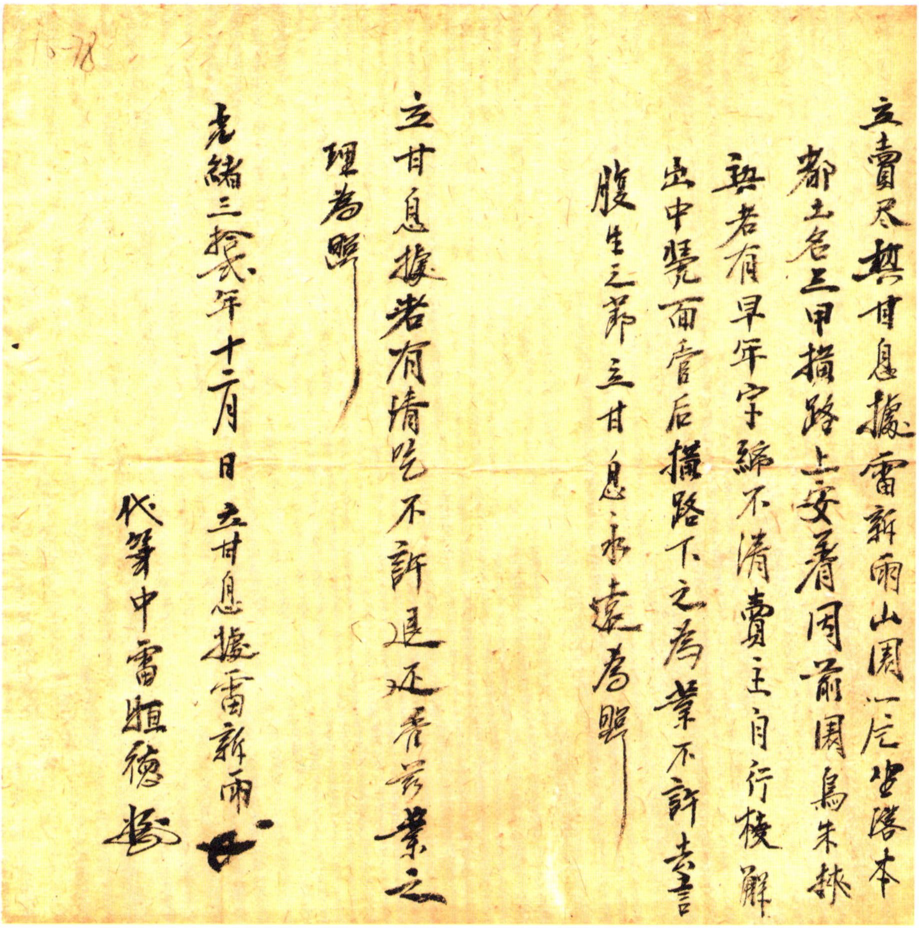

立賣尽契甘息據雷新雨，山園一片，坐落本都，土名三甲横路上安着，因前園烏朱挾契者有早年字紙不清，賣主自行枝[支]解，出中憑面管后横路下之爲業，不許去言腹[复]生之[枝]節，立甘息永遠爲照。

立甘息據者有清吃[訖]，不許退还管前業之理，爲照。

光緒三拾弍年十二月日立甘息據雷新雨（押）

代筆中雷恒德（押）

光緒三十三年施光沙立賣字

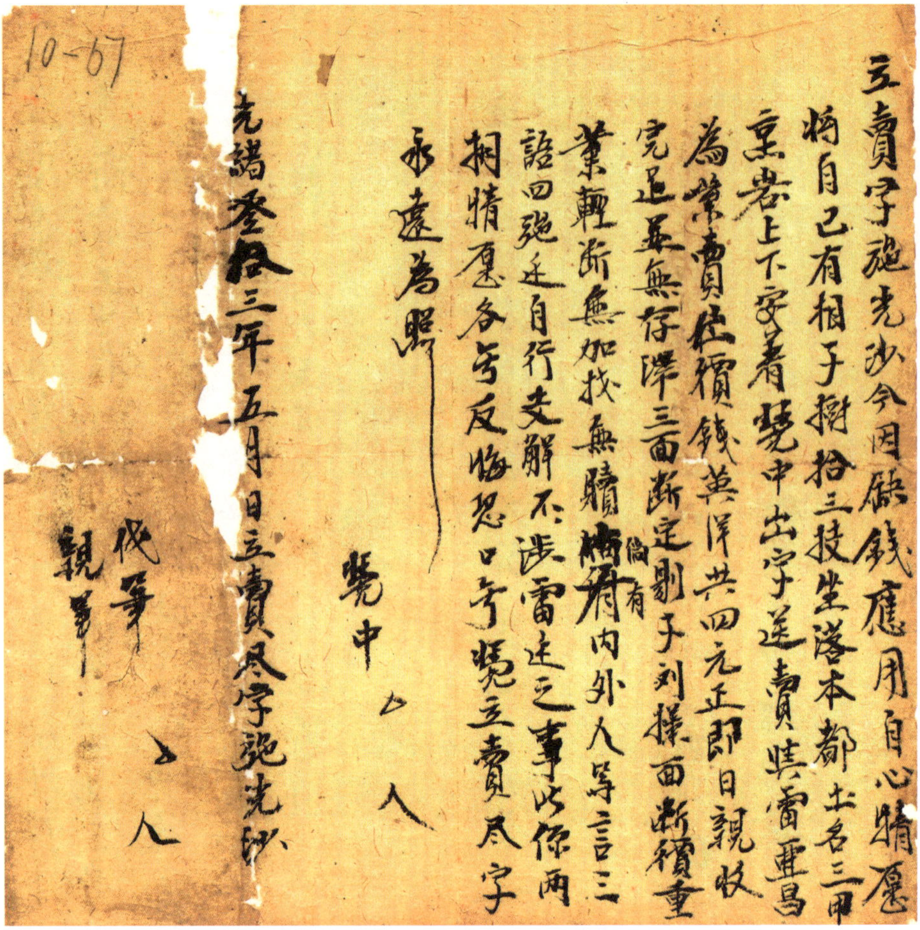

光緒三十三年施光沙立賣字

立賣字施光沙，今因缺錢應用，自心情愿，
將自己有相[柏]子樹拾三枝，坐落本都，土名三甲
□岩上下安着，憑中出字，送賣與雷亞昌
爲業，賣出價錢英洋共四元正，即日親收
完足，並無存滯，三面断定，剔子刘[留]樣，面断價重
業輕，断無加找無贖，倘有内外人等言三
語四，施邊自行支解，不涉雷邊之事，此係兩
相情愿，各無反悔，恐口無憑，立賣尽字，
永遠爲照。

光緒叁拾三年五月日立賣尽字施光沙

憑中

代筆

親筆

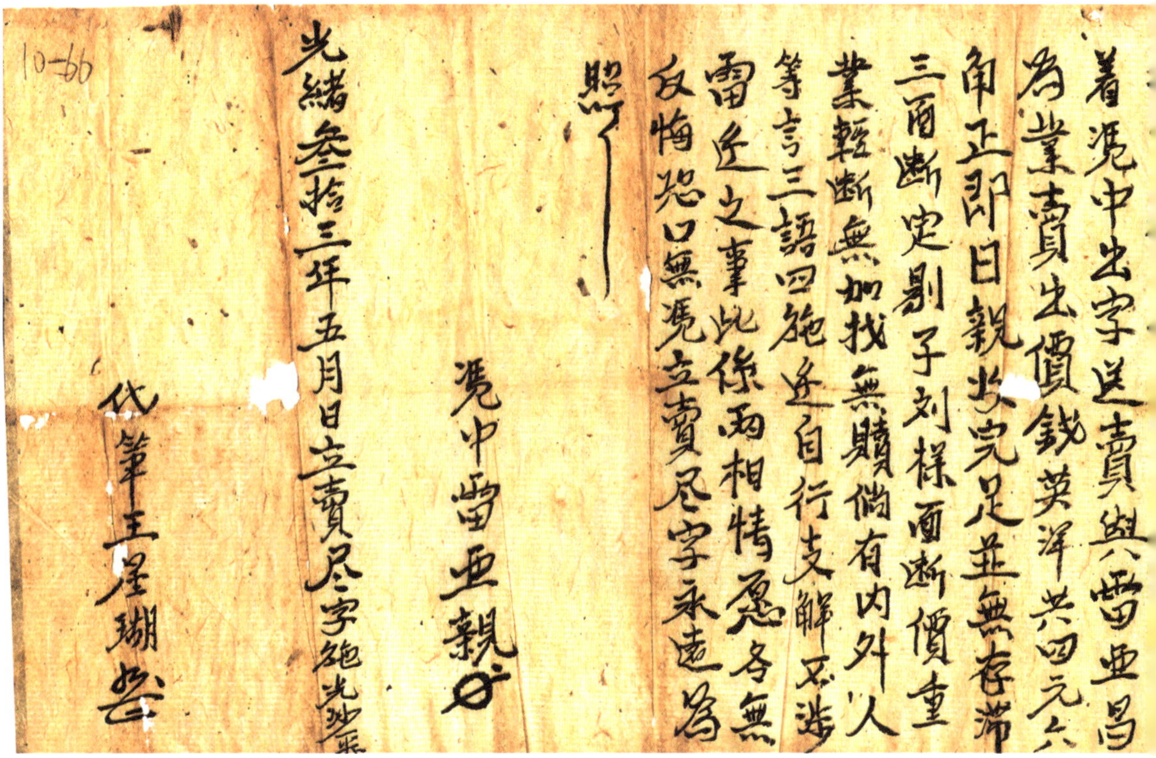

10-66
着憑中出字送賣與雷亞昌
為業賣出價錢英洋共四元六
角正即日親收完足並無存滞
三面断定剔子刘樑面断價重
業輕断無加找無贖倘有内外人
等言三語四施边自行支解不涉
雷边之事此係兩相情愿各無
反悔恐口無憑立賣尽字永遠為
照
憑中雷亞親（押）
光緒叁拾三年五月日立賣尽字施光沙（押）
代筆王星瑚（押）

立賣字施（光）沙，今因缺錢應（用），自
心情愿，將自己有相[柏]子樹拾三枝，
坐落本都土名三甲□岩上下安
着，憑中出字送賣與雷亞昌
爲業，賣出價錢英洋共四元六
角正，即日親收完足，並無存滯，
三面断定，剔子刘[留]樣，面断價重
業輕，断無加找無贖，倘有内外人
等言三語四，施邊自行支解，不涉
雷邊之事，此係兩相情愿，各無
反悔，恐口無憑，立賣尽字永遠爲
照。

憑中　雷亞親（押）

光緒叁拾三年五月日立賣尽字施光沙（押）

代筆　王星瑚（押）

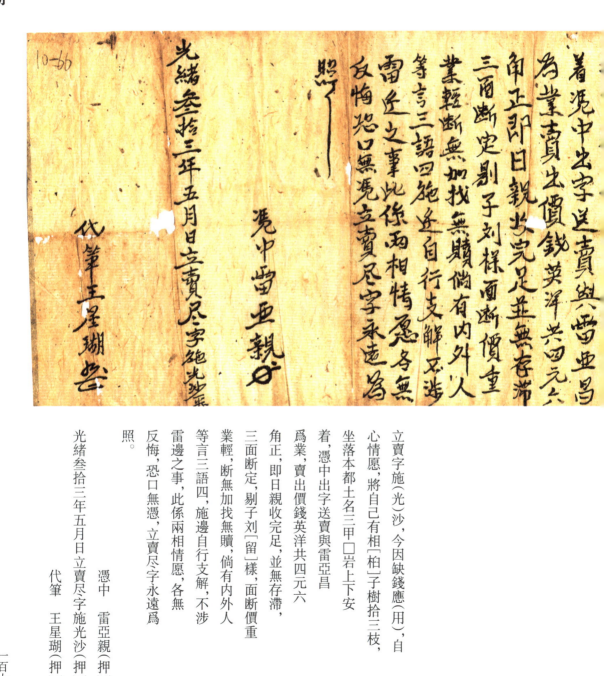

光緒三十三年雷永頂立當字

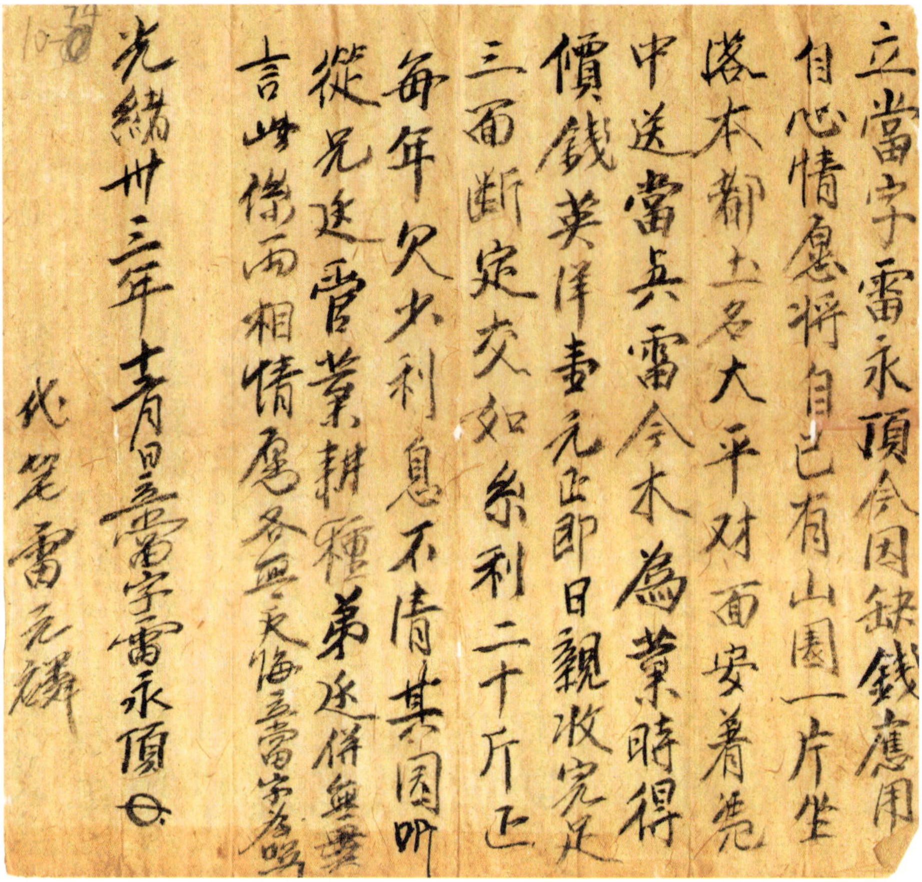

立當字雷永頂，今因缺錢應用，
自心情愿，将自己有山園一片，坐
落本都，土名大平对面安着，憑
中送當與雷今木爲業，時得
價錢英洋壹元正，即日親收完足，
三面断定，交如[茹]系[絲]利二十斤正，
每年欠少利息不清，其园听
從兄邊管業耕種，弟邊並無異
言，此係兩相情愿，各無反悔，立當字爲照。
光緒卅三年十二月日立當字雷永頂（押）
代筆雷元麟（押）

光緒三十三年雷亞取立加找盡契

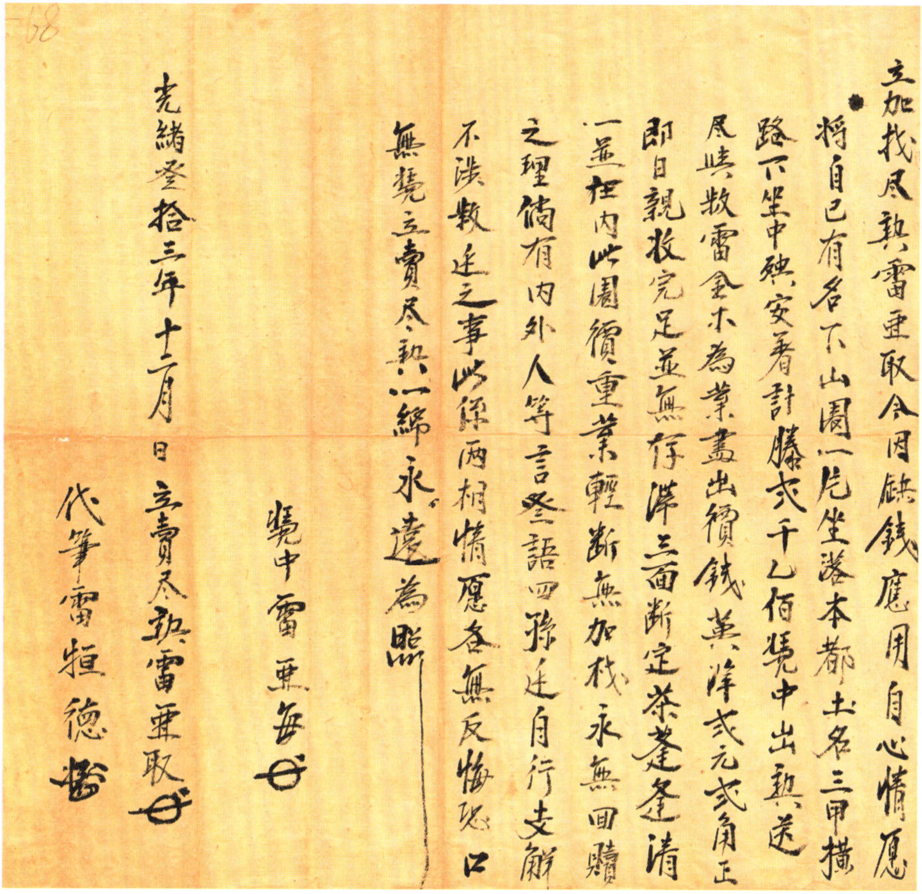

立加找尽契雷亞取，今因缺錢應用，自心情愿，將自己有名下山園一片，坐落本都，土名三甲横路下坐中殃[央]安着，計藤弍千一佰，憑中出契，送尽與叔雷金木爲業，盡出價錢英洋弍元弍角正，即日親收完足，並無存滯，三面断定，茶蓬、逢清一併在内，此園價重業輕，断無加找，永無回贖之理，倘有内外人等言叁語四，孫邊自行支解，不涉叔邊之事，此係兩相情愿，各無反悔，恐口無憑，立賣尽契一紙永遠爲照。

憑中雷亞每（押）

光緒叁拾三年十二月　日立賣尽契雷亞取（押）

代筆雷恒德（押）

光緒三十四年雷永頂立當字

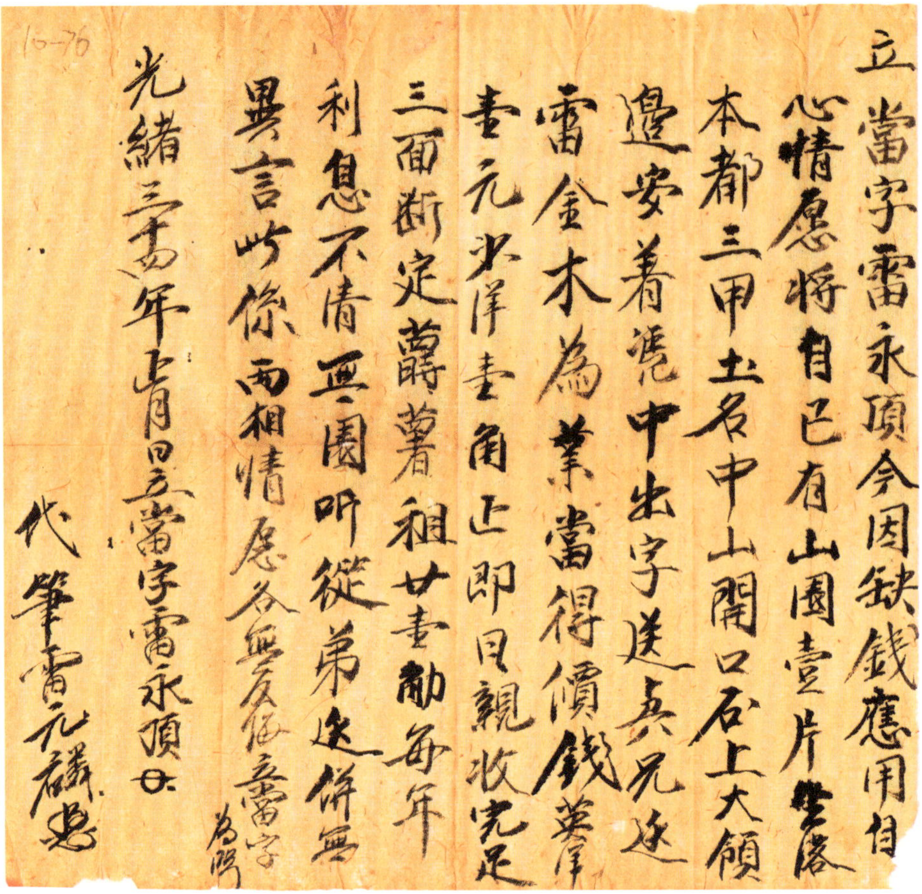

立當字雷永頂，今因缺錢應用，自
心情愿，将自己有山園壹片，坐落
本都三甲，土名中山開口石上大領
邊安着，憑中出字，送與兄邊
雷金木爲業，當得價錢英洋
壹元小洋壹角正，即日親收完足，
三面断定，蒔薯租廿壹觔，每年
利息不清，無園听從弟邊，並無
異言，此係兩相情愿，各無反悔，立當字爲照。

光緒三十四年十一月日立當字雷永頂（押）

代筆雷元麟（押）

宣統元年雷亞福立賣盡契

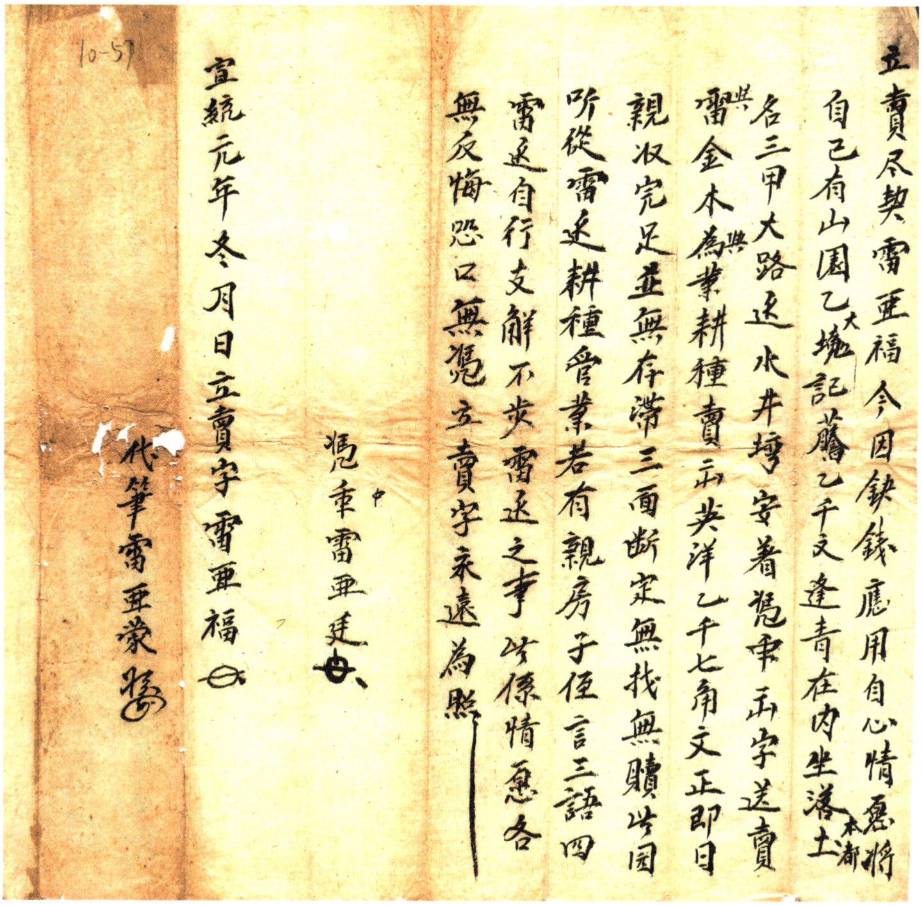

立賣尽契雷亞福，今因缺錢應用，自心情愿，將
自己有山園一大塊，記藤一千文，逢青在内，坐落本都，土
名三甲大路邊水井墹安着，憑衆出字，送賣
與雷金木與爲業耕種，賣出英洋一千七角文正，即日
親收完足，並無存滯，三面断定，無找無贖，此园
听從雷邊耕種管業，若有親房子侄言三語四，
雷邊自行支解，不步［涉］雷邊之事，此係情愿，各
無反悔，恐口無憑，立賣字永遠爲照。

憑衆雷亞廷（押）
宣統元年冬月　日立賣字雷亞福（押）
代筆雷亞蒙（押）

宣統二年雷亞土立賣字

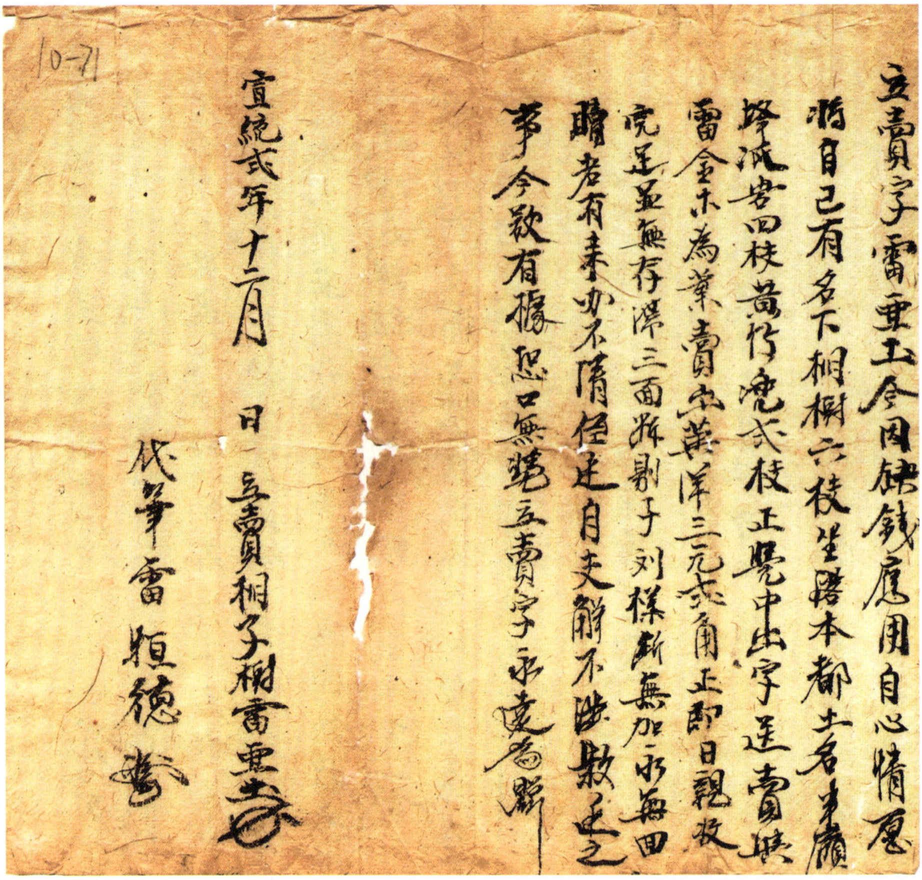

立賣字雷亞土，今因缺錢應用，自心情愿，將自己有名下柏樹六枝，坐落本都，土名半嶺夆泒岩四枝、黄竹憑式枝正，憑中出字送賣與雷金木爲業，賣出英洋三元弍角正，即日親收完足，並無存滯，三面断剔子刘［留］様，断無加（找），永無回贖，若有來办［歷］不清，侄邊自支解，不涉叔邊之事，今欲有據，恐口無憑，立賣字永遠爲照。

宣統弍年十二月　日　立賣［柏］子樹雷亞土（押）

代筆　雷恒德（押）

用自心情愿將自己本名下處一坪坐落本都
三甲土名高坑安着計開吉地一穴花紅酒禮
在內憑中出熱親手送盡與雷亜昌仝弟仝
木為業當日值其洋五元弍角正即日隨熱親
收完足並無存洋三面斷定斷無加找亦無回贖
倘有內外叔伯子侄言三語四但廷自行支解
不涉叔廷之事各無反悔恐口無憑立賣加
找盡熱一紙永遠為照

憑中　雷秉喜　押

宣統弍年十二月　日立賣加找盡熱雷亜鮮　押
仝侄亜福　押

代筆　雷恒德　押

（前頁）>>>>

立賣找盡契雷亞蟹仝侄亞福，今因缺錢應用，自心情愿，将自己有名下園一坪，坐落本都三甲，土名高坑安着，計開吉地一穴花紅酒水在内，憑中出契，親手送尽與雷亞昌仝弟金木爲業，品值英洋五元弍角正，即日隨契親收完足，並無存滯，三面断定，断無加找，永無回贖，倘有内外叔伯子侄言三語四，侄邊自行支解，不涉叔邊之事，各無反悔，恐口無憑，立賣加找尽契一紙永遠爲照。

憑中雷永喜（押）

宣統弍年十二月　日立賣加找尽契雷亞蟹（押）

仝侄亞福（押）

代筆雷恒德（押）

宣統二年陳寬四立賣契

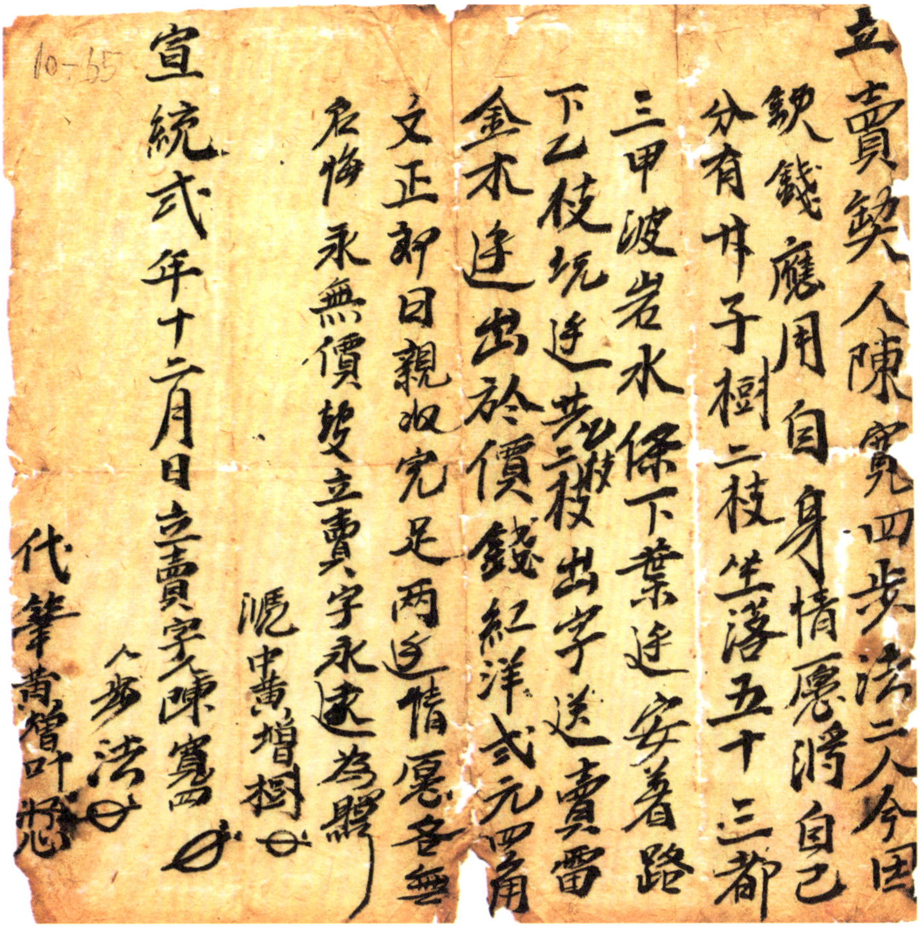

立賣契人陳寬四、步法二人，今因
缺錢應用，自身情愿，將自己
分有甘[柏]子樹二枝，坐落五十三都
三甲波岩水條下葉邊安着，路
下一枝、坑邊一枝，共二枝，出字送賣雷
金木邊，出於價錢紅洋弍元四角
文正，即日親收完足，兩邊情愿，各無
反悔，永無價變，立賣字永遠爲照。

憑中黄增樹（押）

宣統弍年十二月日　立賣字人　陳寬四（押）

（陳）步法（押）

代筆　黄增叶（押）

宣統三年陳寬四等立賣契

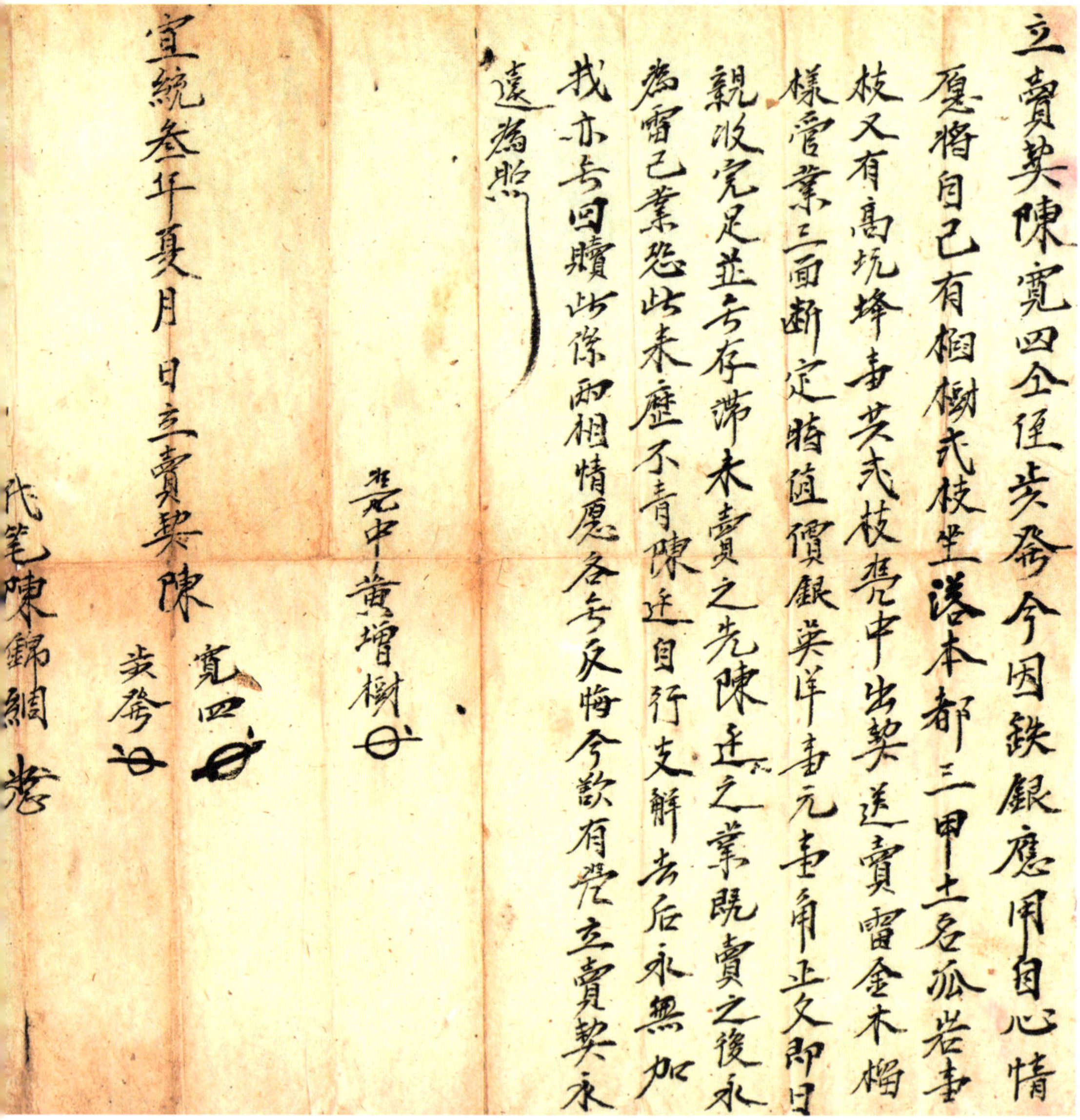

立賣契陳寬四仝侄共喬今因缺銀應用自心情
愿將自己有烟樹弍枝坐落本都三甲土名瓜岩垂
枝又有高坑墘垂共弍枝憑中出契送賣雷金木榴
樣管業三面斷定時值價銀英洋壹元壹角正交即日
親收完足並無存滯未賣之先陳述之業既賣之後永
為雷己業恐此來歷不青陳述自行支解去后永無加
找亦無回贖此係兩相情愿各無反悔今欲有憑立賣契永
遠為照

憑中 黄增樹

宣統叁年夏月　日立賣契陳寬四
共喬

代笔陳錦綢

（前頁）>>>>

立賣契陳寬四仝侄步發，今因缺銀應用，自心情愿，將自己有柏樹弍枝，坐落本都三甲，土名泒岩壹枝，又有高坑垟壹（枝），共弍枝，憑中出契，送賣雷金木榴［留］樣管業，三面断定，時值價銀英洋壹元壹角正文，即日親收完足，並無存滯，未賣之先，陳邊之業，既賣之後，永爲雷己業，恐此來歷不青［清］，陳邊自行支解，去后永無加找，亦無回贖，此係兩相情愿，各無反悔，今欲有憑，立賣契永遠爲照。

憑中黄增樹（押）

宣統叁年夏月日立賣契　陳寬四（押）

步發（押）

代笔　陳錦綢（押）

宣統三年雷元土等立賣盡契

立賣尽契雷元土仝弟元取、元盤，今因缺錢應用，自心情愿將自己有山田弍大，坐落三甲李莫垯下山河丘安着，計租五方，憑中出契與親手送賣尽與雷金求為業，尽出價錢英洋弍元五角正，即日隨契收訖無滯。面斷此田憑听數廷改佃耕種，賣業此田意愿滿心足，加重業轉斷，無加找，永無回贖。倘有内外言三語四，但廷自行支解，不涉數廷之事。此係兩相情愿，各無反悔，恐口無憑，立賣尽契永遠為照。

憑中　雷元盤（押）

元土（押）

宣統叁年十二月日立賣尽契雷元取（押）

（前頁）>>>>

立賣尽契雷元土仝弟元取、元每，今因缺錢應用，自心情愿，將
自己有山田弍大，坐落三甲李英坵下山河邊安着，
計租五方，憑中出契，親手送賣尽與雷金木爲業，
尽出價錢英洋弍元五角正，即日隨契收吃［訖］無滯，
面断，此田悉听叔邊改佃耕種管業，此田意滿心足，
加［價］重業輕，断無加栈［找］，永無回贖，倘有内外言三語四，
侄邊自行支解，不涉叔邊之事，此係兩相情愿，各
無反悔，恐口無憑，立賣尽契永遠爲照。

憑中雷元蟹（押）
元土（押）
宣統叁年十二月　日立賣尽契雷元取（押）
元每（押）
代筆　雷恒德（押）

民國二年當字包契紙

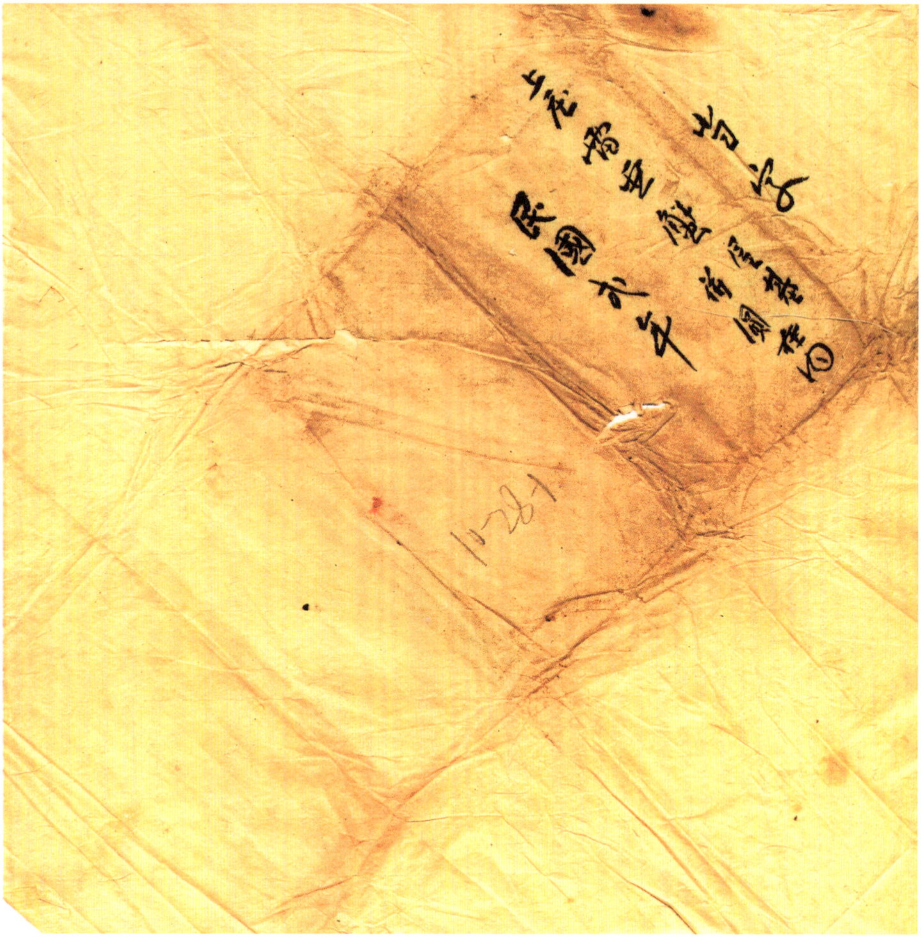

当字
上莊雷亞蟹屋基並圆[園]在内
民國弍年

民國二年葉廷取立賣即加盡契

立賣即加盡契兄廷取，今因缺錢應用，自心情愿將己有水田乙段，坐落本
都二甲，土名項山降塆，安着計租弍碩正，憑中出契賣與廷棒弟邊
業，親得價銀英洋拾陸元正，収訖無滯。此田未賣之前並無別處交
既賣之后，悉听弟邊耕種管業，兄邊並無異言。倘有内外人等言三
の兄邊自行支解，不涉弟邊之事。其田糧听弟邊完受去后，永無加
亦無回贖等情。此係業輕價重，心满意足，永無反悔之理。永
弟邊己業。今恐口無憑，立賣加尽契永遠為照。

民國弍年三月　日立賣即加盡契兄廷取（押）

憑中　誼父　葉光柳（押）
　　　叔　　朝火

代筆　葉昌遠（押）

（前頁）>>>>

立賣即加盡契兄廷取，今因缺錢應用，自心情愿，将己有水田一段，坐落（本）都二甲，土名項山降墒安着，計租弍袋正，憑中出契，賣與廷棒弟邊（爲）業，親得價銀英洋拾陆元正，收訖無滯，此田未賣之前，並無別處交（關），既賣之后，悉听弟邊耕種管業，兄邊断無異言，倘有内外人等言三（語）四，兄邊自行支解，不涉弟邊之事，其田糧听弟邊完管，去后永無加（找），亦無回贖等情，此係業輕價重，心滿意足，永無反悔之理，永（爲）弟邊己業，今恐口無憑，立賣加尽契永遠爲照。

民國弍年三月　日立賣即加盡契兄廷取（押）

憑中詛［祖］父葉光柳（押）

叔朝火（押）

代筆　葉昌遠（押）

民國十八年施欽篤立賣盡契

立賣尽契施欽篤今因缺錢應用自心情愿將自己有水田一坵
坐落本都土名三甲半嶺峰水圩底安着計租一𥟖憑中出
字立尽與雷元嵩爲業尽出大洋拾柒元正四至列後分
明三面断定風水吉地一版在内頭造至此田角頭業轉断
加找永無回贖者有来力不清施出自行支解不涉雷
邊之事各無反悔恐口無憑立賣尽契永遠永據爲照

計開四至分明
上至雷延園下至山阿底爲界
民國拾捌年十二月日
左至山阿右至山阿爲界
立賣風水吉地施欽篤（押）
憑中雷德躬（押）
代筆雷恒德（押）

(前頁)>>>>

立賣尽契施欽篤，今因缺錢應用，自心情愿，將自己有水田一坵，坐落本都，土名三甲半領垟水玗[圩]底安着，計租一袋，憑中出字，送尽與雷元黨爲業，尽出大洋拾柒元正，四至列後分明，三面断定，風水吉地一股在内，與造屋，此田價重業輕，断加找，永無回贖，若有來力[歷]不清，施邊自行支解，不涉雷邊之事，各無反悔，恐口無憑，立賣尽契永遠永遠爲照。

計開四至分明

上至雷邊園，下至山河底爲界

憑中雷德躬(押)

民國拾捌年十二月　日

立賣風水吉地施欽篤(押)

左至山河，右至山河爲界

代筆雷恒德(押)

民國十九年雷各李立公據

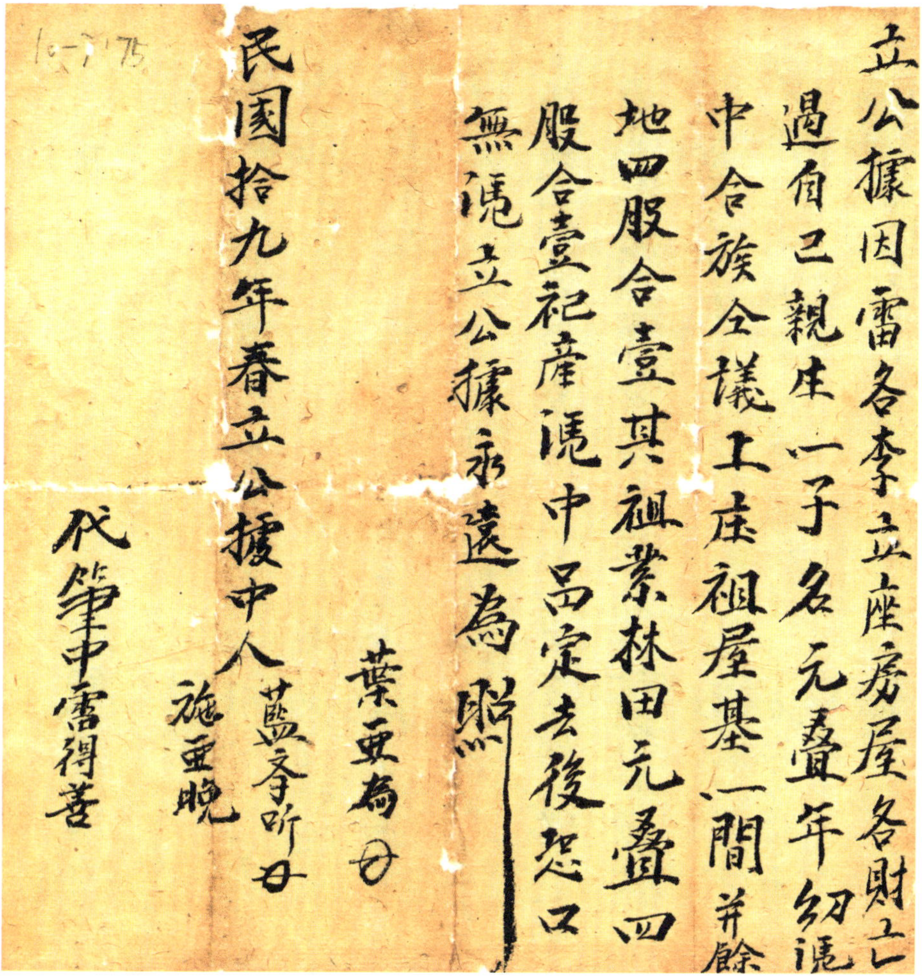

立公據，因雷各李立座房屋，各財亡過，自己親生一子，名元叠，年幼，憑中合族仝議，上莊祖屋基一間並餘地四股合壹，其祖業林田元叠四股合壹，祀産憑中品定，去後恐口無憑，立公據永遠爲照。

葉亞爲（押）

民國拾九年春立公據中人藍學听（押）

施亞晚

代筆中雷得善

民國十九年雷元當等立當契

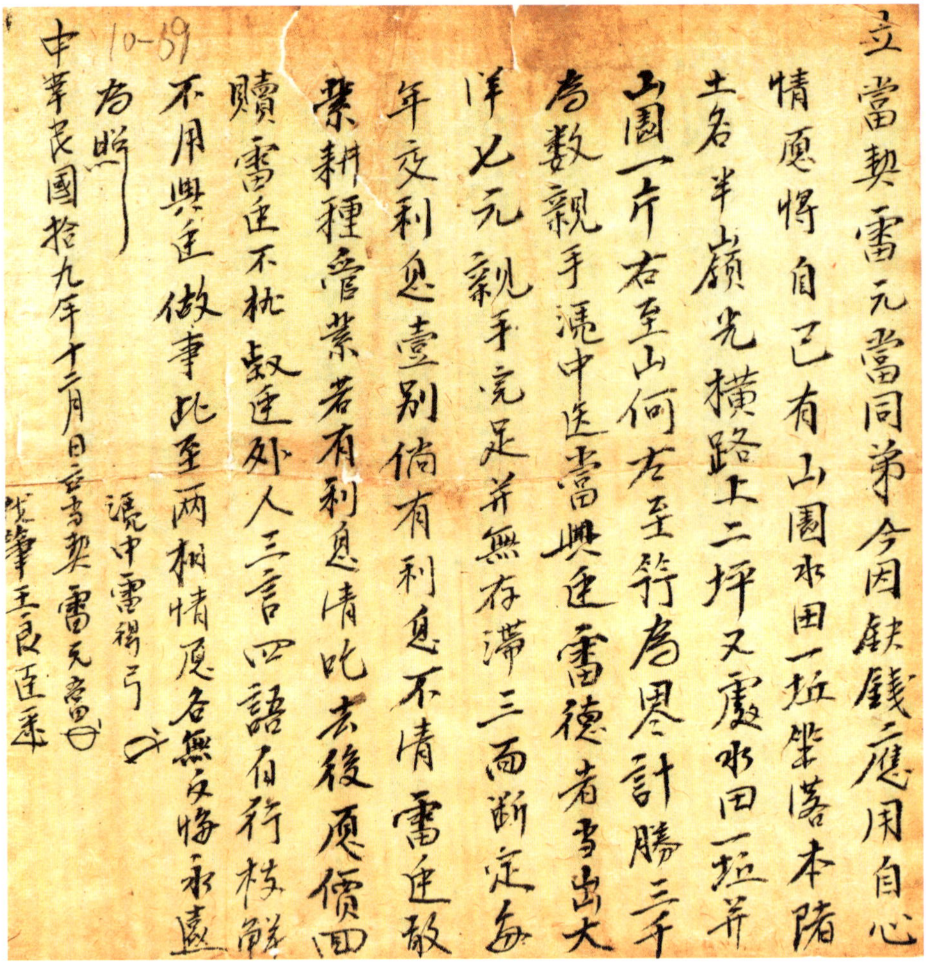

立當契雷元當同弟，今因缺錢應用，自心情愿，將自己有山園水田一坵，坐落本都，土名半嶺光横路上二坪，又處水田一坵，並山園一片，右至山何［河］，左至竹爲界，計勝［藤］三千爲数，親手憑中送當與邊雷德者，当出大洋七元，親手［收］完足，並無存滯，三面断定，每年交利息壹別［捌］，倘有利息不清，雷邊敢［改］業耕種管業，若有利息清吃［訖］，去後愿［原］價回贖，雷邊不执，叔邊外人三言四語，自行枝［支］解，不用與邊做事，此至兩相情愿，各無反悔，永遠爲照。

憑中雷得弓（押）

中華民國拾九年十二月日立当契雷元當（押）

代筆王良臣（押）

民國二十七年王益盛收條

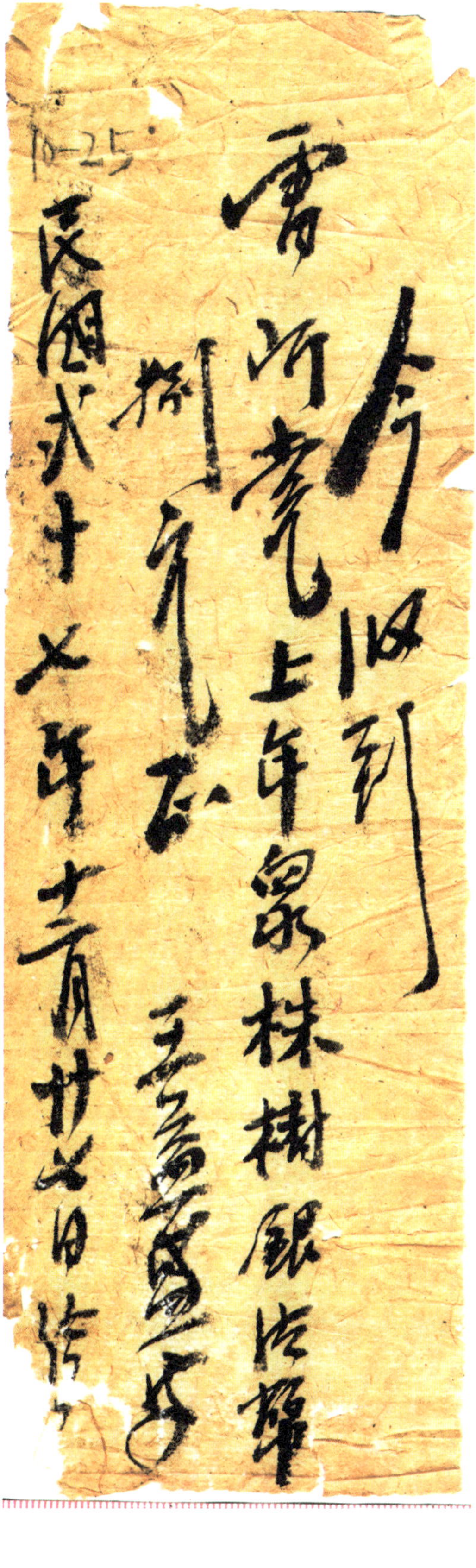

今收到

雷听尧上年衆株樹銀法幣

捌元正　王益盛（押）

民國式十七年十二月廿七日給

民國三十四年雷德樓對字包契紙

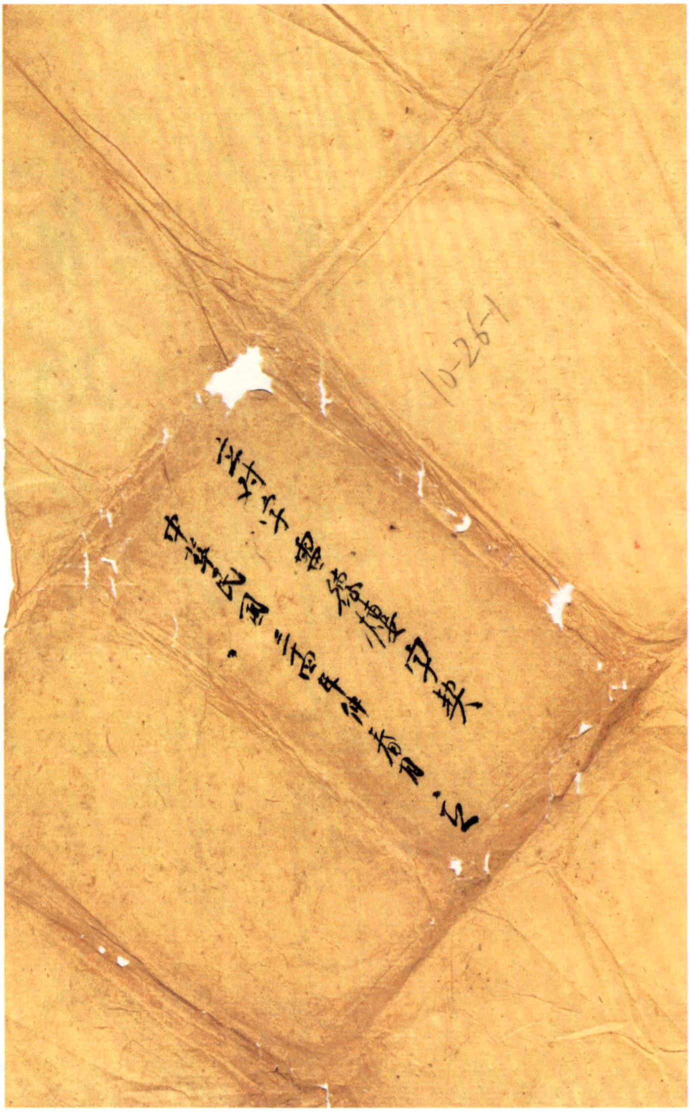
10-26-1
立对字雷德樓字契
中華民國三十四年仲春月立

立对字雷德樓字契
中華民國三十四年仲春月立

民國三十四年雷德樓立對字

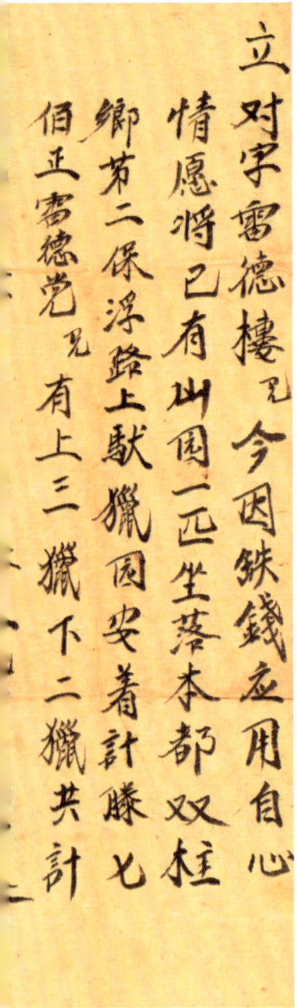
立对字雷德樓（押）今因鉄錢应用自心
情愿将己有山园一匹坐落本都双桂
鄉第二保浮路上駄獵园安着計滕乜
佰正雷德党（押）有上三一獵下二獵共計

10-25-2

無别處交閲既对之後倘有藤息不清花
紅一及所從（雷）逸耕種管業內外人等
言三語乃自行（文）解清楚不涉雷逸之事此
係兩相情愿各無反悔去後有近遠年
間永遠不回对之理（雷逸）不許阻执之理此係兩
相情愿各無反悔恐口無憑立对為照

左至德樓為界
上至雷元德為界　下至德樓為界
右至小坑
左至元福為界
上至德樓管業　下至元福為界
右至元党為界

本家 ⊕
憑中雷德多 ⊕

中華民國三十四仲春月　立对雷德樓 ⊕　立

代笔張惠華書

（前頁）>>>>

立对字雷德樓兄，今因缺錢应用，自心
情愿，将己有山园一匹，坐落本都双桂
鄉第二保浮路上馱獵园安着，計藤七
佰正，雷德党兄有上三獵、下二獵，共計
五獵，计藤壹千壹佰藤正，憑中出字，送
对雷德党兄，並無存滞，此园未对之先，並
無别處交關，既对之後，倘有藤息不清，花
紅一及听從雷邊耕種管業，内外人等
言三語四，自行支解清楚，不涉雷邊之事，此
係兩相情愿，各無反悔，去後有近遠年
間，永遠不回对之理，雷邊不許阻执之理，此係兩
相情愿，各無反悔，恐口無憑，立对爲照。

左至德樓爲界
上至雷元福爲界　下至德樓爲界
右至小坑
左至元福爲界
上至德樓管業　下至元福爲界
右至元党爲界

本裝（押）
憑中雷
德多（押）
中華民國三十四（年）仲春月立对雷德樓（押）
代笔張惠華（押）

民國三十四年雷元福對字包契紙

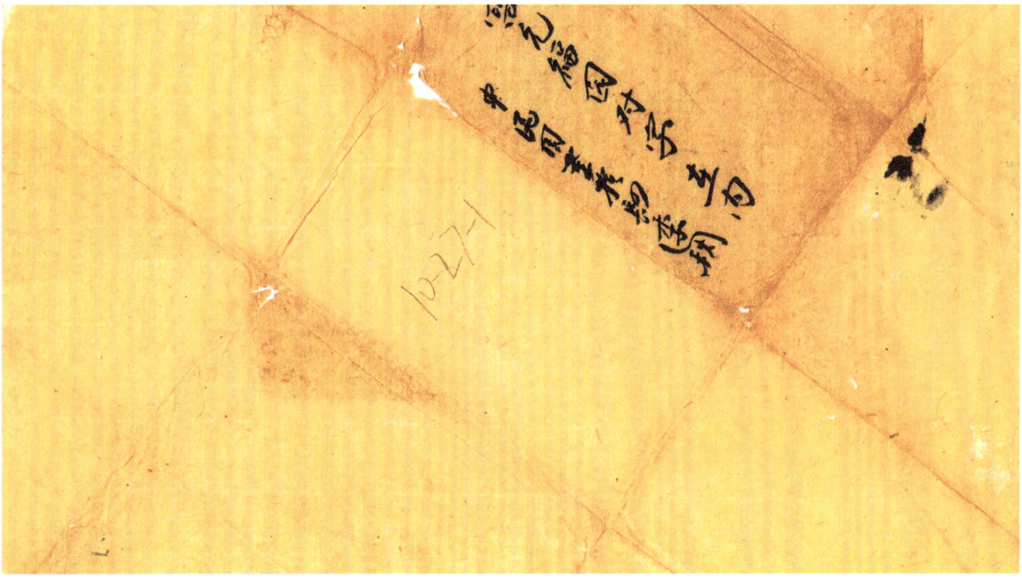

雷元福园对字在内
中（華）民國叁拾肆（年）秋季

民國三十四年雷元福立對契

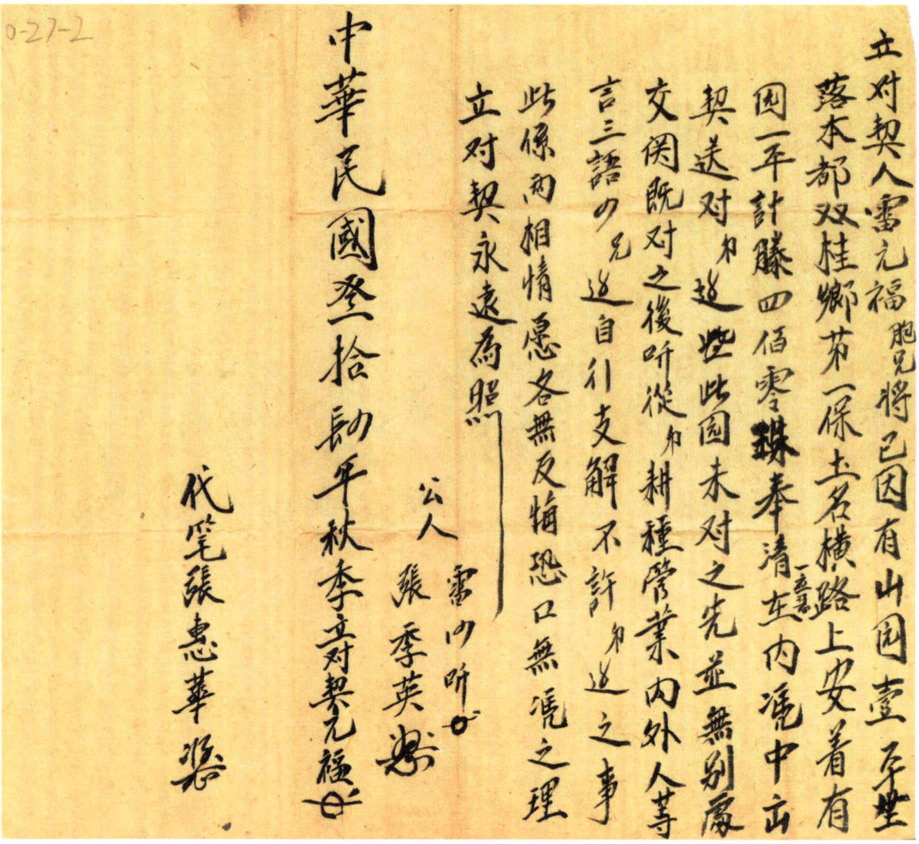

立对契人雷元福胞兄，将己因有山园壹平[坪]，坐
落本都双桂鄉第一保，土名横路上安着，有
园一平[坪]，計藤四佰零珠[株]，奉清一应(押)在内，憑中出
契，送对弟邊，此园未对之先，並無别處
交關，既对之後，听從弟耕種管業，内外人等
言三語四，兄邊自行支解，不許[涉]弟邊之事，
此係兩相情愿，各無反悔，恐口無憑之理，
立对契永遠爲照。

公人　雷少听(押)
張季英(押)

中華民國叁拾肆年秋季立对契元福(押)

代笔　張惠華(押)

民國三十七年雷德楼立賣契

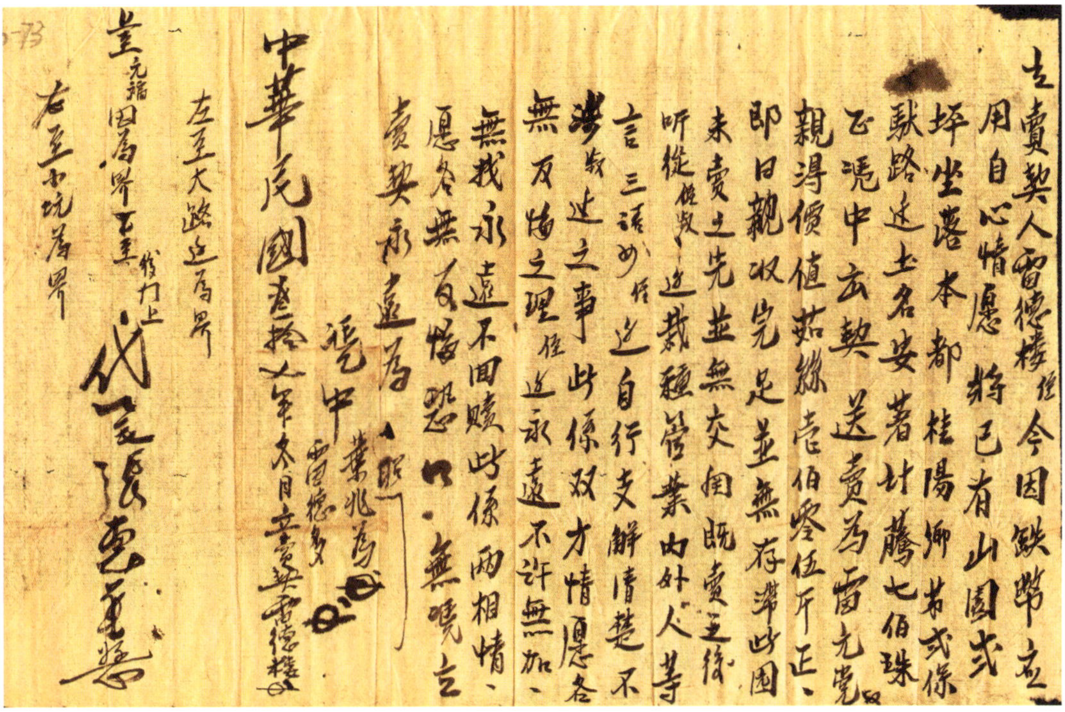

立賣契人雷德楼侄，今因缺幣应用，自心情愿，将己有有山園弍坪，坐落本都桂陽鄉第弍保馱路邊土名安著，计藤七佰珠[株]正，憑中出契，送賣爲雷元党叔，親得價值茹絲壹佰零伍斤正，即日親收完足，並無存滞，此园未賣之先，並無交關，既賣之後，听從侄叔邊栽種管業，内外人等言三語四，侄邊自行支解清楚，不涉叔邊之事，此係双方情愿，各無反悔之理，侄邊永遠不许無加無找，永遠不回贖，此係兩相情愿，各無反悔，恐口無憑，立賣契永遠爲照。

憑中葉兆爲（押）

雷德多（押）

中華民國叁拾七年冬月立賣契雷德楼（押）

左至大路邊爲界

上至元福田爲界，下至後门上　代筆張惠華（押）

右至小坑爲界

雷新雨賣契包契紙

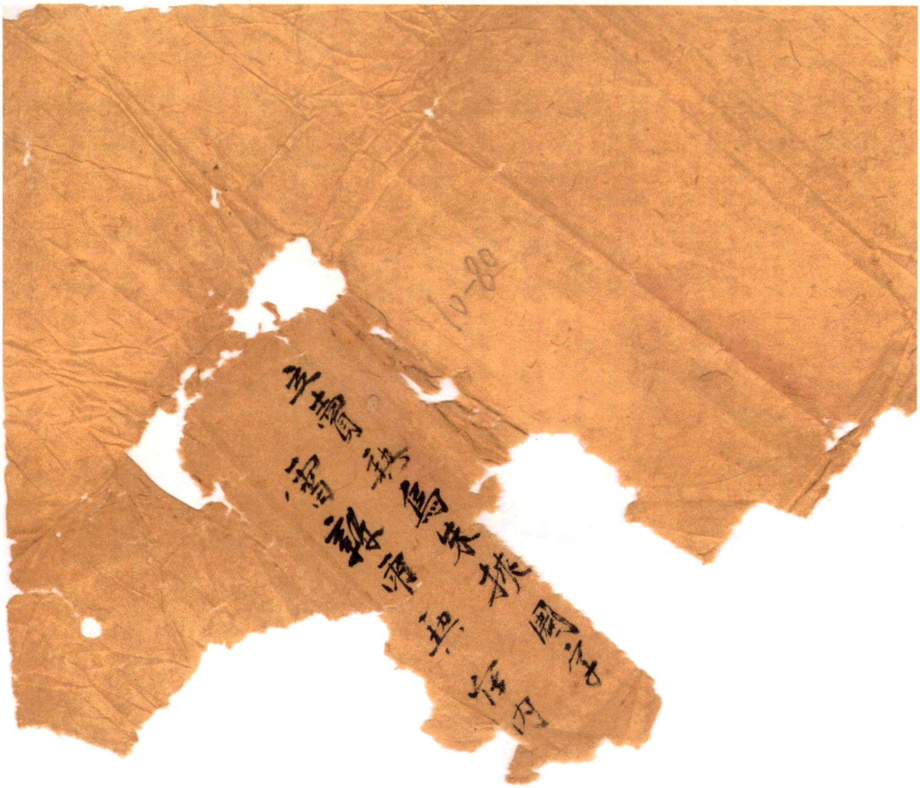

立賣契烏朱挾園字
雷新雨契在内

申雨田契包契紙

申雨田契

周山畲族乡际下民族村雷本贵户

嘉慶十六年葉邦忠立賣契

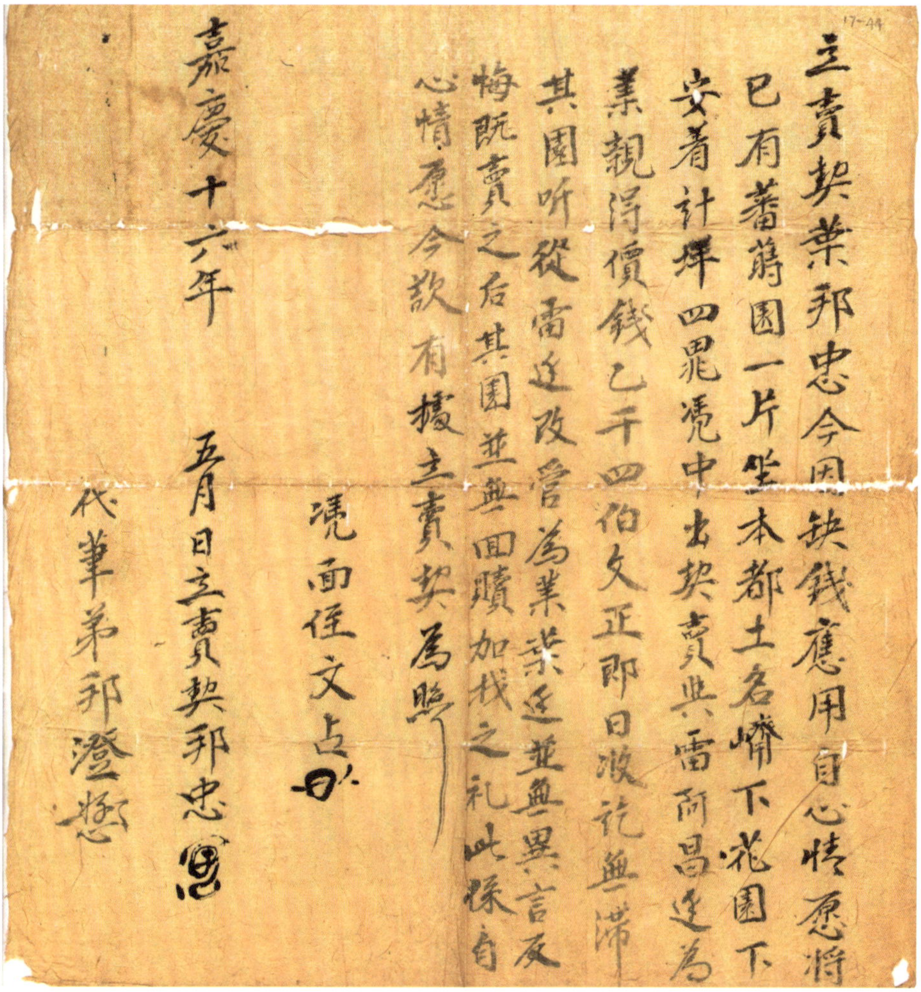

立賣契葉邦忠，今因缺錢應用，自心情愿，將
己有蓄蒔園一片，坐本都，土名嶠下花園下
安着，計坪四晁，憑中出契，賣與雷阿昌邊爲
業，親得價錢一千四伯〔佰〕文正，即日收訖無滯，
其園听從雷邊改管爲業，葉邊並無異言反
悔，既賣之后，其園並無回贖加找之礼〔理〕，此係自
心情愿，今欲有據，立賣契爲照。

憑面侄文占（押）
嘉慶十六年　五月日立賣契邦忠（押）
代筆弟邦澄（押）

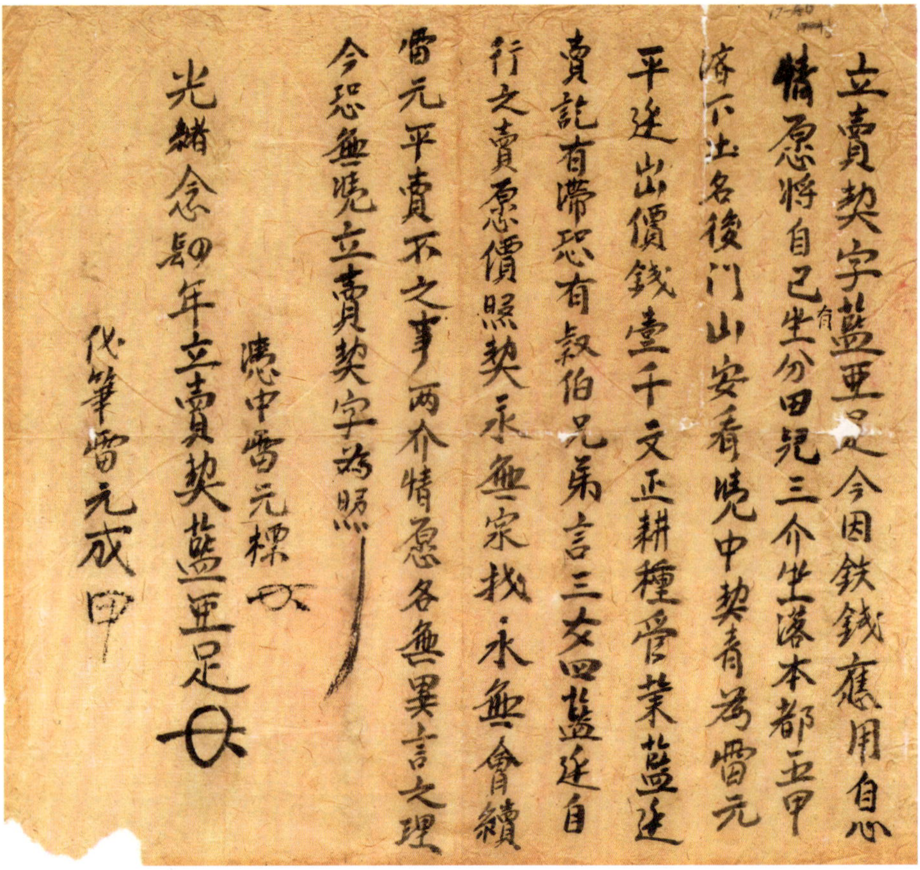

光緒二十四年藍亞足立賣契字

立賣契字藍亞足，今因鈇[缺]錢應用，自心
情愿，將自己有坐分田兒三介，坐落本都五甲
濟下，土名後門山安看[着]，憑中契青[賣]爲雷元
平邊，出價錢壹千文正，耕種管業，藍邊
賣訖有[無]滯，恐有叔伯兄弟言三女[語]四，藍邊自
行之，賣愿[原]價照契，永無家[加]找，永無會[回]續[贖]，
雷元平賣不之事，兩介情愿，各無異言之理，
今恐無憑，立賣契字爲照。

憑中雷元標（押）

光緒念肆年立賣契藍亞足（押）

代筆雷元成（押）

光緒二十四年藍阿足立加找盡契

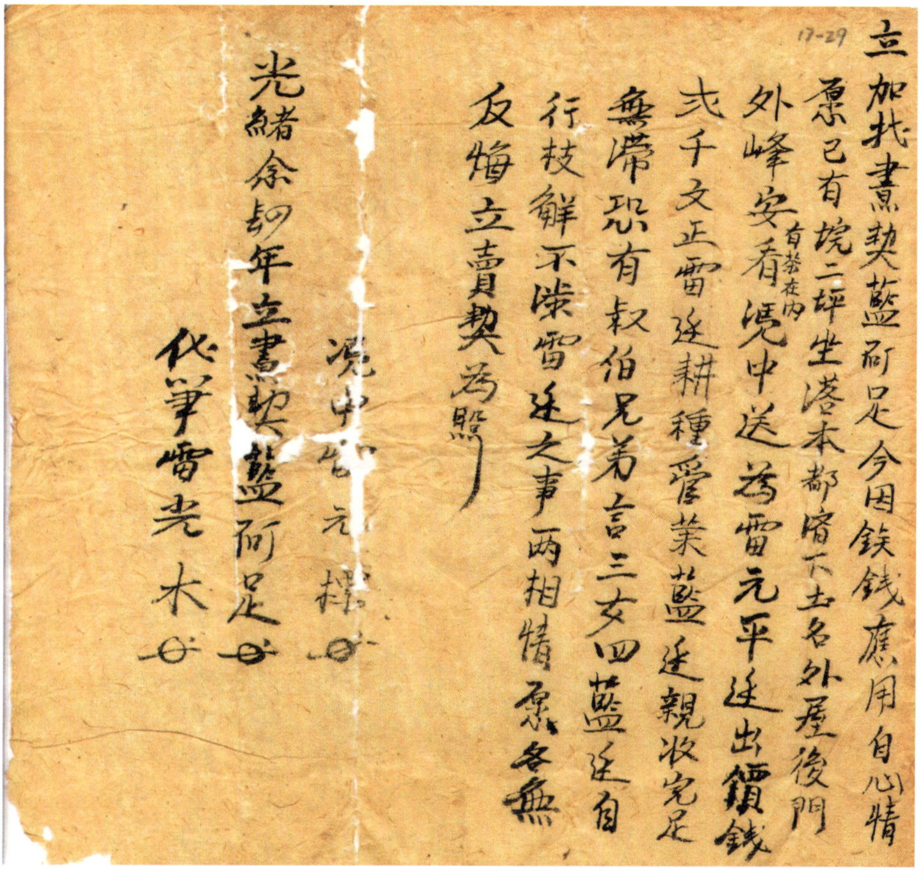

立加找盡契藍阿足，今因鈇[缺]錢應用，自心情
愿，己有園二坪，坐落本都濟下，土名外屋後門
外峰安看[着]，有茶在内，憑中送爲雷元平邊，出價錢
式千文正，雷邊耕種管業，藍邊親收完足
無滯，恐有叔伯兄弟言三女[語]四，藍邊自
行枝[支]解，不涉雷邊之事，兩相情愿，各無
反悔，立賣契爲照。

憑中雷元標（押）

光緒念肆年立盡契藍阿足（押）

代筆雷光木（押）

光緒二十七年藍安士立賣契

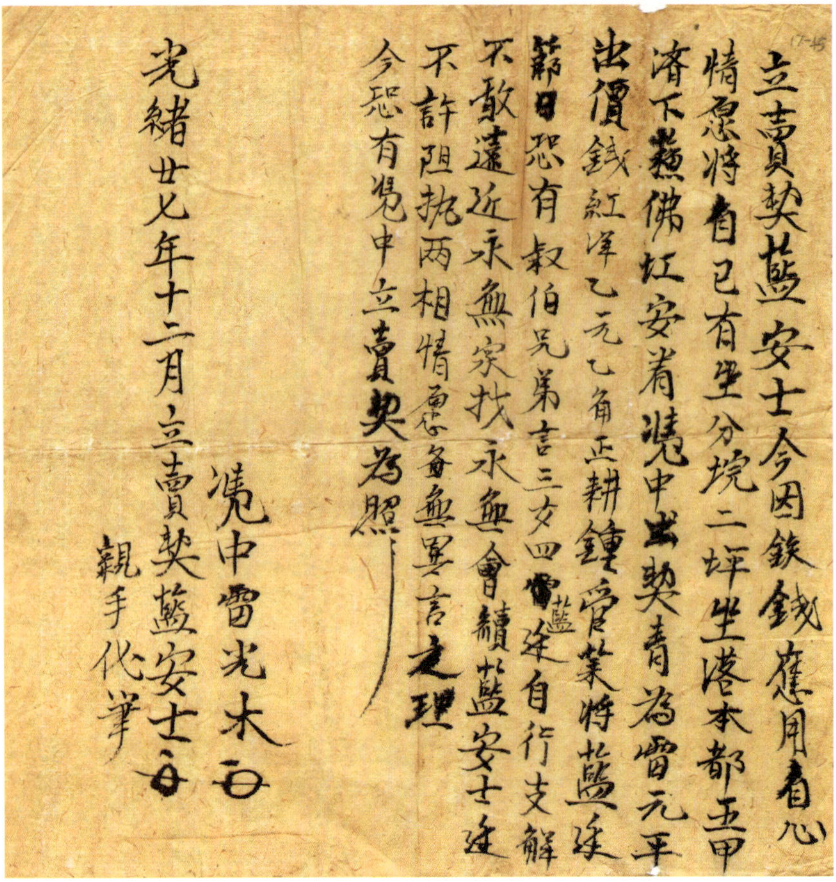

立賣契藍安士，今因鉄［缺］錢應用，自心
情愿，將自己有坐分園二坪，坐落本都五甲
濟下蘇佛圢安着，憑中出契，青［賣］爲雷元平，
出價錢紅洋一元一角正，耕鍾［種］管業，將藍邊
節日恐有叔伯兄弟言三女［語］四，藍邊自行支解，
不敢［干］遠近，永無家［加］找，永無會［回］續［贖］，藍安士邊
不許阻执，兩相情愿，各無異言之理，
今恐有［無］憑，（憑）中立賣契爲照。

憑中雷光木（押）

光緒廿七年十二月立賣契藍安士（押）

親手代筆

光緒二十八年藍安士立賣契

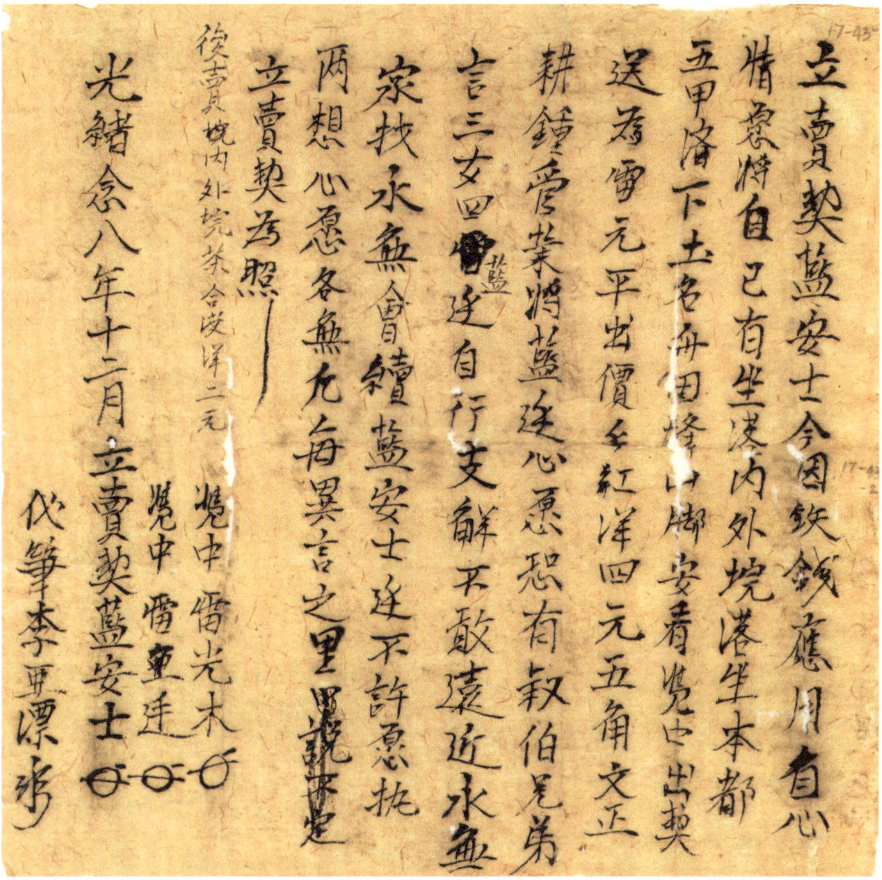

立賣契藍安士，今因鈌［缺］錢應用，自心
情愿，將自己有坐落内外園，落坐本都
五甲濟下，土名舟佃埄山脚安看［着］，憑中出契，
送爲雷元平，出價錢紅洋四元五角文正，
耕鍾［種］管業，將藍邊心愿，恐有叔伯兄弟
言三女［語］四，藍邊自行支解，不敢［干］遠近，永無
家［加］找，永無會［回］續［贖］，藍安士邊不許愿执，
兩想［相］心愿，各無几［反］每［悔］異言之里［理］，口説不定，
立賣契爲照。

後賣内外園茶合英洋二元

憑中雷光木（押）
憑中雷亞廷（押）
光緒念八年十二月　立賣契藍安士（押）
代筆李亞漂（押）

光緒三十年雷阿武立賣契

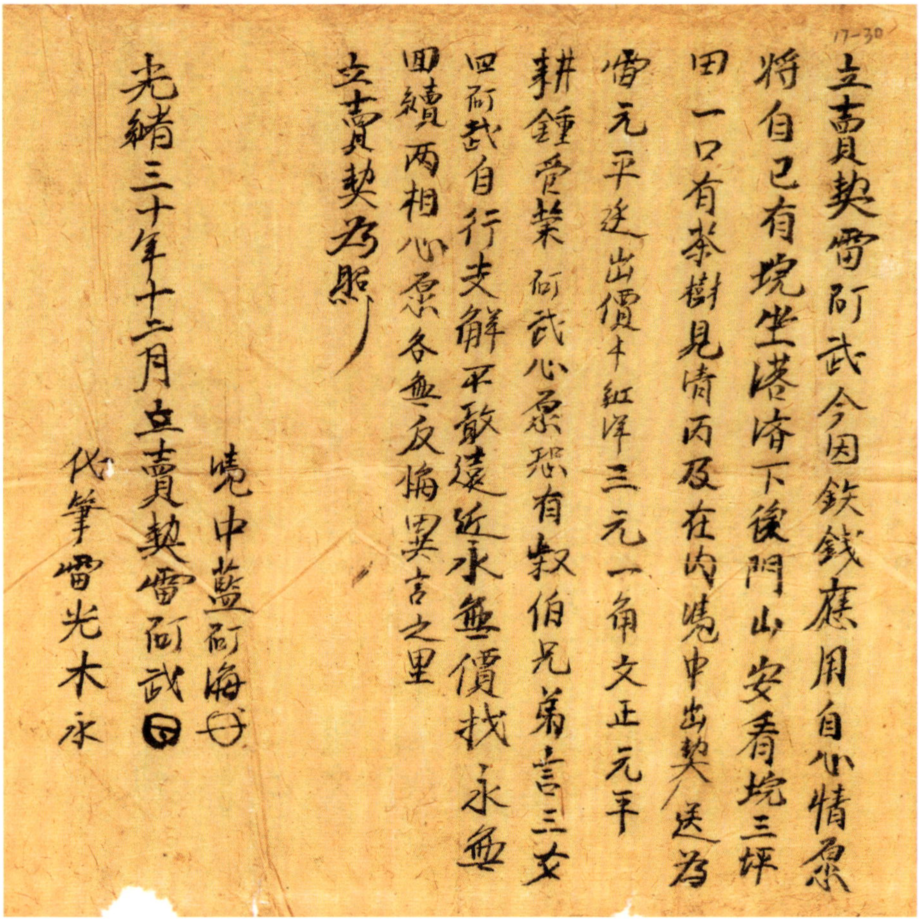

立賣契雷阿武，今因鈌［缺］錢應用，自心情愿，
將自己有園，坐落濟下後門山安看［着］，園三坪，
田一口，有茶樹見清丙［並］及在內，憑中出契，送爲
雷元平邊，出價錢紅洋三元一角文正，元平
耕鍾［種］管業，阿武心愿，恐有叔伯兄弟言三女［語］
四，阿武自行支解，不敢［干］遠近，永無價［加］找，永無
回續［贖］，兩相心愿，各無反悔異言之里［理］，
立賣契爲照。

憑中藍阿海（押）
光緒三十年十二月立賣契雷阿武（押）
代筆雷光木（押）

光緒立賣字

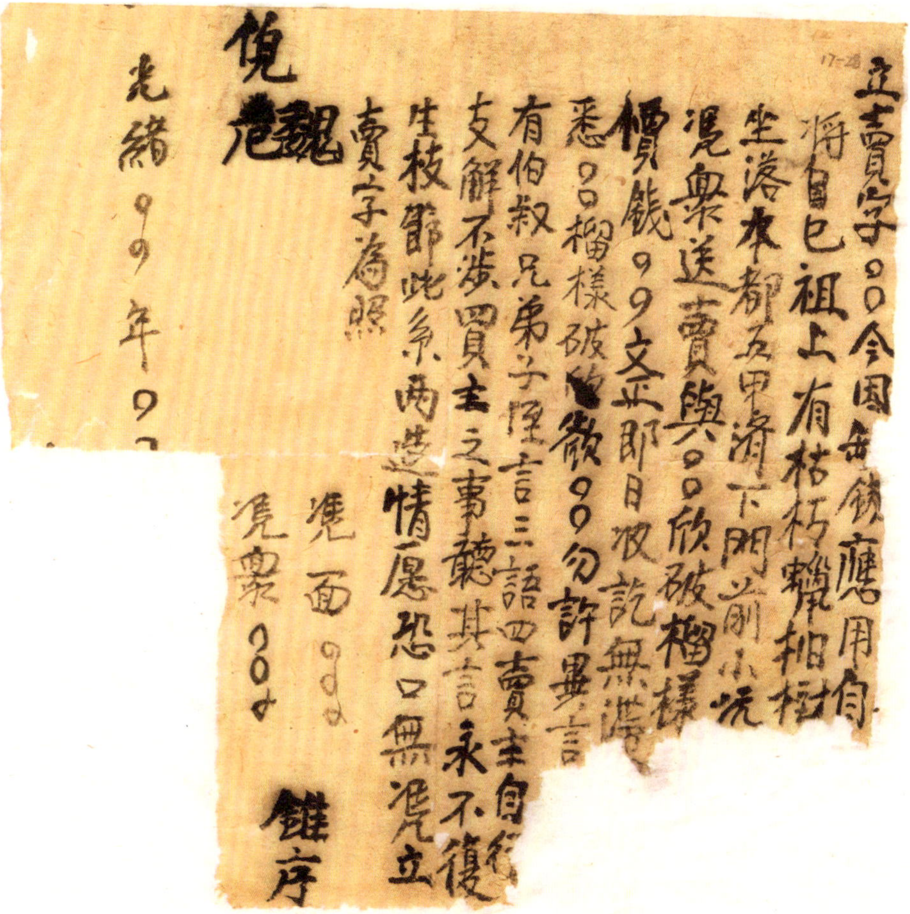

立賣字〇〇，今因缺錢應用，自□□□□
將自己祖上有枯朽蠟柏樹□□□□
坐落本都五甲濟下門前小坑□□□□
憑衆送賣與〇〇，欣破榴［留］樣□□□□
價錢〇〇文正，即日收訖無滯，□□□
悉〇〇榴［留］樣破□欲〇〇勿許異言□□□
有伯叔兄弟子侄言三語四，賣主自行
支解，不涉買主之事，聽其言，永不復
生枝節，此系兩造情愿，恐口無憑，立
賣字爲照。

魏　憑面〇〇
倪　憑衆〇〇　錐序
光緒〇〇年〇〇□□□□

民國二年雷元廷立賣盡契

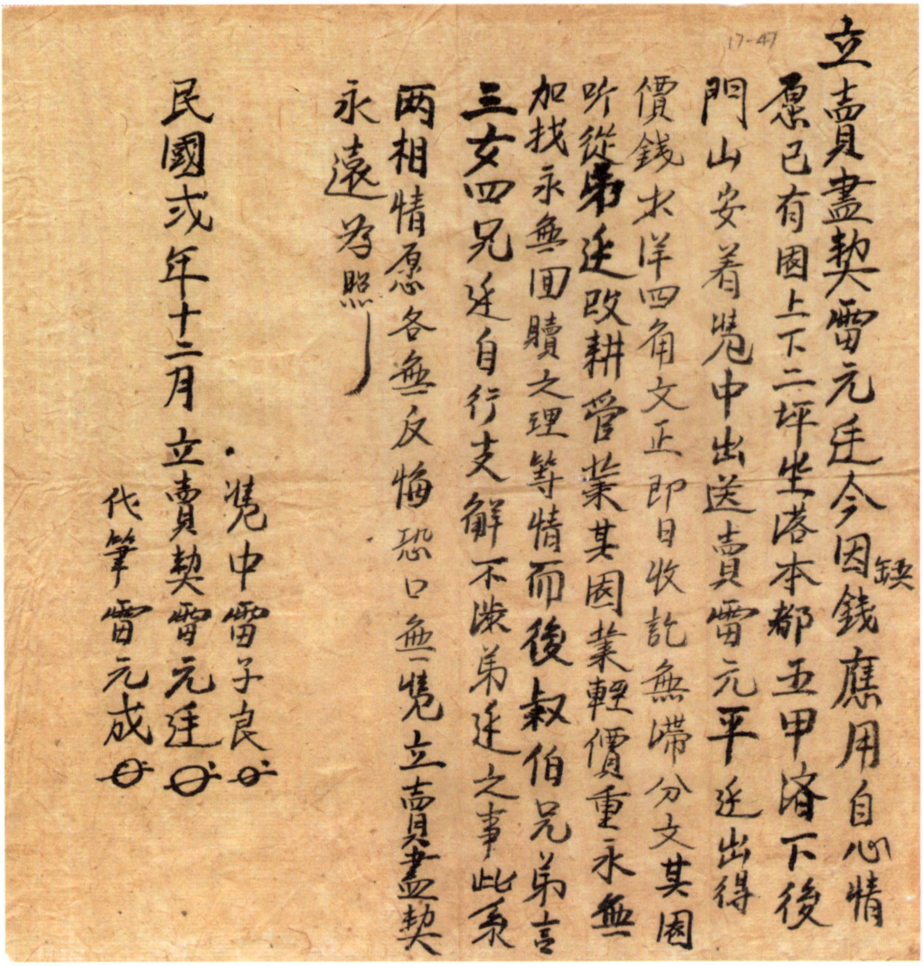

立賣盡契雷元廷，今因缺錢應用，自心情愿，己有園上下二坪，坐落本都五甲濟下後門山安着，憑中出送賣雷元平邊，出得價錢大洋四角文正，即日收訖，無滯分文，其園听從弟邊改耕管業，其園業輕價重，永無加找，永無回贖之理等情，而後叔伯兄弟言三女[語]四，兄邊自行支解，不涉弟邊之事，此系兩相情愿，各無反悔，恐口無憑，立賣盡契永遠爲照。

憑中雷子良（押）

民國弍年十二月立賣契雷元廷（押）

代筆雷元成（押）

立賣即加找盡契王子業今因缺銀應用自心情愿將
己分有水田壹段坐落本都土名濟下外垟花園下安
着計租捌碩正四至列後憑中送賣與雷邊長求德顯為業
時出價銀英洋陸拾弍元伍角正其銀即日隨承契親收
完足分文無滯此田既賣盡契之後悉聽雷邊改佃耕
種收除過户當差完粮昇祖照依魚鱗册受業倘若內外
不清王邊自行支解不涉雷邊之事此田業輕價重不加不
找永無回贖兩相情愿各無反悔恐口無憑立加找盡
三契各執一紙永遠為照

計開四至　上至山園　下至何海田
左至小坑　右至小坑　為界

憑中　王子柑
雷葉零

民國四年拾弍月　日立賣即加找盡契王子業

代筆魏開鄉

(前頁)>>>>

立賣即加找盡契王子業，今因缺銀應用，自心情愿，將己分有水田壹段，坐落本都，土名濟下外夆花園下安着，計租捌袋正，四至列後，憑中送賣與雷邊長求、德顯爲業，時出價銀英洋陸拾弍元伍角正，其銀即日隨承契親收完足，分文無滯，此田既賣尽契之後，悉聽雷邊改佃耕種，收除過户，當傞完粮，陞租照依魚鱗册管業，倘若内外不清，王邊自行支解，不涉雷邊之事，此田業輕價重，不加不找，永無回贖，兩相情愿，各無反悔，恐口無憑，立加、找、盡三契，各执一紙，永遠爲照。

計田四至，上至山園，下至阿海田，左至小坑，右至小坑爲界。

憑中　王子柑(押)

雷葉零(押)

民國四年拾弍月　日立賣即加找盡契王子業(押)

代筆魏開郯(押)

民國五年雷法勝立拜師帖

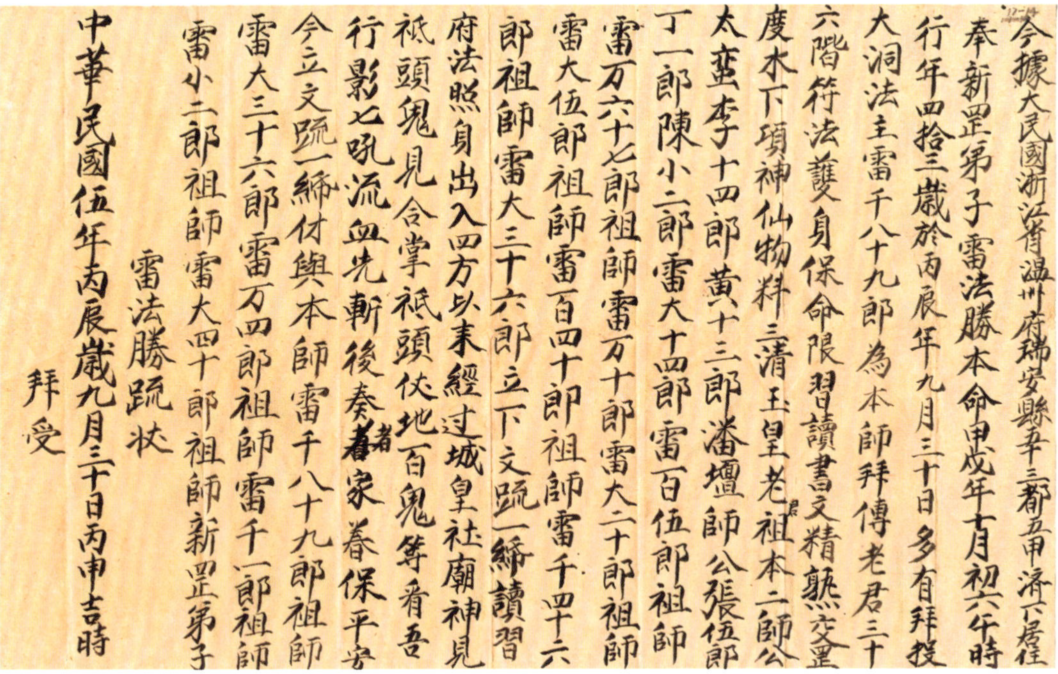

今據大民國浙江省温州府瑞安縣五十三都五甲濟下居住
奉新罡弟子雷法勝，本命甲戌年十月初六午時，
行年四拾三歲，於丙辰年九月三十日，多有拜授
大洞法主雷千八十九郎爲本師，拜傳老君三十
六階符法，護身保命，限習讀書文精熟，交罡
度木，下項[降]神仙物料，三清、玉皇、老君、祖本二師公
太蚕李十四郎、黄十三郎、潘壇師公、張伍郎、
丁一郎、陳小二郎、雷大十四郎、雷百伍郎，祖師
雷万六十七郎，祖師雷万十郎、雷大二十郎，祖師
雷大伍郎，祖師雷百四十郎，祖師雷千四十六
郎，祖師雷大三十六郎，立下文疏一紙讀習，
府[符]法照身，出入四方以來，經过城皇社廟，神見
祇頭，鬼見合掌，祇頭伏地，百鬼等看吾
行影，七吼[孔]流血，先斬後奏者，家眷保平安，
今立文疏一紙，付[付]與本師雷千八十九郎，祖師
雷大三十六郎、雷万四郎，祖師雷千一郎，祖師
雷小二郎，祖師雷大四十郎，祖師新罡弟子
雷法勝疏状
拜受
中華民國伍年丙辰歲九月三十日丙申吉時

民國五年王子藏等立賣契

立賣契王子藏等今因缺銀應用自心情愿將已有水田一坵坐落本都五甲土名滑不大屋墈下安着計租一袋弍方正憑中出契送賣與雷元平邊為業親得價銀英洋拾捌元正即日收訖並無存滯此田聽從雷邊收佃耕種收租管業王邊兄弟子侄不敢異言阻執永無加找此田既賣之后若是內外交加不清王邊自行支辦不涉雷邊之事此係兩相情愿各無反悔恐后無憑立此賣契存照

去后回贖

憑中王子墿（押）

中華民國五年十二月吉日立賣契王子藏（押）

代筆施光昶（押）

（前頁）>>>>

立賣契王子藏等，今因缺銀應用，自心情愿，將己有水田一坵，坐落本都五甲，土名濟下大屋墼下安着，計租一袋式方正，憑中出契，送賣與雷元平邊爲業，親得價銀英洋拾捌元正，即日收訖，並無存滯，此田聽從雷邊改佃耕種、收租管業，王邊兄弟子侄不敢異言阻執，永無加找，此田既賣之后，若是内外交加不清，王邊自行支解，不涉雷邊之事，此係兩相情愿，各無反悔，恐后無憑，立此賣契存照。

去后回贖

憑中王子墑（押）

中華民國五年十二月吉日立賣契王子藏（押）

代筆施光袍（押）

民國六年施紹學立賣契

立賣契施紹學今缺錢應用自心情愿將自己有水田壹段坐落本都五甲濟下对面土名大降安着計租拾弍秤正憑中出契送賣與雷元平為業出得價銀英洋壹伯員弍元正即日親收完足並無滯此田未賣之先并無別處交加既賣之後听從雷邊耕種管業施邊不敢異言阻执去後施邊办还原本取贖雷邊不許阻执此係兩相情愿各無反悔恐無憑立此賣契永遠為照

憑中施光兆（押）

民國六年十二月　日　立賣契施紹學（押）

（前頁）>>>>

立賣契施紹嵒，今缺錢應用，自心情愿，將自己有水田壹段，坐落本都五甲濟下对面，土名大降安着，計租拾弍袋正，憑中出契，送賣与雷元平爲業，出得價銀英洋壹伯［佰］員［圓］弍元正，即日親收完足，並無滯，此田未賣之先，並無別處交加，既賣之後，听從雷邊耕種管業，施邊不敢異言阻执，去後施邊办还原本取贖，雷邊不許阻执，此係兩相情愿，各無反悔，恐無憑，立此賣契，永遠爲照。

憑中施光兆（押）

民國六年十二月日立賣契施紹嵒（押）

憑中代筆施光摛（押）

民國七年施紹斝立賣即加盡契

立賣即加尽契施紹斝今缺钱應用自心情愿将自己有

田壹段坐落本都五甲濟下对面土名大降安着計租拾弍袋

四至立後央中又向雷元平邊又加出價銀英洋弍拾玖元正

銀承契親收完足分文無滯此田既加尽契之後悉听雷邊

佃耕種茔租管業其錢糧照依鱗册收除過户當債完糧

若內外未歷不清施邊自行支解不涉雷邊之事此田業

價重去後無加無找永無回贖两相情愿各無反悔恐口

憑立賣即加找尽契永遠為照

計開四至

上施邊田 下施邊田

左大路 右里坑 為界

憑中施光兆 押

民國柒年十二月日立賣即加盡契施紹斝 押

（前頁）>>>>

立賣即加尽契施紹畢，今缺錢應用，自心情愿，将自己有（水）田壹段，坐落本都五甲濟下对面，土名大降安着，計租拾弍袋（正），四至立後央中，又向雷元平邊又加出價銀英洋弍拾玖元正，（其）銀承契親收完足，分文無滯，此田既加尽契之後，悉听雷邊（改）佃耕種，陞租管業，其錢糧昭[照]依鱗册收除過户，當差完糧，（倘）若内外來歷不清，施邊自行支解，不涉雷邊之事，此田業（輕）價重，去後無加無找，永無回贖，兩相情愿，各無反悔，恐口（無）憑，立賣即加找尽契，永遠爲照。

計開四至

上施邊田　下施邊田

左大路　右至坑　爲界　憑中施光兆（押）

民國柒年十二月　日立賣即加盡契施紹畢（押）

憑中代筆施光摛（押）

民國九年藍水力立賣加盡契

立賣加盡契藍水力今因缺艮應用自身心愿將自
己有坑一片茶樹並及在内坐落本都五甲濟下外岸
外峰安着憑中出契送賣雷元平出得價艮七元七
角文正即日親收完足憑無存滯三面斷定此坑聽從
雷边耕種管業藍边不許阻挑業輕價重四至分
明去後無加無找永無回贖内外人等叔伯兄弟子
侄言三語四藍边自行枝解不涉雷边之事此係兩
相心愿各無反悔口說無憑今欲有據
永遠為照

民国九年十二月日立賣加盡契藍水力（押）

憑中雷阿品（押）

代筆雷子良（押）

（前頁）>>>>

立賣加盡契藍水力，今因缺銀應用，自身心愿，將自己有園一片，茶樹並及在内，坐落本都五甲濟下外屋外峰安着，憑中出契，送賣雷元平，出得價銀七元七角文正，即日親收完足，憑［並］無存滯，三面撕［断］定，此園听從雷邊耕鍾［種］管業，藍邊不許阻执，業輕價重，四至分明，去後無加無找，永無回贖，内外人等叔伯兄弟子侄言三語四，藍邊自行枝［支］解，不涉雷邊之事，此系兩相心愿，各無反悔，口説無憑，今欲有據，永遠爲照。

憑中雷阿品（押）

民國九年十二月日立賣加盡契藍水力（押）

代筆雷子良（押）

民國九年雷阿盟等立賣找盡契

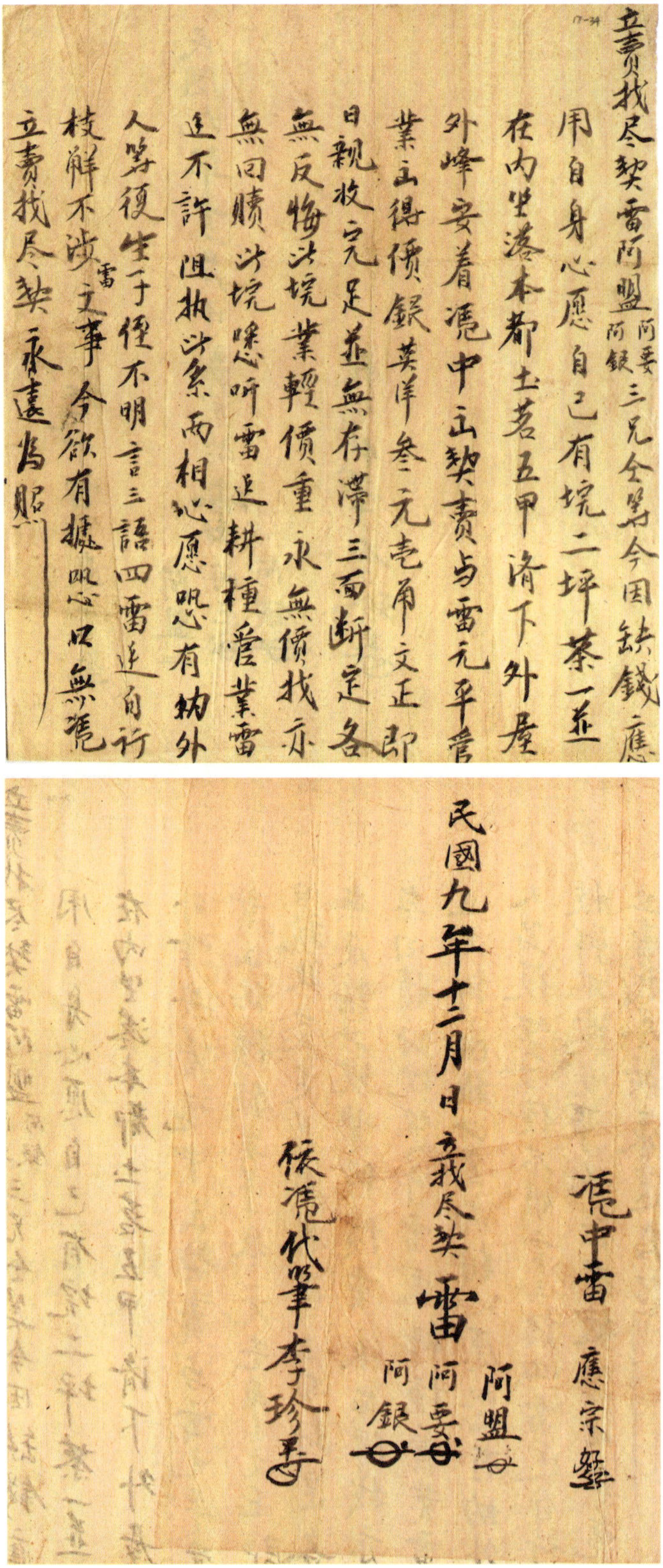

立賣找尽契雷阿盟 阿要 阿銀 三兄全弟今因缺錢應
用自身心愿自己有坑二坪茶一並
在内坐落本都土名五甲洛下外屋
外峰安着憑中立契賣与雷元平管
業立得價銀英洋叁元壹角文正即
日親收完足並無存滯三面斷定各
無反悔此坑業輕價重永無價找亦
無回贖此坑嗯听雷元耕種管業雷
元不許阻執此系兩相心愿恐有物外
人等復生干碍不明言三語四雷元自行
枝解不涉雷文事今欲有據恐心口無憑
立賣找尽契永遠為照

民國九年十二月日立找尽契雷阿盟 阿要 阿銀
憑中雷應宗
依憑代筆李珍寿

（前頁）>>>>

立賣找尽契雷阿盟、阿要、阿銀三兄仝等，今因缺錢應用，自身心愿，自己有園一坪，茶一併在内，坐落本都，土茗［名］五甲濟下外屋外峰安着，憑中出契，賣与雷元平管業，出得價銀英洋叁元壹角文正，即日親收完足，並無存滯，三面断定，各無反悔，此園業輕價重，永無價［加］找，亦無回贖，此園悉听雷邊耕種管業，雷邊不許阻执，此系兩相心愿，恐有内外人等復生（枝節），子侄不明，言三語四，雷邊自行枝［支］解，不涉雷之事，今欲有撼［據］，恐口無憑，立賣找尽契永遠爲照。

憑中雷應宗（押）

阿盟（押）

民國九年十二月日立找尽契　雷阿要（押）

阿银（押）

依憑代筆李珍（押）

民國十年王子藏等立賣即加盡契

17-31

立賣即加盡契王子藏等今因缺銀應用自心情愿將自己有水田
一段坐落本都五甲土名洛不楓樹豆路又安着計租壹袋五方四至俱
照鱗冊管業憑中出契送盡與雷元平爲業親得價銀英洋式
拾元零叁角正即日收訖並無存滯三面斷定業輕價重此田聽從雷邊
改佃耕種其租管業其糧號收除過户王邊兄弟子姪不敢異言阻執
心滿意足永無加找永無回贖内外並加不清王邊自行支解不涉雷
邊之事此係兩相情愿各無反悔恐后無憑立賣即加盡契永
遠爲照

中華民國拾年冬月吉日立此賣即加盡契王子藏（押）

憑中王子塆（押）

代筆施光袍

（前頁）>>>>

立賣即加盡契王子藏等，今因缺銀應用，自心情願，將自己有水田一段，坐落本都五甲，土名濟下楓樹豆路下安着，計租壹袋五方，四至依魚鱗册管業，憑中出契，送盡與雷元平爲業，親得價銀英洋式拾元零叁角正，即日收訖，並無存滯，三面断定，業輕價重，此田聽從雷邊改佃耕種，陞租管業，其粮號收除過户，王邊兄弟子姪不敢異言阻執，心滿意足，永無加找，永無回贖，内外交加不清，王邊自行支解，不涉雷邊之事，此係兩相情愿，各無反悔，恐后無憑，立賣即加盡契永遠爲照。

憑中王子塆（押）

中華民國拾年冬月吉日立此賣即加盡契王子藏（押）

代筆施光袍（押）

民國十三年葉應加立賣契

立賣契葉應加等今因缺銀應用自心情愿將自己有水田一段坐落本都土名[illegible]洛下上庄田零着計租柒秤正憑中出契送賣與雷元平爲業時得價銀大洋壹百零弍元正即日收訖並無存滯此田聽從雷邊啟佃耕種收租管業四至列后葉邊兄弟子侄不敢異言阻執内外交關不清葉邊自行支解不涉雷邊之事此係兩相情愿各無反悔恐后無憑立賣永遠爲照

憑中王子藏(押)

中華民國拾叁年冬月吉日立賣契葉應加(押)

代筆施光袍書

（前頁）>>>>

五十三都卅三號

立賣契葉应加等，今因缺銀应用，自心情愿，將自己有水田一段，坐落本都，土名□濟下上莊田安着，計租柒袋正，憑中出契，送賣與雷元平爲業，時得價銀大洋壹百零弍元正（印），即日收訖，並無存滯，此田聽從雷邊改佃耕種，收租管業，四至列后，葉邊兄弟子侄不敢異言阻執，内外交關不清，葉邊自行支解，不涉雷邊之事，此係兩相情愿，各無反悔，恐后無憑，立賣（契）永遠爲照。

憑中王子藏（押）

中華民國拾叁年　冬月　吉日（印）立賣契葉應加（押）

代筆施光袍（押）

民國十四年葉應加立賣加盡契

立賣加盡契葉應加等，今因緣上年有水田一段，坐落本都五甲土名洛不上庄田安着，計租柒袋正，并樹木在内，再挽原中向邊雷元平邊價銀大洋陸拾伍元，即日收訖，三面斷定，此田聽從雷邊耕種收除過戶，其粮號依無鱗冊管業，葉邊叔伯子侄不敢阻執，葉輕價重心滿意足，不加不找，永無回贖之理，此係兩相情愿，各無反悔，恐口無憑，立此賣加盡契永遠為照。

其開四至：上至施邊田　下至
左至雷邊田　右至王邊為界

中華民國拾肆年冬月　吉日立賣加盡契葉應加（押）

憑中王子藏（押）

代筆施光旭畫

（前頁）>>>>

立賣加盡契葉應加等，今因緣上年有水田一段，坐落本都五甲，土名濟下上莊田安着，計租柒袋正，並樹木在内，再挽原中向過雷元平邊，價銀大洋陸拾伍元（印），即日收訖，三面断定，此田听從雷邊耕種，收除過户，其粮號依魚鱗册管業，葉邊叔伯子侄不敢阻執，業輕價重，心滿意足，不加不找，永無回贖之理，此係兩相情愿，各無反悔，恐口無憑，立此賣加盡契，永遠爲照。

具開四至　上至施邊田　下至
　　　　　左至雷邊田　右至王邊爲界

憑中王子藏（押）

中華民國拾肆年冬月吉日立賣加盡契葉應加（押）

代筆施光袍（押）

民國十五年買契

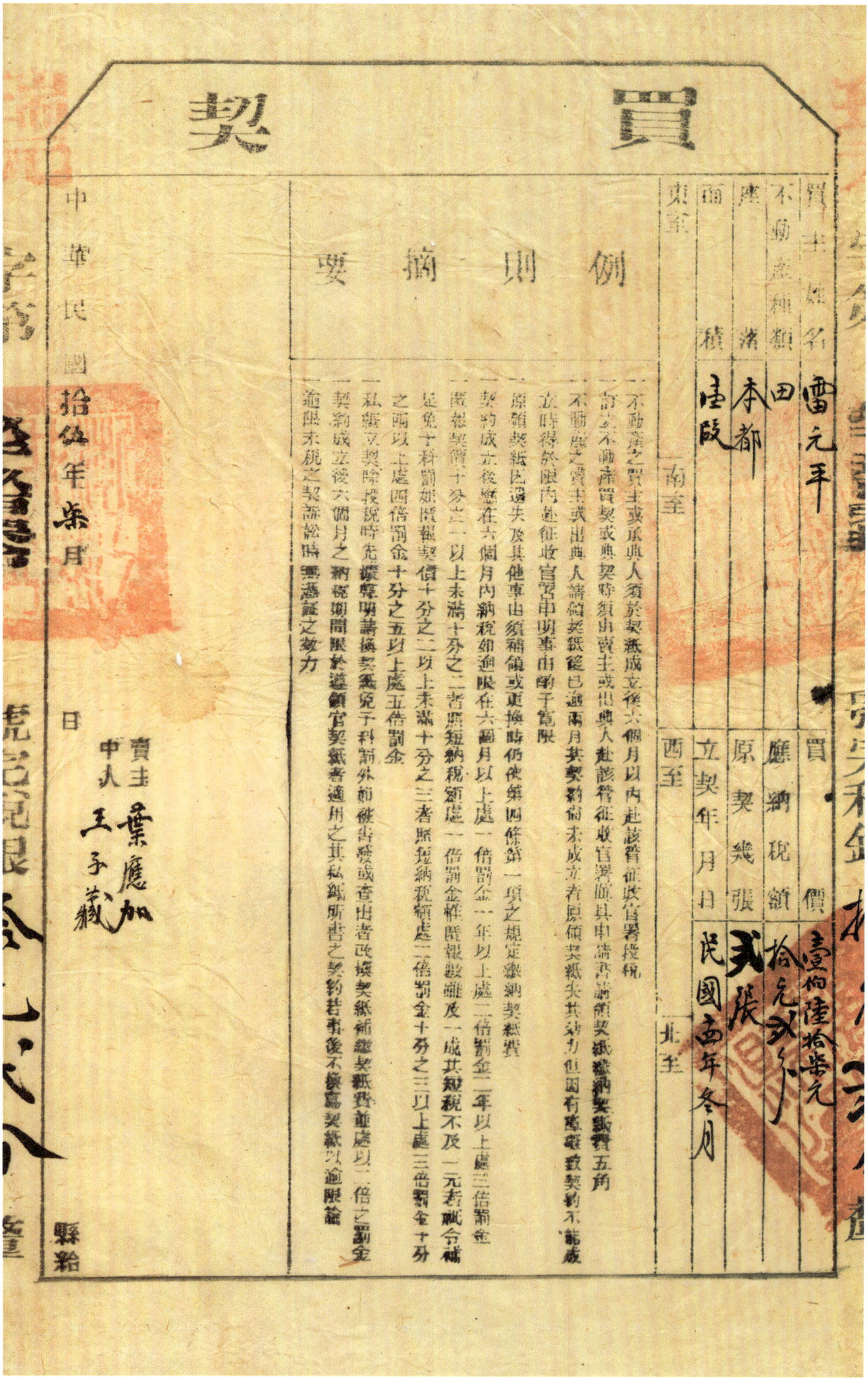

買契

買主姓名	雷元年
不動產種類	田
座落	本都
面積	陸畝
東至	
南至	
西至	
北至	
買價	壹佰陸拾柒元
應納稅額	拾元貳角
原契幾張	貳張
立契年月日	民國拾伍年冬月

例則摘要

一不動產之買主或承典人須於契紙成立後六個月以內赴該管征收官署投稅

一前項不動產買契或典契時須由賣主或出典人赴該管征收官署照具申請書請領契紙繳納契紙費五角

一不動產之賣主或出典人請領契紙後已逾兩月其契約尚未成立者原領契紙失其效力但因有窒礙致契約不能成立時得於限內赴征收官署申明事由酌予寬限

一原領契紙因遺失及其他事由須補領或更換時仍依第四條第一項之規定繳納契紙費

一契約成立後應在六個月內納稅如逾限在六個月以上處一倍罰金一年以上處二倍罰金二年以上處三倍罰金

一匿報契價十分之一以上未滿十分之二者照短納稅額處一倍罰金惟匿報數雖及一成共短稅不及一元者祗令補足免予科罰如匿報契價十分之二以上未滿十分之三者照短納稅額處二倍罰金十分之三以上處三倍罰金十分之四以上處四倍罰金十分之五以上處五倍罰金

一私立契除投稅時先經聲明請換契紙免予科罰外如被告發或查出者改換契紙補繳契紙費並處以二倍之罰金

一契約成立後六個月之納稅期間限於遵領官契紙者適用之其私紙所書之契約若事後不換寫契紙以逾限論

一逾限未稅之契訴訟時無憑証之效力

中華民國拾伍年柒月　日

賣主　葉應加

中人　王子藏

縣給

契買

買主姓名	雷元平	買價	壹佰陸拾柒元
不動産種類	田	應納税額	拾元弍分
座落	本都	原契幾張	弍張
面積	壹段	立契年月日	民國十四年冬月
東至	南至	西至	北至

例則摘要

一不動産之買主或承典人，須於契紙成立後六個月以内，赴該管征收官署投税。

一訂立不動産買契或典契時，須由賣主或出典人赴該管征收官署面具申請書，請領契紙，繳納契紙費五角。

一不動産之賣主或出典人請領契紙後，已逾兩月，其契約尚未成立者，原領契紙失其效力，但因有障礙致契約不能成立時，得於限内赴征收官署申明事由，酌予寬限。

一原領契紙因遺失及其他事由須補領或更换時，仍依第四條第一項之規定繳納契紙費。

一契約成立後，應在六個月内納税，如逾限在六個月以上，處一倍罰金，一年以上，處二倍罰金，二年以上，處三倍罰金。

一匿報契價十分之一以上，未滿十分之二者，照短納税額處一倍罰金，惟匿報數雖及一成，其短税不及一元者，祇令補足，免于科罰，如匿報契價十分之二以上，未滿十分之三者，照短納税額處二倍罰金，十分之三以上，處三倍罰金，十分之四以上，處四倍罰金，十分之五以上，處五倍罰金。

一私紙立契，除投税時先據聲明請换契紙免于科罰外，如被告發或查出者，改换契紙，補繳契紙費，並處以二倍之罰金。

一契約成立後六個月之納税期間，限於遵領官契紙者適用之，其私紙所書之契約，若事後不换寫契紙，以逾限論。

一逾限未税之契，訴訟時無憑證之效力。

賣主　葉應加

中人　王子藏

中華民國拾伍年（印）柒月　日

縣給

民國二十六年葉應肩母陳氏立賣即加盡契

立賣即加盡契葉應肩母陳氏今因滑下雷边
興造房屋授用自心情愿將自己有水佃壹
段坐落本都土名五甲滑下水嶼坪安着屋
基并佃分賣壹半計租伍袋正並吉地花紅
樹木壹應在內四至依魚鱗册分明管業見
中出契送賣與雷元平興造管業時得
價銀法幣大洋捌拾叁元正即日親收完足並
無存滞此佃既賣以後悉听雷边改佃耕種收
粮過户收租永久管業不許葉边異言阻执
此田壹[illegible]至賣並[illegible]

口詞業主自行支解不涉賣主之事此係兩相
情愿各無反悔今欲有據立賣加盡契永遠為
照
三面斷定去後有蕃茹山批字當字清訖
見中　葉三丁（押）
葉應丙（押）
雷碎銀（押）
民國念陸年冬月　立賣盡契葉應肩母陳氏（押）
代笔施光蚪（押）

（前頁）>>>>

立賣即加尽契葉應肩母陳氏，今因濟下雷邊興造房屋授用，自心情愿，蔣［將］自己有水佃［田］壹段，坐落本都，土名五甲濟下水崗垟安着，屋基並佃［田］分賣壹半，計租伍袋正，並吉地、花紅樹木壹應在内，四至依魚鱗册分明管業，憑中出契，送賣與雷元平興造管業，時得價銀法幣大洋捌拾叁元正，即日親收完足，並無存滯，此佃［田］既賣以後，悉听雷邊改佃耕種，收粮過户收租，永久管業，不許葉邊異言阻执，此佃［田］業輕價重，無加無找，亦無回續［贖］，若有三言四語，葉邊自行支解，不涉雷邊之事，此係兩相情愿，各無反悔，今欲有據，立賣加尽契永遠爲照。

三面段［断］定，去後有蕃茹山，执字當字清吃［訖］

三丁（押）

憑中　葉應丙（押）

雷碎銀（押）

民國念陸年冬月立賣尽契葉應肩母陳氏（押）

代笔施光蚌（押）

民國二十七年李安富立祭祀文書

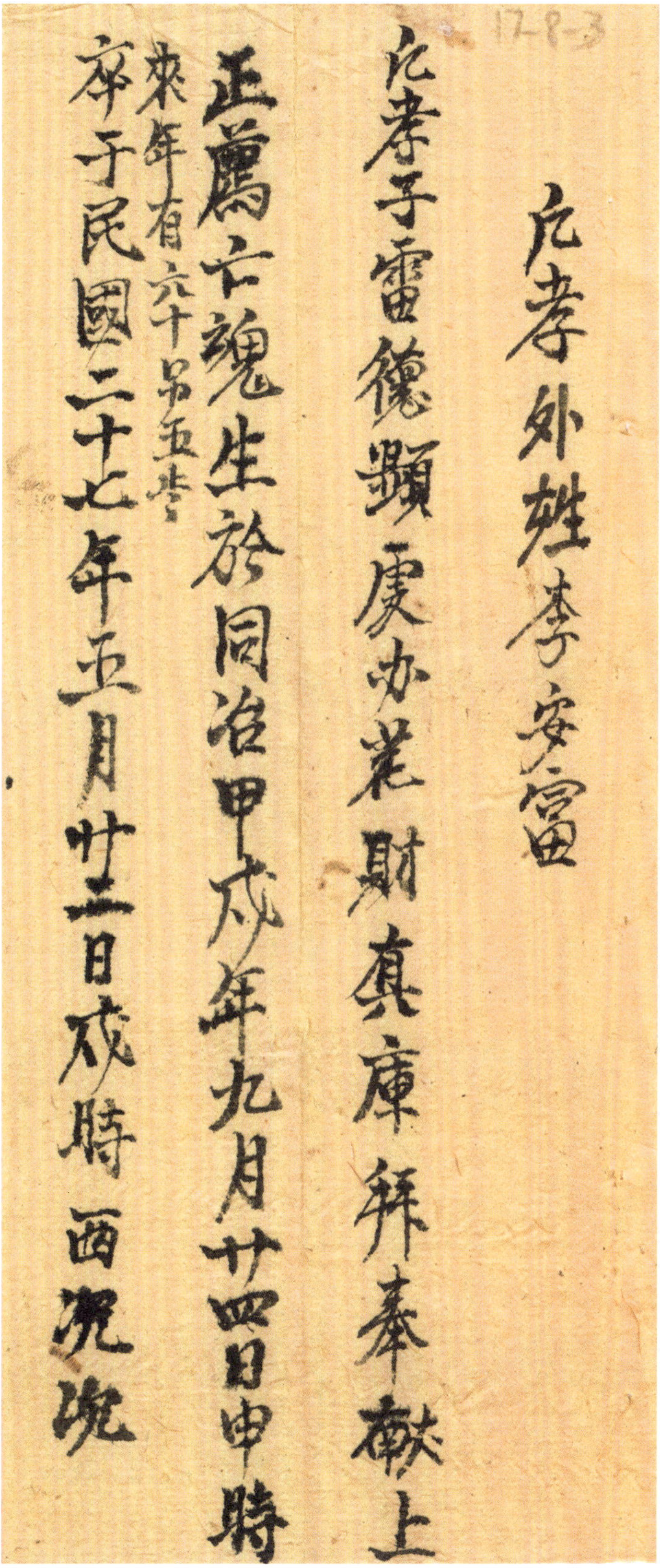
17-8-3
凢孝外姓李安富
凢孝子雷德顯處办花財真庫拜奉献上
正薦亡魂生於同治甲戌年九月廿四日申時
來年有六十另五歲
卒于民國二十七年五月廿二日戌時 西況沇

凢孝外姓李安富
凢孝子雷德顯處办花財真庫，拜奉献上
正薦亡魂，生於同治甲戌年九月廿四日申時，
來年有六十另五歲，
卒于民國二十七年五月廿二日戌時，西況沇

民國二十八年抗衛經費收據

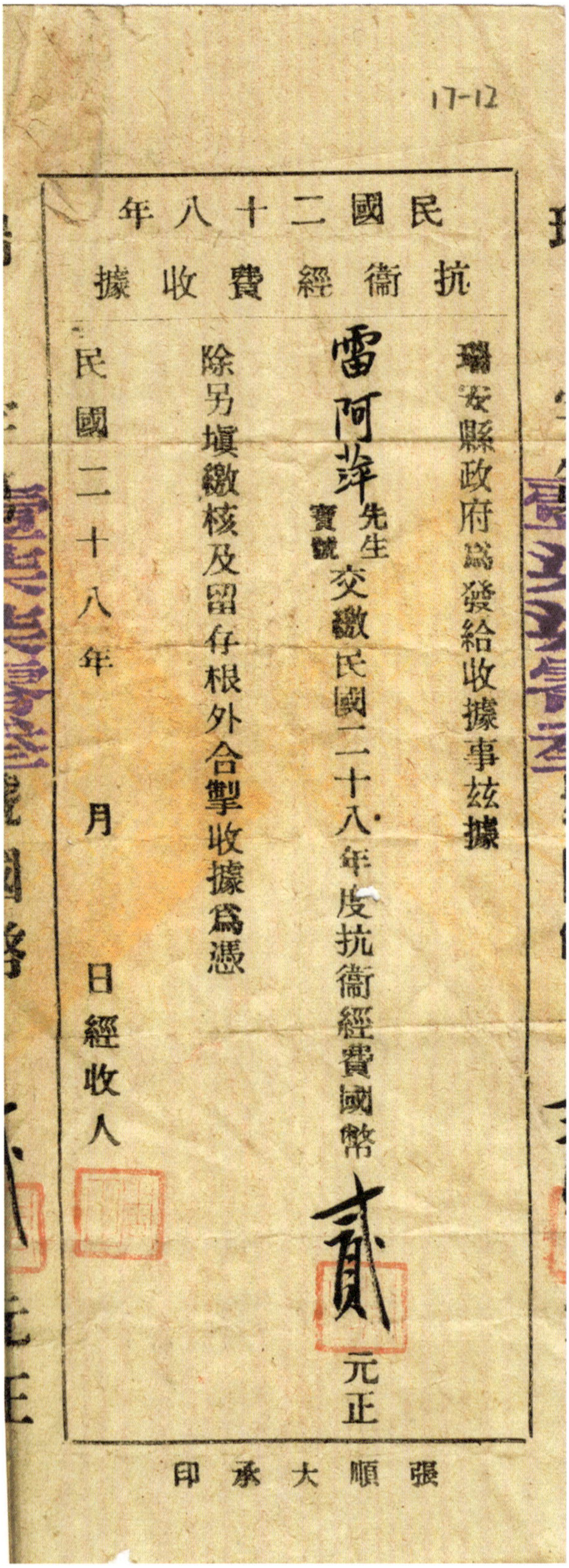

年八十二國民

據收費經衛抗

瑞安縣政府爲發給收據事，兹據

雷阿萍 先生
寶號 交繳民國二十八年度抗衛經費國幣貳(印)元正

除另填繳核及留存根外，合製收據爲憑

民國二十八年(印) 月 日經收人 (印)

印承大順張

民國三十二年雷阿永立賣加盡契

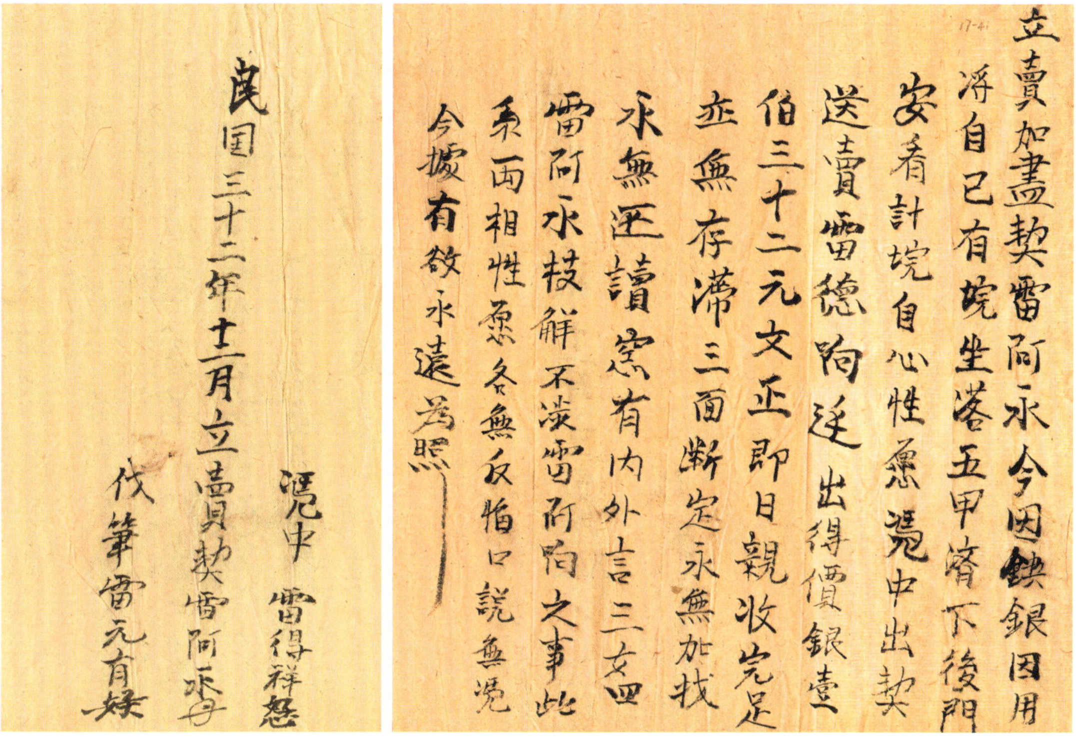

立賣加盡契雷阿永，今因缺銀因［應］用，
將自己有園，坐落五甲濟下後門
安看［着］，計園，自心性［情］愿，憑中出契，
送賣雷德响邊，出得價銀壹
伯［佰］三十二元文正，即日親收完足，
並無存滯，三面断定，永無加找，
永無还讀［贖］，恐有内外言三女［語］四，
雷阿永枝［支］解，不涉雷阿响之事，此
系兩相性［情］愿，各無反悔，口説無憑，
今據有欲，永遠爲照。

憑中　雷得祥（押）

民國三十二年十二月立賣契雷阿永（押）

伐［代］筆雷元有（押）

民國三十二年雷本昔立祈福單

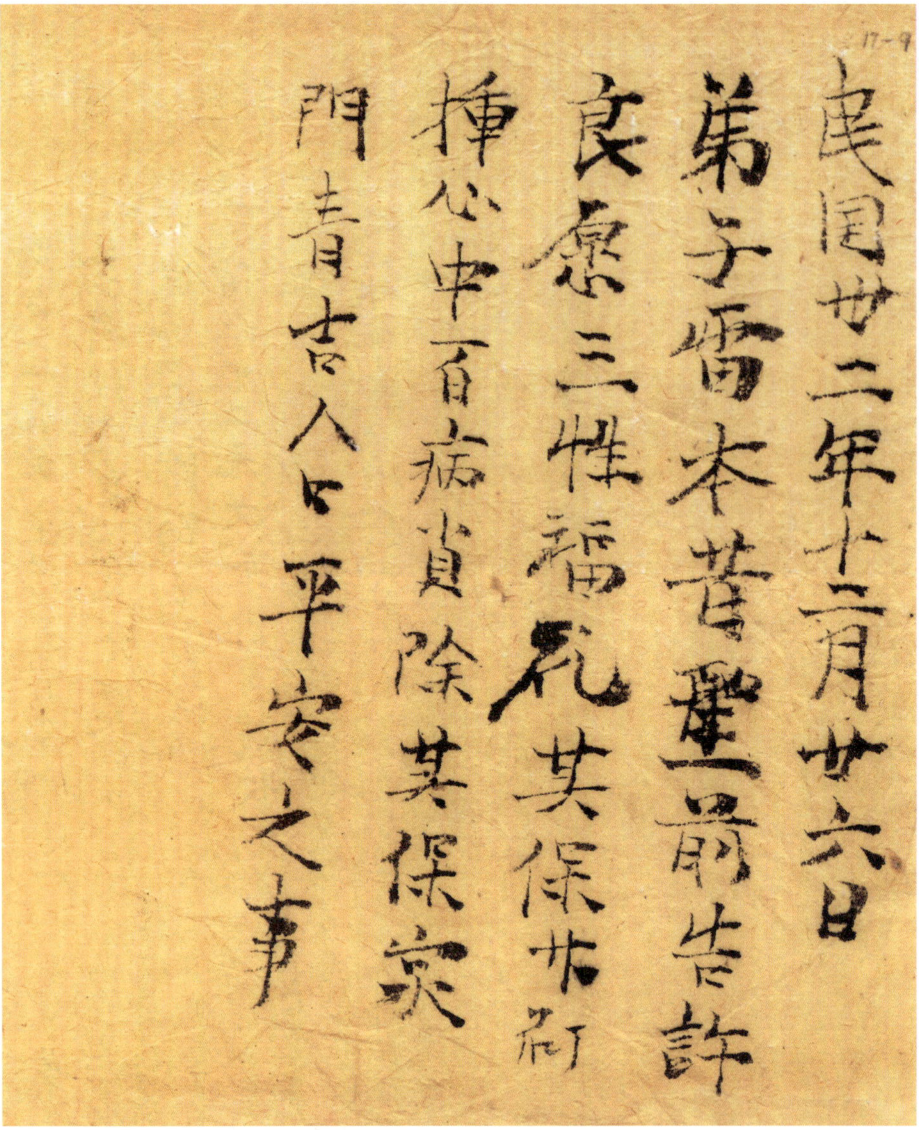
民囯卄二年十二月卄六日
弟子雷本昔聖前告許
良愿三性福礼其保□阿
插心中百病肖除其保家
門青吉人口平安之事

民國卅二年十二月廿六日，
弟子雷本昔聖前告許
良愿，三性［牲］福礼，其保□阿
插心中百病肖［消］除，其保家
門青吉，人口平安之事。

民國三十四年施式荀立賣盡契

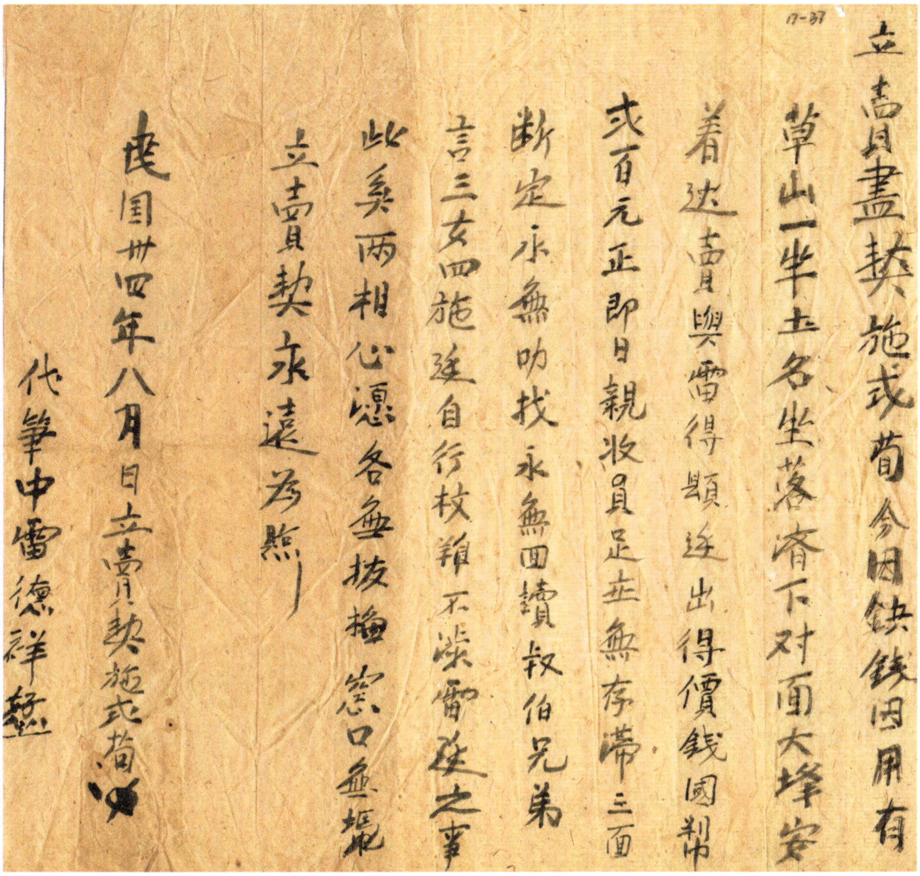

立賣盡契施式荀，今因缺錢因[應]用，有
草山一坐[座]，土名坐落濟下対面大垟安
着，达[送]賣與雷得顕邊，出得價錢國幣
式百元正，即日親收員[完]足，並無存滯，三面
断定，永無加找，永無回贖，叔伯兄弟
言三女[語]四，施邊自行枝[支]解，不涉雷邊之事，
此系兩相心愿，各無拔[反]梅[悔]，空口無憑，
立賣契永遠爲照。

民國卅四年八月日立賣契施式荀（押）

代筆中雷德祥（押）

民國三十五年浙江省瑞安縣田賦食糧管理處賣契本契

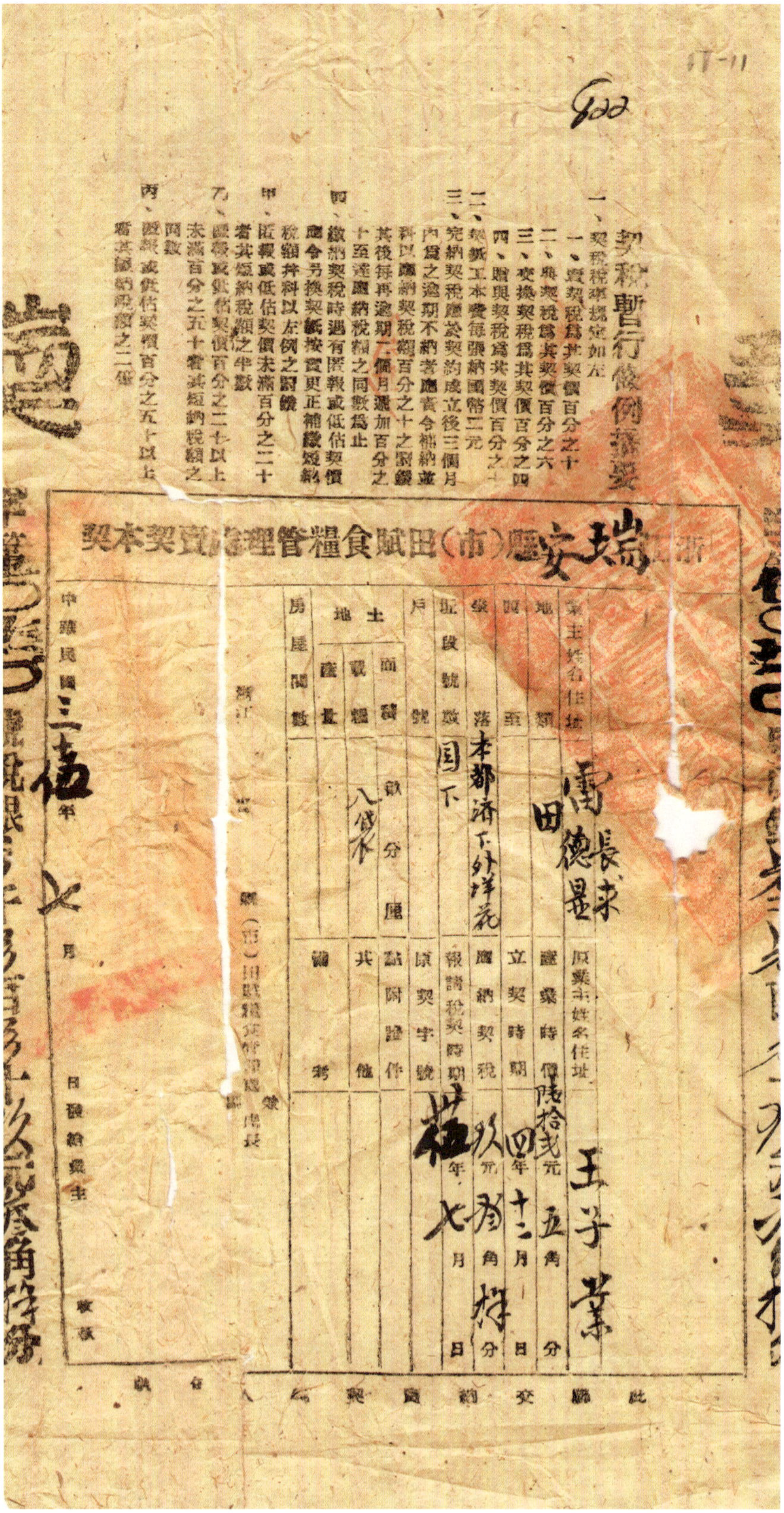

契稅暫行條例摘要

一、契稅稅率規定如左
一、賣契稅為其契價百分之十
二、典契稅為其契價百分之六
三、交換契稅為其契價百分之四
四、贈與契稅為其契價百分之十
二、契紙工本費每張納國幣二元
三、完納契稅應於契約成立後三個月內為之逾期不納者應責令補納並科以應納契稅額百分之十之罰鍰其後每再逾期一個月遞加百分之十至達應納稅額之同數為止
四、徵納契稅時遇有匿報或低估契價應令另換契紙按實更正補繳短納稅額并科以左例之罰鍰
甲、匿報或低估契價未滿百分之二十者其短納稅額之半數
乙、匿報或低估契價百分之二十以上未滿百分之五十者其短納稅額之兩數
丙、匿報或低估契價百分之五十以上者其短納稅額之二倍

浙江瑞安縣（市）田賦食糧管理處賣契本契

業主姓名住址	雷長求 德崑
地類	田
四至	
坐落	本都濟下外垟莊
坵段號數	園下
戶號	
土地 面積	畝 分 厘
土地 賦糧	八錢水
土地 產量	
房屋間數	
原業主姓名住址	王孚業
賣契時價	陸拾弍元五角 分
立契時期	四年十二月 日
應納契稅	玖元叁角柒分
報請稅契時期	卅年七月 日
原契字號	
黏附證件	
共他	
備考	

浙江省　縣（市）田賦糧食管理處處長　簽章

中華民國三十五年七月　日發給業主收執

此聯交納稅人收執

（前頁）>>>>

契稅暫行條例摘要

一、契稅稅率規定如左

一、賣契稅爲其契價百分之十。

二、典契稅爲其契價百分之六。

三、交換契稅爲其契價百分之四。

四、贈與契稅爲其契價百分之十。

二、契紙工本費每張納國幣二元。

三、完納契稅應於契約成立後三個月內爲之，逾期不納者，應責令補納，並科以應納契稅額百分之十之罰錢，其後每再逾期二個月，遞加百分之十，至達應納稅額之同數爲止。

四、繳納契稅時，遇有匿報或低估契價應令另換契紙按費更正補繳短納稅額，並科以左例之罰錢。

甲、匿報或低估契價未滿百分之二十者，其短納稅額之半數。

乙、匿報或低估契價百分之二十以上，未滿百分之五十者，其短納稅額之同數。

丙、匿報或低估契價百分之五十以上者，其短納稅額之二倍。

(前頁)>>>>

浙江瑞安縣(市)田賦食糧管理處賣契本契

項目	內容
業主姓名住址	雷長求、德显
地類	田
四至	
坐落	本都濟下外垟花
坵段號數	园下
户號	
土地 面積	畝分厘
土地 載量	八袋
土地 產量	
房屋間數	
原業主姓名住址	王子業
產業時價	陸拾弍元五角 分
立契時期	四年十二月 日
應納契税	玖元叁角捌分
報請税契時期	卅伍年七月 日
原契字號	
黏附證件	
其他	
備考	

中華民國三十伍年七月 日發給業主 收

民國雷元平歸户册

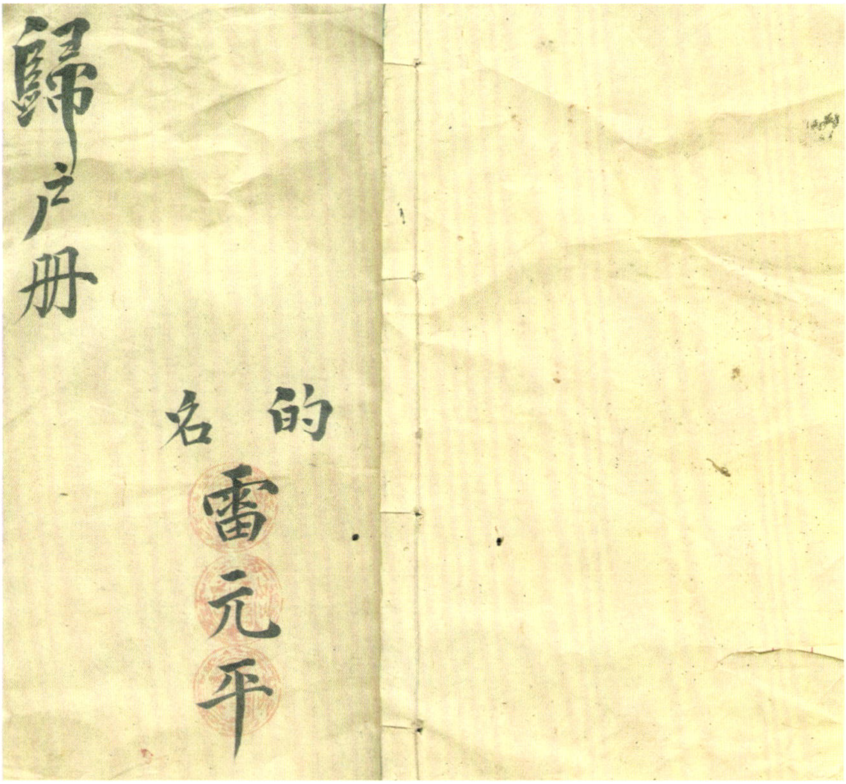

歸户册

的名雷元平

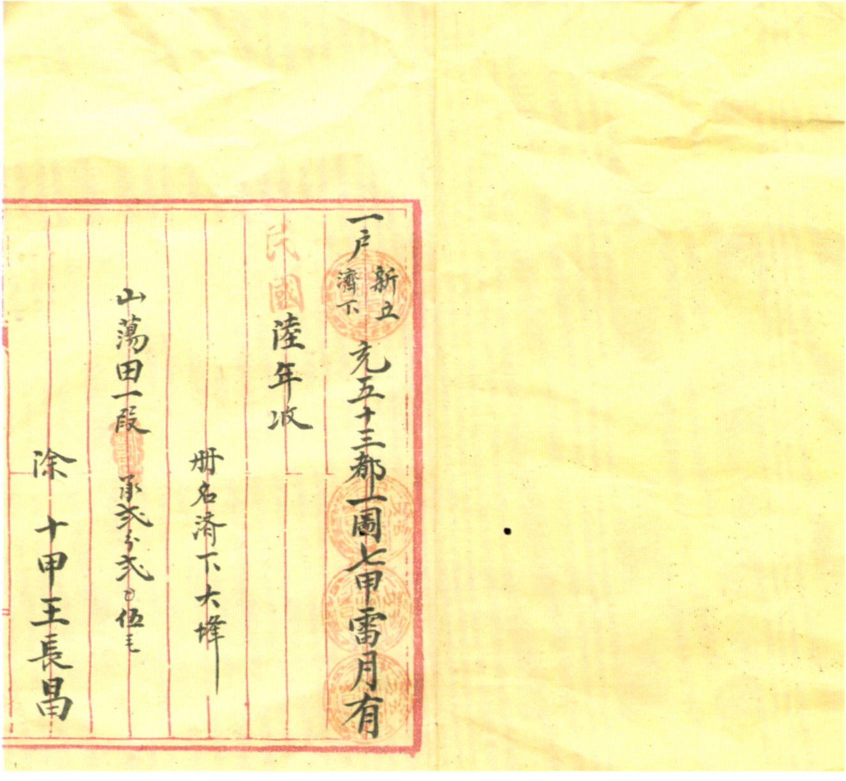

一户 新立 濟下 充五十三都一圖七甲雷月有

民國陸年收

册名濟下大埄

山蕩田一段 承叁分叁厘伍毛

除 十甲王長昌

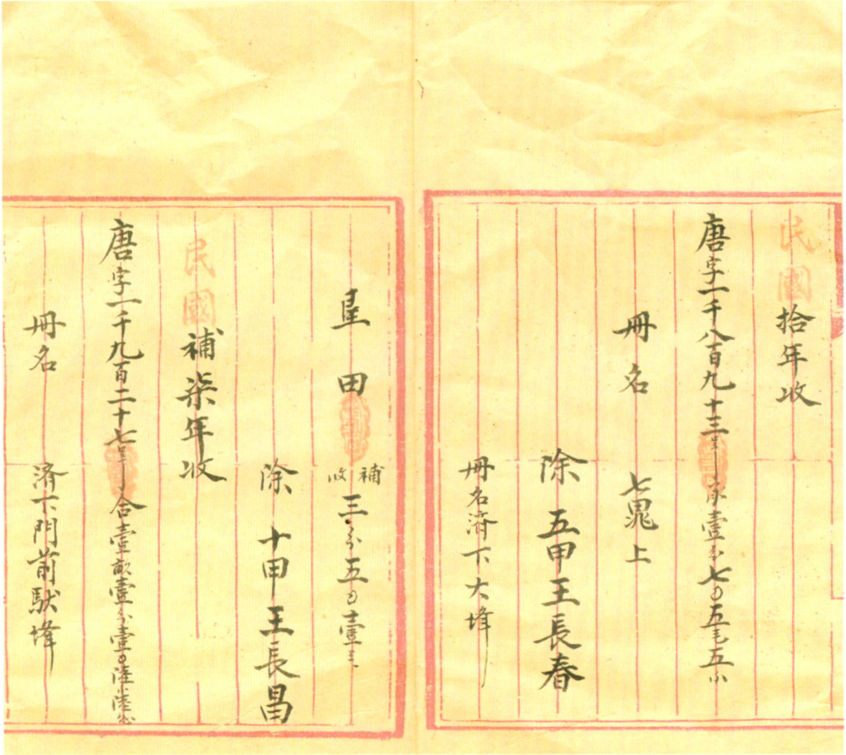

民國拾年收

唐字一千八百九十三号 承壹分七厘五毛五忽

冊名 七鬼上

涂 五甲王長春

冊名濟下大埠

皇田 補收 三分五厘壹毛

涂 十甲王長昌

民國補柒年收

唐字一千九百二十七号 合壹畝壹分壹厘

冊名 濟下門前䭾埠

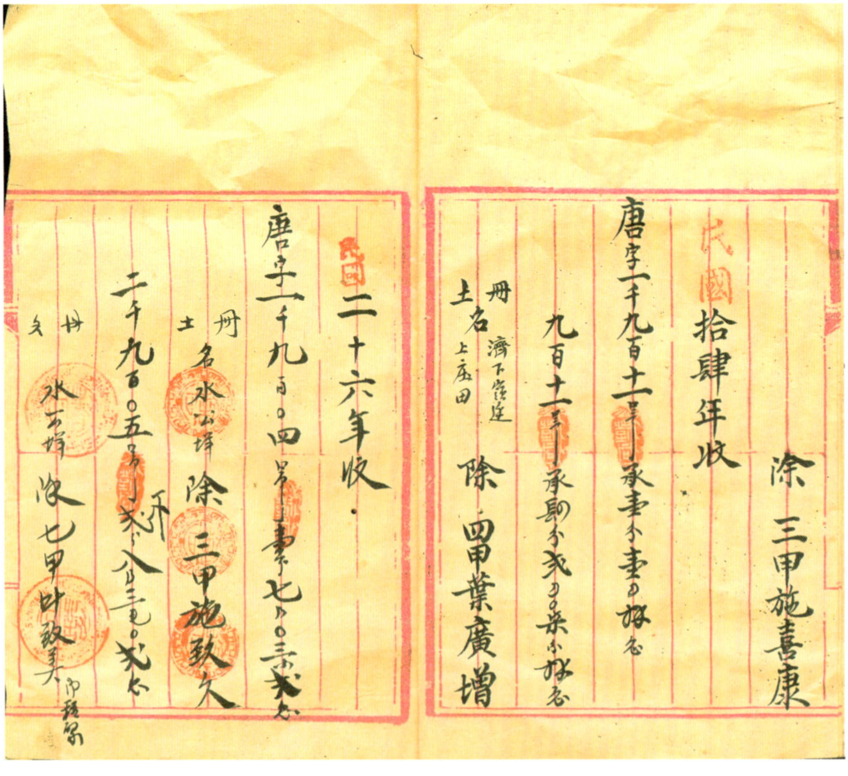

涂 三甲施喜康

民國拾肆年收

唐字一千九百十一号 承壹分壹厘捌忽

九百十一号 承肆分貳厘柒分捌忽

冊名 土名 濟下 上庄田

除 四甲葉廣增

民國二十六年收

唐字一千九百〇四号 書七厘〇

冊名水口埠 土

除 三甲施致久

二千九百〇五号 八厘三毛〇

冊名 水口埠 土

涂 七甲叶致美

歸户册

的名

雷元平

新立

一户 充五十三都一圖七甲雷月有

濟下

民國陸年收

册名濟下大垄

山蕩田一段 承弍分弍厘伍毛

涂 十甲王長昌

民國拾年收
唐字一千八百九十三号　承壹分七厘五毛五絲
册名　七晁上
除　五甲王長春
册名　済下大埄
墾田　補收　三分五厘壹毛
除　十甲王長昌
民國補柒年收
唐字一千九百二十七号　合壹畝壹分壹厘陸絲陸忽
册名　濟下門前駄埄

除　三甲施喜康
民國拾肆年收
唐字一千九百十一号　承壹分壹厘捌忽
九百十一号　承肆分弍厘柒絲捌忽
册土名　濟下嶺邊　上莊田
除　四甲葉廣增
民國二十六年收
唐字一千九百〇四号　壹分七厘三絲弍忽
册土名　水公垟
除　三甲施致久
二千九百〇五号　承弍分八厘三毛弍忽
册名　水公垟
承七甲叶致美即□□

鍾阿夫立主婚書

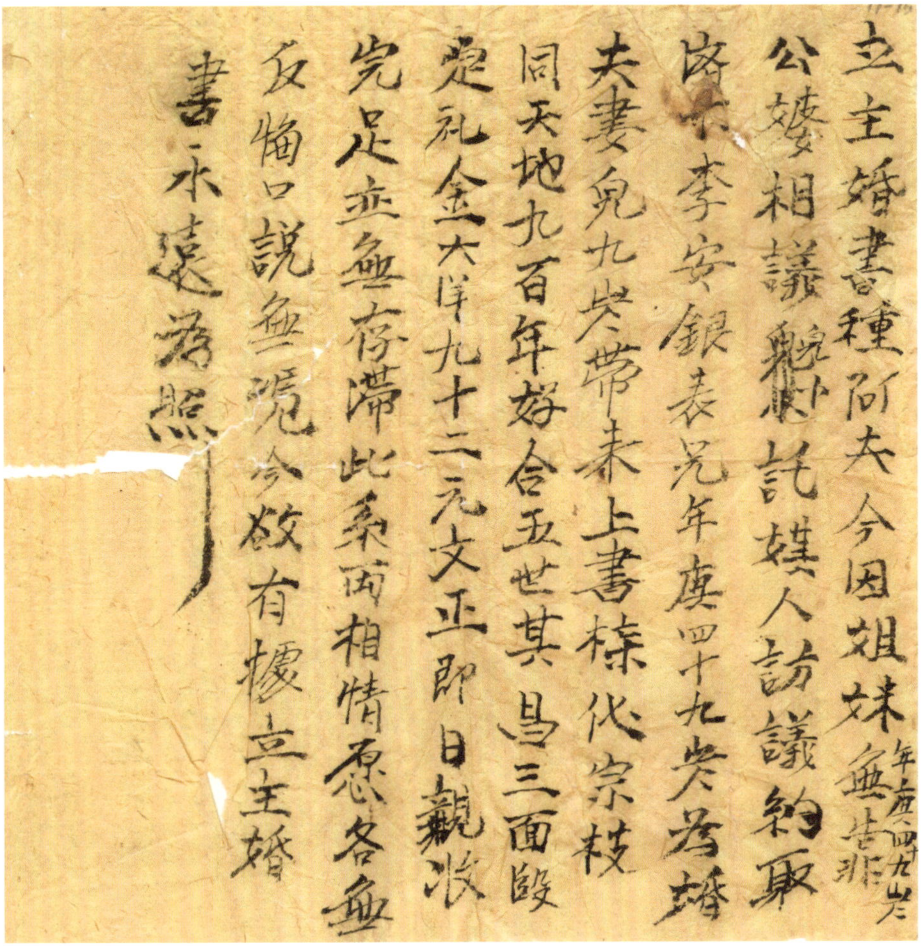

立主婚書種［鍾］阿夫，今因姐妹無靠，年庚四十九歲，
公婆相議，兒小，託媒人訪議，約取
濟下李安銀表兄，年庚四十九歲，爲婚
夫妻，兒九歲，帶來上書，樑代宗枝，
同天地九［久］，百年好合，五世其昌，三面斷
定，礼金大洋九十二元文正，即日親收
完足，並無存滯，此系兩相情愿，各無
反悔，口説無憑，今欲有據，立主婚
書永遠爲照。

立主婚書

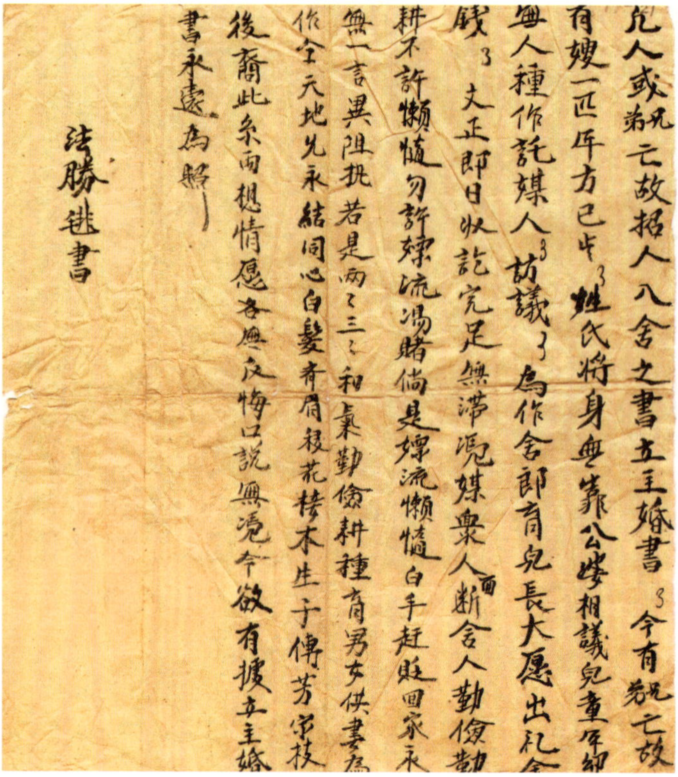

凢人或兄弟亡故，招人入舍之書，立主婚書，？今有兄弟亡故，有嫂一匹，年方□歲，○○○姓氏，將身無靠，公婆相議，兒童年幼，無人種作，託媒人○○○訪議○○○爲作舍郎，育兒長大，愿出礼金錢○○○文正，即日收訖完足無滯，憑媒衆人面断，舍人勤儉勤耕，不許懶惰，勿許嫖流湯賭，倘是嫖流懶惰，白手赶貶回家，永無一言異阻执，若是兩兩三三，和氣勤儉，耕種育男女，供妻爲作，仝天地久，永結同心，白髪齊肩，移花接木，生子傳芳，宗枝後裔，此系兩想[相]情愿，各無反悔，口説無憑，今欲有據，立主婚書永遠爲照。

法勝毬書

李氏主婚書

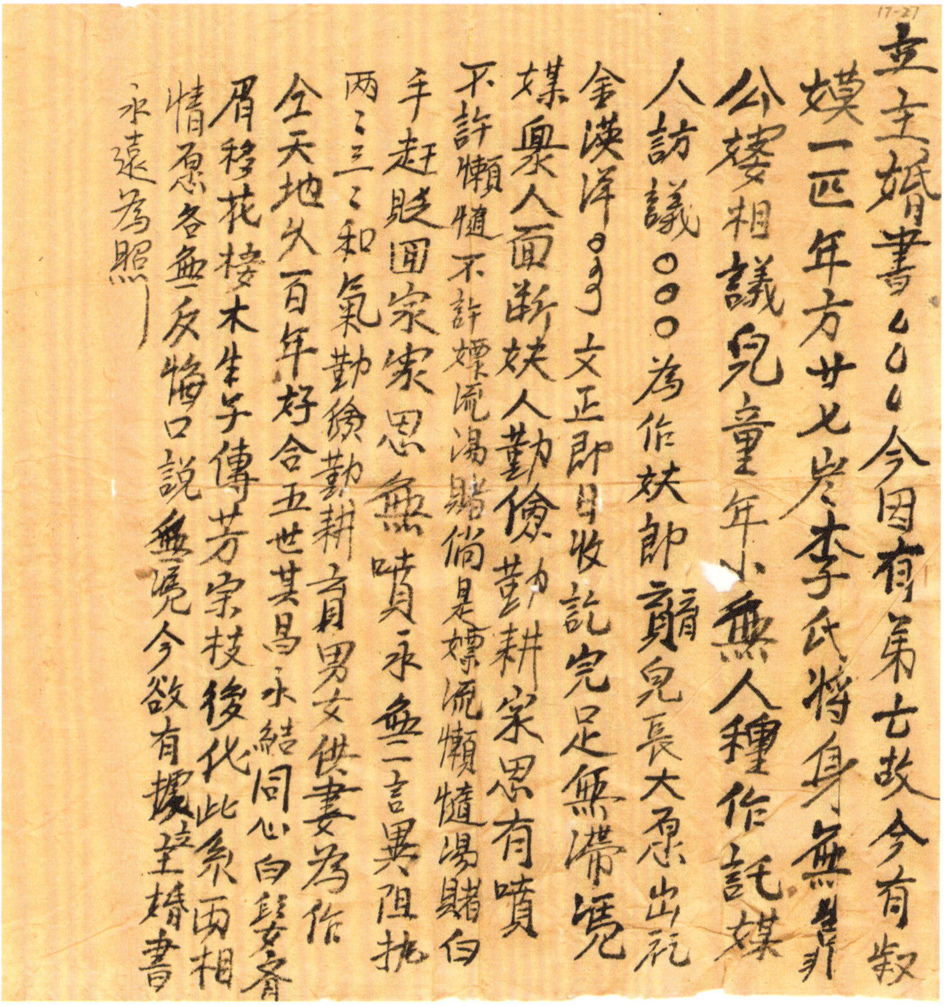

立主婚書〇〇〇，今因有弟亡故，今有叔嫫一匹，年方廿七歲，李氏，將身無靠，公婆相議，兒童年小，無人種作，託媒人訪議〇〇〇爲作妖郎，育兒長大，愿出礼金英洋〇〇〇文正，即日收訖完足無滯，憑媒衆人面断，妖人勤儉勤耕，家思有噴，不許懶惰，不許嫖流湯賭，倘是嫖流懶惰湯賭，白手赶貶回家，家思無噴，永無一言異阻执，兩兩三三，和氣勤儉，勤耕育男女，供妻爲作，仝天地久，百年好合，五世其昌，永結同心，白髮齊眉，移花接木，生子傳芳，宗枝後代，此系兩相情愿，各無反悔，口説無憑，今欲有據，立主婚書永遠爲照。

立主婚書

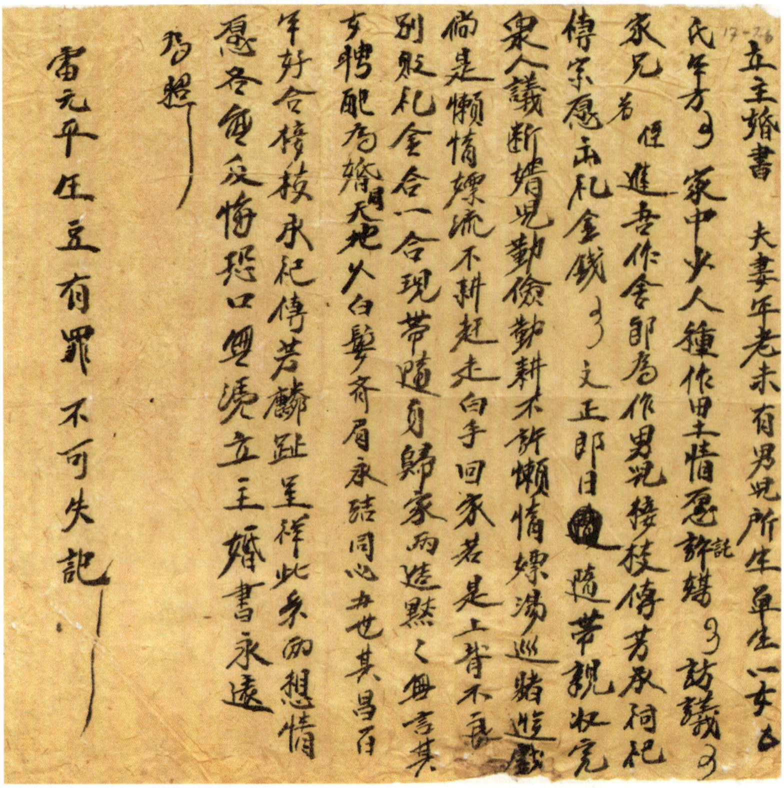

立主婚書，夫妻年老，未有男兒所生，單生一女△
氏，年方○○○，家中少人種作田土，情愿許託媒○○○訪議○○○
家兄弟侄進吾作舍郎，爲作男兒接枝傳芳，承祠祀
傳宗，愿出礼金錢○○○文正，即日隨帶親收完，
衆人議断，婿兒勤儉勤耕，不許懶惰嫖湯巡賭遊戲，
倘是懶惰嫖流不耕，赶走白手回家，若是上背不良，
別貶礼金合一合現带隨身歸家，兩造默默無言，其
女聘配爲婚，同天地久，白髮齊眉，永結同心，五世其昌，百
年好合，接枝承祀傳芳，麟趾呈祥，此系兩想[相]情
愿，各無反悔，恐口無憑，立主婚書永遠
爲照。
雷元平生豆有罪，不可失記

黄坦镇高畲村鍾維超、鍾奶花、鍾炳義户

一九一一年鍾亞欽立賣契

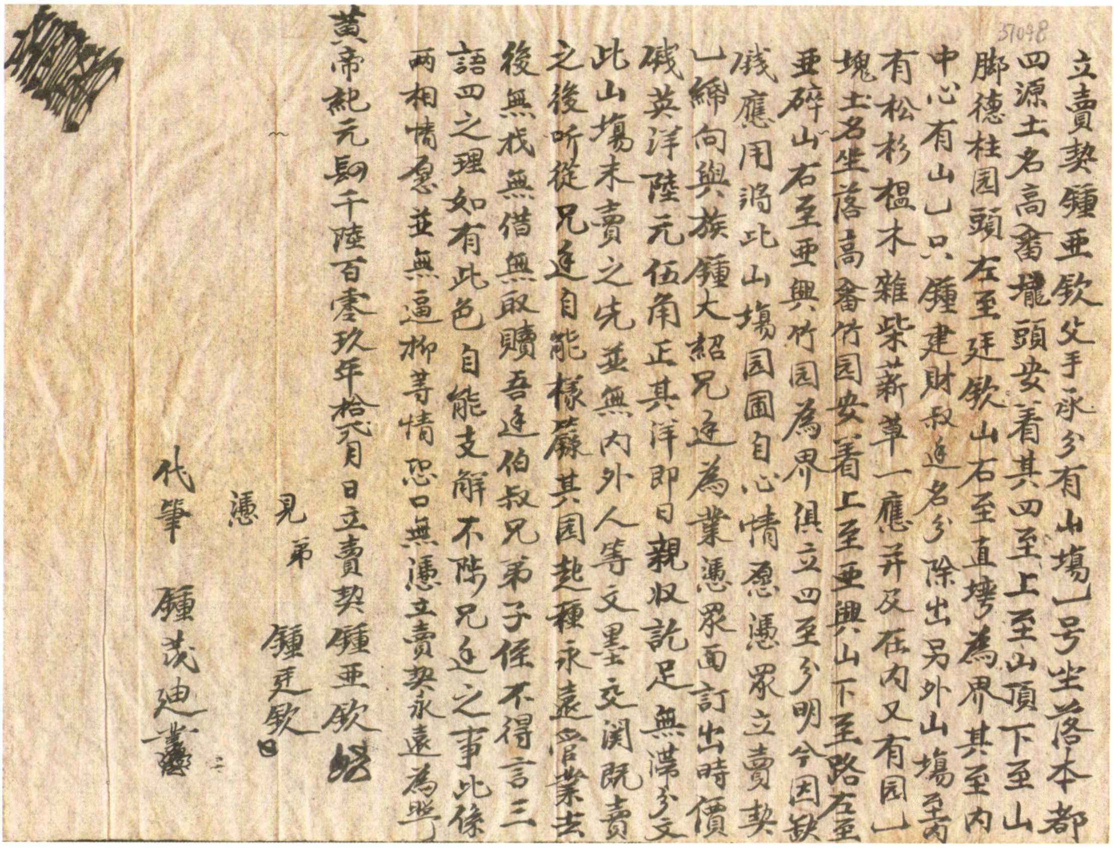

立賣契鍾亞欽，父手承分有山塲一号，坐落本都四源，土名高畬壠頭安着，其四至上至山頂，下至山脚德柱园頭，左至廷欽山，右至直塝爲界，其至内中心有山一只，鍾建財叔邊名分除出，另外山塲至内有松、杉、榅木、雜柴薪草一應並及在内，又有园一塊，土名坐落高畬竹园安着，上至亞興山，下至路，左至亞碎山，右至亞興竹园爲界，俱立四至分明，今因缺錢應用，將此山塲园圃，自心情愿，憑衆立賣契一紙，向與族鍾大紹兄邊爲業，憑衆面訂，出時價錢英洋陸元伍角正，其洋即日親收訖足，無滯分文，此山塲未賣之先，並無内外人等文墨交關，既賣之後，听從兄邊自能樣籙，其园起種，永遠管業，去後無找無借無取贖，吾邊伯叔兄弟子侄不得言三語四之理，如有此色，自能支解，不涉兄邊之事，此係兩相情愿，並無逼抑等情，恐口無憑，立賣契永遠爲照。

黄帝紀元肆千陸百零玖年拾弌月日立賣契鍾亞欽（押）

見弟　鍾廷欽（押）

憑

代筆鍾茂迪（押）

民國元年趙氏族衆立賣墳契

立賣坟契趙姓六房族內有山場吉地壹穴坐落八外都四源土名龜山灣坪頭左手安着其四至上至下至左至右至作用四至分明憑中立契一絡墓吉地一所鐘宅亞蘭南親廷安厝坟塋松柏長青榮華富貴鐘廷出花紅英洋壹拾叁元正其艮即日親收完足分文無滯趙廷伯叔兄弟子侄不得言三語四之理如有此色趙廷自能支解不涉鐘廷之事此係兩心情愿恐口無憑立賣契永遠為照

中華民國元年六月日立賣契趙瑞李

趙瑞有（押）

趙東武（押）

趙福春

趙啓善

人丁大發家富萬年

（前頁）>>>>

立賣坟契趙姓六房，族内有山場吉地壹穴，
坐落八外都四源，土名亀山塆坪頭左手
安着，其四至上至、下至、左至、右至作用，四至分
明，憑中立契一紙，其吉地一听鍾宅亞南
親邊安厝坟茔，松柏長青，荣華富貴，
鍾邊出花紅英洋壹拾叁元正，其艮［銀］即日
親收完足，分文無滯，趙邊伯叔兄弟子
侄不得言三語四之理，如有此色，趙邊自
能支解，不涉鍾邊之事，此係兩心情愿，
恐口無憑，立賣契永遠爲照。

中華民國元年六月日立賣契趙瑞本（押）
趙瑞有（押）
趙東武（押）
趙福春（押）
趙皆善（押）
趙瑞迪（押）
執筆趙東武（押）

民國二年趙瑞迪立賣契

立賣契趙瑞迪本家有園壹塊坐李山塆土名平頭安着
廿園壹塊其至上至坟下田左右山為界俱立四至分明今因要
洋應用自心情愿中立契壹紙向與鍾盛南為業三面言定出時
價英洋柒角文正其洋如契收訖無滯即賣之後听從叔廷永
遠耕種豎造安厝食業去后無找無贖無借立截自業如
有此色俱迭自力成当不涉叔之事兩心甘愿通抑等情今欲有
據立賣契永遠為照

民國癸丑弍年十二月日　立賣契趙瑞迪（押）

在見兄　富榮（押）

代筆　趙朝智（押）

（前頁）>>>>

立賣契趙瑞迪，本家有园壹塊，坐季山塆，土名平頭安着，计园壹塊，其至上至坟，下（至）田，左、右山爲界，俱立四至分明，今因缺洋應用，自心情（願），憑衆立契壹紙，向與鍾亞南爲業，三面言定，出時價英洋柒角文正，其洋如契收訖無滯，即［既］賣之後，听從叔邊永遠耕種，豎造安厝管業，去后無找無贖無借，立截自業，如有此色，侄邊自力成［承］当，不涉叔之事，兩心甘愿，（並無）逼抑等情，今欲有據，立賣契永遠爲照。

民國　癸丑弍年十二月　日　立賣契趙瑞迪（押）

在見兄　富荣（押）

代筆　趙朝智（押）

民國四年蒋京生立賣契

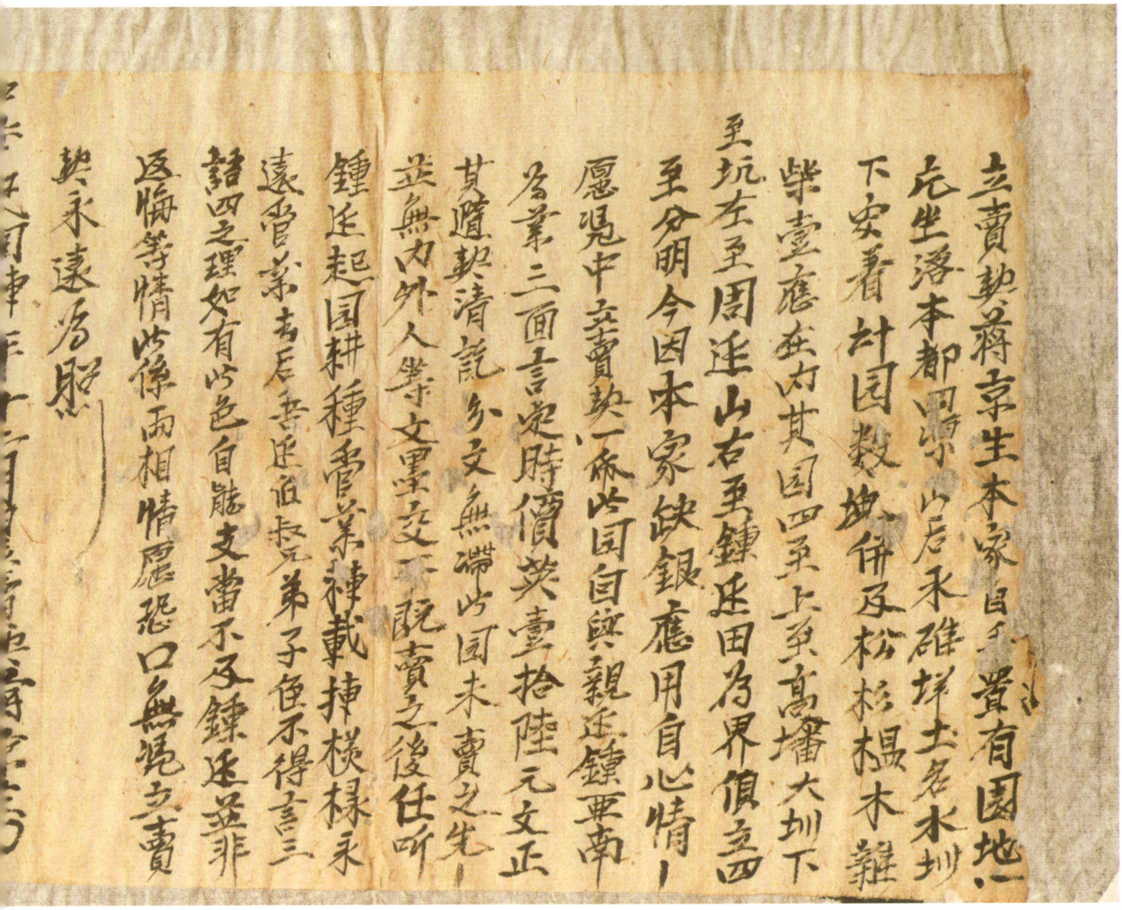

立賣契蒋京生，本家自手置有園地一片，坐落本都四源山后水碓垟，土名水圳下安着，计园数塊，並及松、杉、榅木、雜柴壹應在内，其园四至上至高畲大圳，下至坑，左至周邊山，右至鍾邊田爲界，俱立四至分明，今因本家缺銀應用，自心情愿，憑中立賣契一紙，此园自與親邊鍾亞南爲業，三面言定，時價英[洋]壹拾陸元文正，其随契清訖，分文無滯，此园未賣之先，並無内外人等文墨交干，既賣之後，任听鍾邊起园耕種管業，種載插樣禄永遠管業，去后吾邊伯叔兄弟子侄不得言三語四之理，如有此色，自能支當，不及鍾邊，並非返悔等情，此係兩相情愿，恐口無憑，立賣契永遠爲照。

中華民國肆年十二月日立賣契蒋京生（押）

見契　蒋成豐（押）

爲中　蒋昌益（押）

蒋樹生（押）

民國九年王堂姺立收字

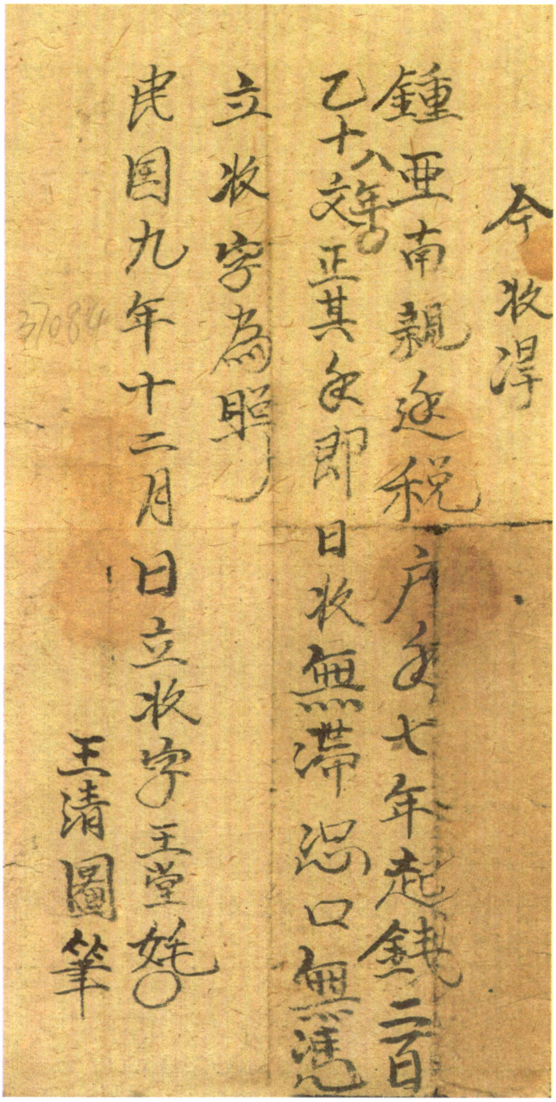

今收得
鍾亞南親邊税户錢，七年起，錢二百
八年（押）
一十文正，其錢即日收無滞，恐口無憑，
立收字爲照。
民国九年十二月立收字王堂姺（押）
王清圖筆

民國二十七年傅立階立找契

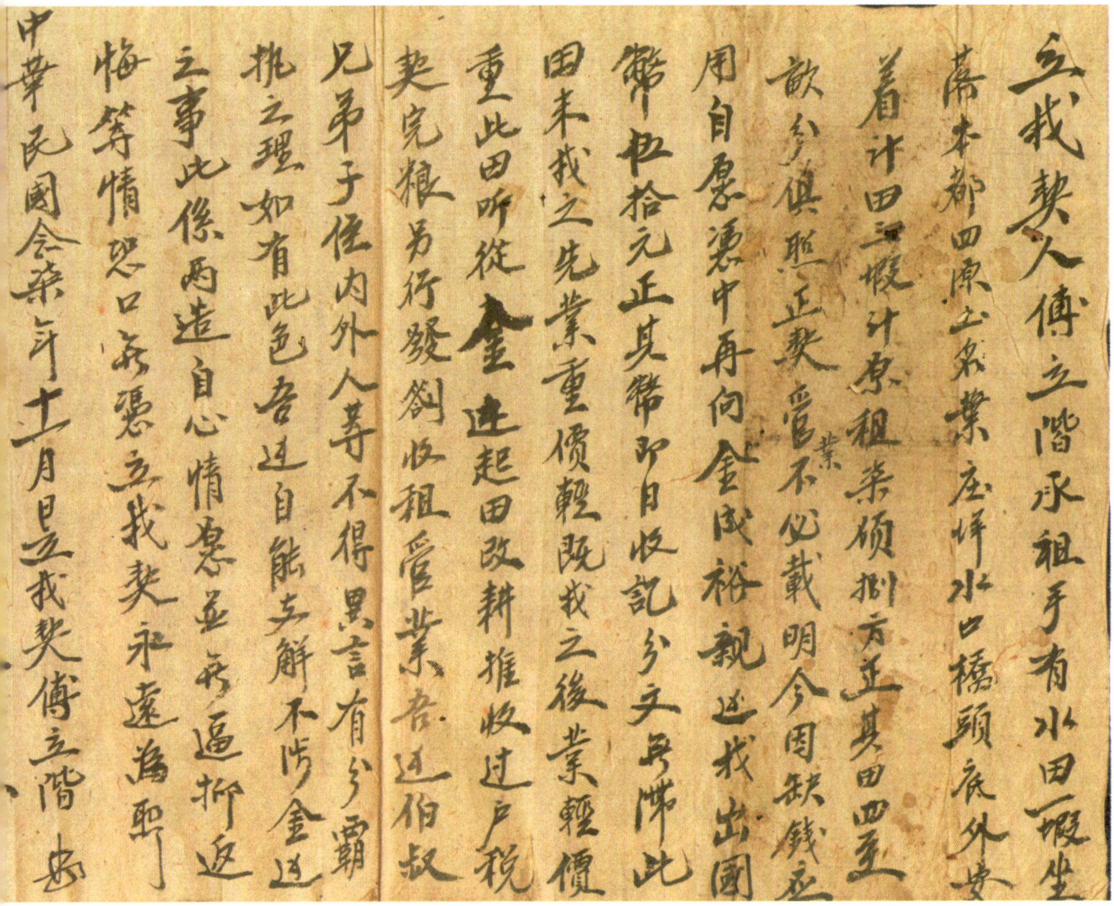

立找契人傅立階，承祖手有水田一塅，坐
落本都四源，土名葉庄垟水口橋頭底外安
着，计田三塅，计原租柒硕捌方正，其田四至、
畝分俱照正契管業，不必載明，今因缺錢应
用，自愿憑中再向金成裕親邊找出國
幣伍拾元正，其幣即日收記［訖］，分文無滞，此
田未找之先，業重價輕，既找之後，業輕價
重，此田听從金邊起田改耕，推收过户，税
契完粮，另行發劄收租管業，吾邊伯叔
兄弟子侄内外人等，不得異言有分霸
执之理，如有此色，吾邊自能支解，不涉金邊
之事，此係兩造自心情愿，並無逼抑返
悔等情，恐口無憑，立找契永遠爲照。
中華民國念柒年十一月日立找契傅立階（押）

張考苏憑（押）
見契　張仲矦（印）
憑中　邢松雲（押）
親筆

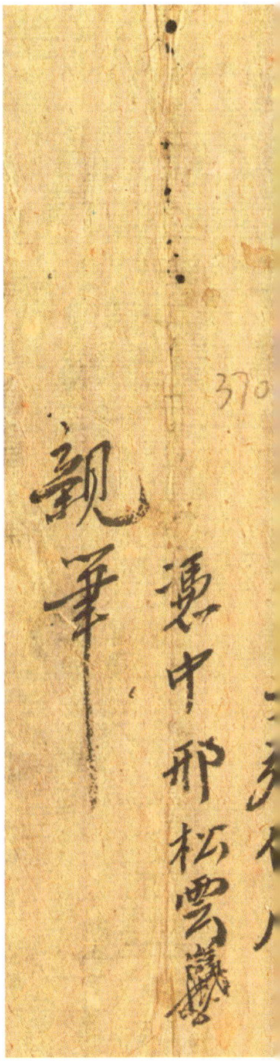

民國二十九年鍾學堯立當契

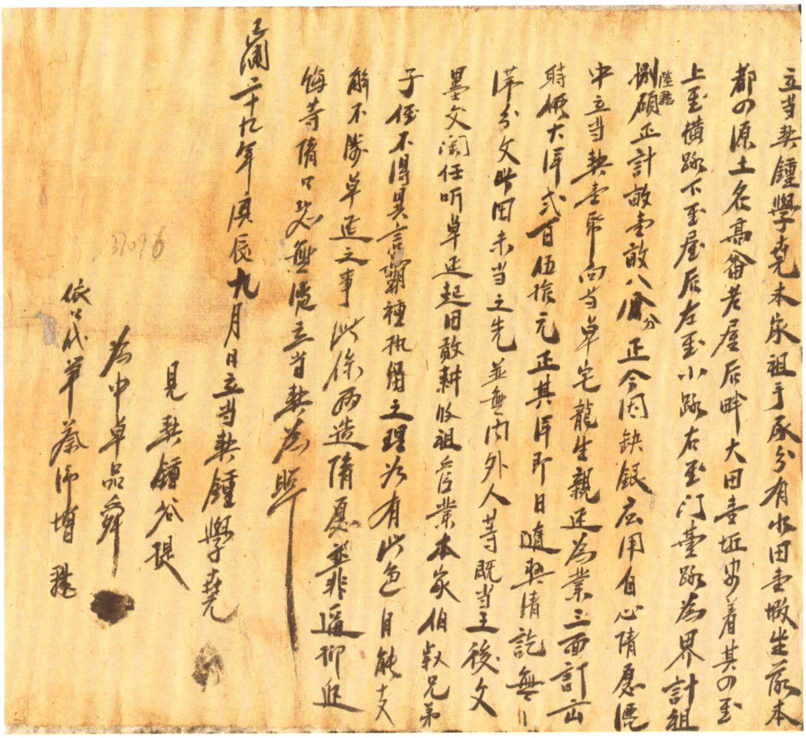

立当契鍾學堯，本家祖手承分有水田壹坵，坐落本
都四源，土名高畲老屋后畔大田壹坵安着，其四至
上至横路，下至屋后，左至小路，右至门臺路爲界，計租
陸（押）捌碩正，計畝壹畝八分正，今因缺銀应用，自心情愿，憑
中立当契壹紙，向與卓宅龍生親邊爲業，三面訂出
時價大洋弍百伍拾元正，其洋即日隨契清訖，無
滯分文，此田未当之先，並無内外人等，既当之後，文
墨交關，任听卓邊起田敢［改］耕，收租管業，本家伯叔兄弟
子侄不得異言霸種执留之理，如有此色，自能支
解，不涉卓邊之事，此係兩造情愿，並非逼抑返
悔等情，口恐無憑，立当契爲照。

民國二十九年庚辰九月日立当契鍾學堯（押）

見契鍾谷提

爲中卓品舜（押）

依口代筆葉沛增（押）

民國二十九年鍾亞碎立找截契

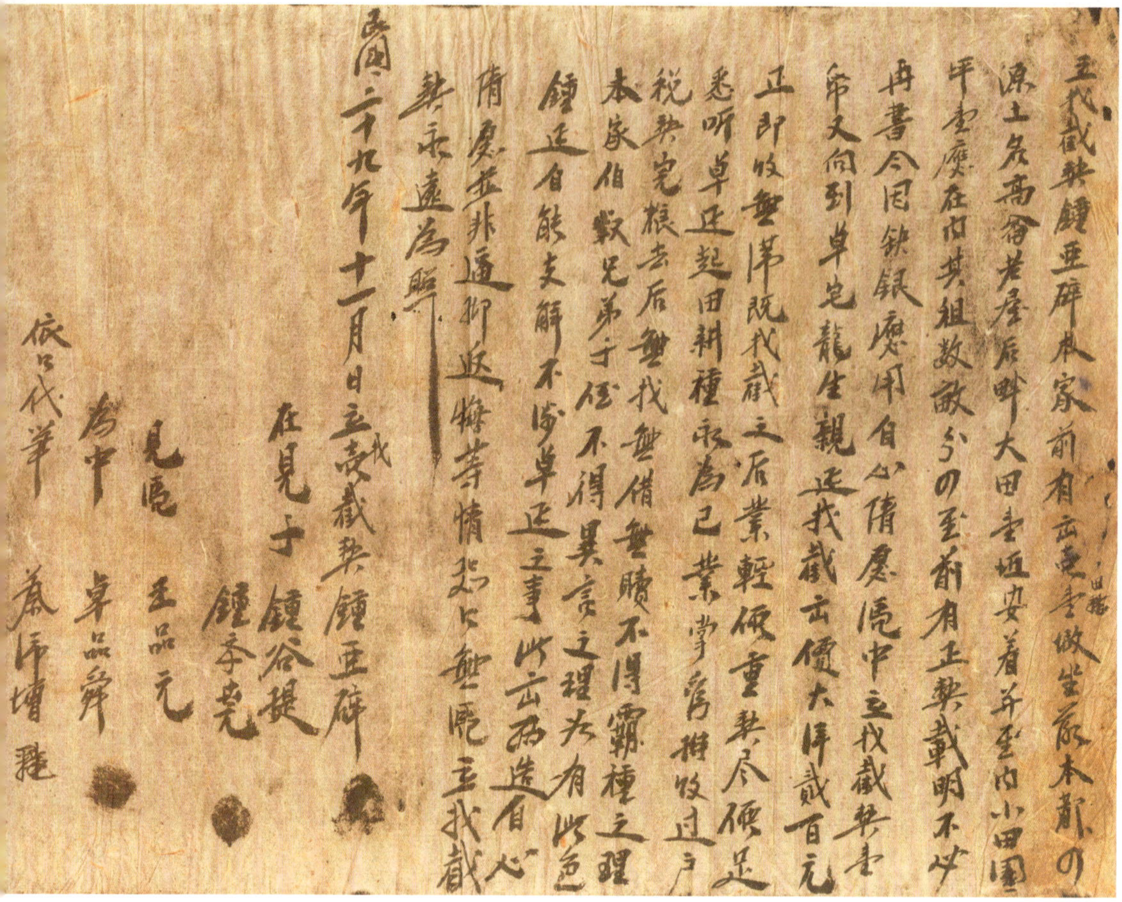

立找截契鍾亞碎，本家前有出賣田（押）壹坵，坐落本都四源，土名高畲老屋后畔大田壹坵安着，並至内小田、園坪壹應在内，其租数、畝分、四至前有正契載明，不必再書，今因缺銀應用，自心情愿，憑中立找截契壹紙，又向到卓宅龍生親邊找截出價大洋貳百元正，即收無滯，既找截之后，業輕價重，契尽價足，悉听卓邊起田耕種，永爲己業掌管，推收过户，税契完粮，去后無找無借無贖，不得霸種之理，本家伯叔兄弟子侄不得異言之理，如有此色，鍾邊自能支解，不涉卓邊之事，此出兩造自心情愿，並非逼抑返悔等情，恐口無憑，立找截契永遠爲照。

民國二十九年十一月日立找賣截契鍾亞碎（押）

在見　子　鍾谷提

鍾學堯（押）

見憑　王品元

爲中　卓品舜（押）

依口代筆　葉沛增（押）

保長　鄭德成

民國二十九年鍾學堯立找截契

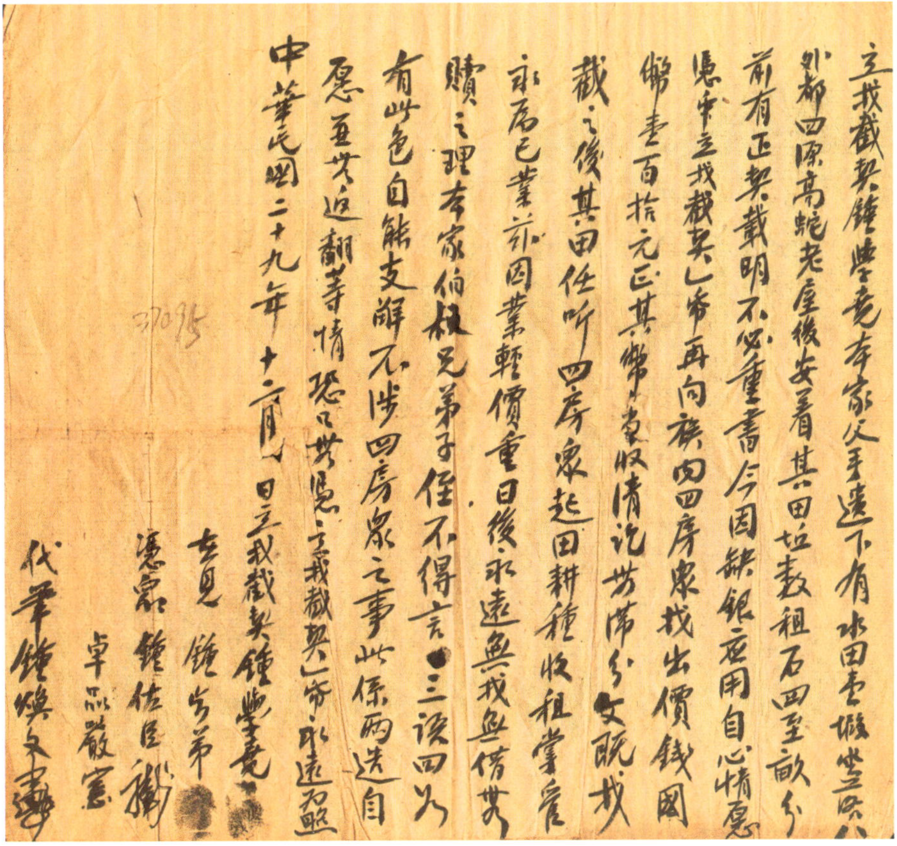

立找截契鍾學堯，本家父手遺下有水田壹坵，坐落八外都四源高蛇老屋後安着，其田坵数、租石、四至、畝分前有正契載明，不必重書，今因缺銀应用，自心情愿，憑衆立找截契一紙，再向族内四房衆找出價錢國幣壹百拾元正，其幣当收清訖，無滞分文，既找截之後，其田任听四房衆起田耕種，收租掌管，永爲己業，兹因業輕價重，日後永遠無找無借無贖之理，本家伯叔兄弟子侄不得言三語四，如有此色，自能支解，不涉四房衆之事，此係兩造自愿，並無返翻等情，恐口無憑，立找截契一紙，永遠爲照。

中華民國二十九年十二月日立找截契鍾學堯（押）

在見　鍾步弟（押）

憑衆　鍾佐臣（押）

卓品嚴（押）

代筆　鍾煥文（押）

卓世玉等立退字

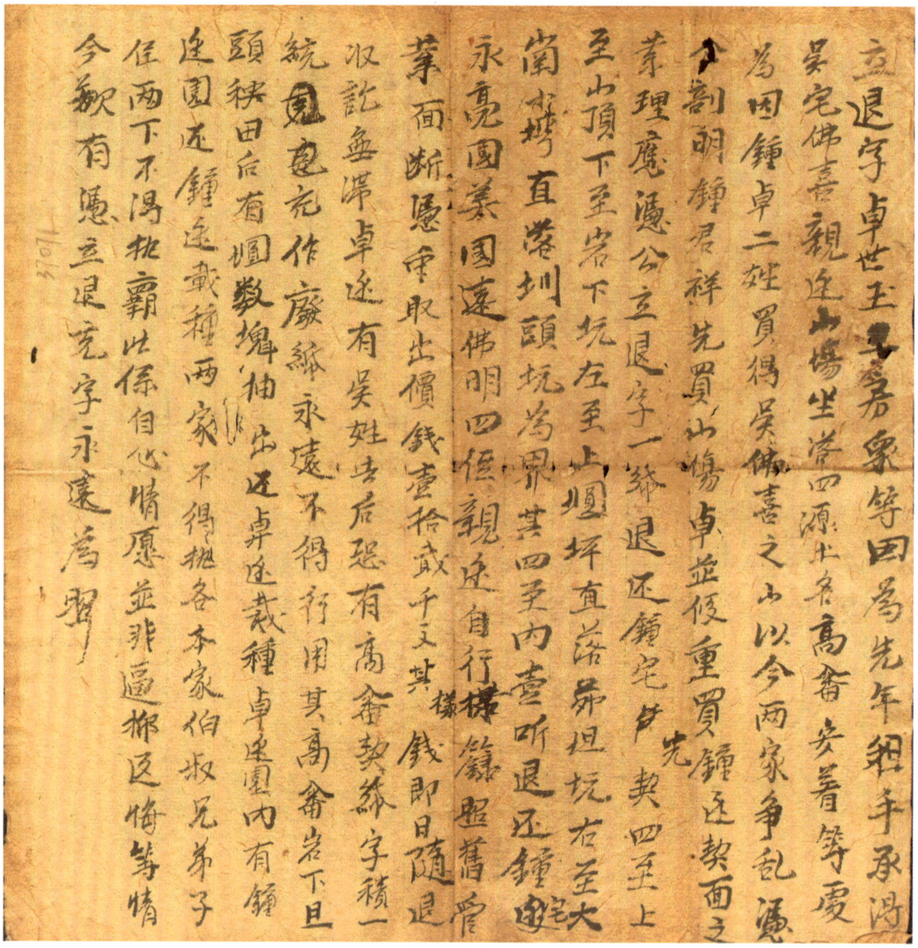

立退字卓世玉□房衆等，因爲先年祖手承得
吴宅佛喜親邊山塲，坐落四源，土名高畬安着等處，
爲因鍾、卓二姓買得吴佛喜之山，以今兩家争乱，憑
公剖明，鍾君祥先買山塲，卓並後重買鍾邊契面之
業，理應憑公立退字一紙，退还鍾宅先契，四至上
至山頂，下至岩下坑，左至上園坪直落苑坦坑，右至大
崗小塆直落圳頭坑爲界，其四至内壹听退还鍾宅
永亮、國美、國遠、佛明四侄親邊自行樣籙，照舊管
業，面断憑衆取出價錢壹拾貳千文，其錢即日隨退
收訖無滯，卓邊有吴姓去后恐有高畬契紙字積，一
統充作廢紙，永遠不得行用，其高畬岩下旦
頭秧田后有園数塊，抽出还卓邊裁[栽]種，卓邊園内有鍾
邊園，还鍾邊栽種，兩家不得执吝，本家伯叔兄弟子
侄兩下不得执霸，此係自心情愿，並非逼抑返悔等情，
今欲有憑，立退充字永遠爲照。

高畲鍾氏訴狀

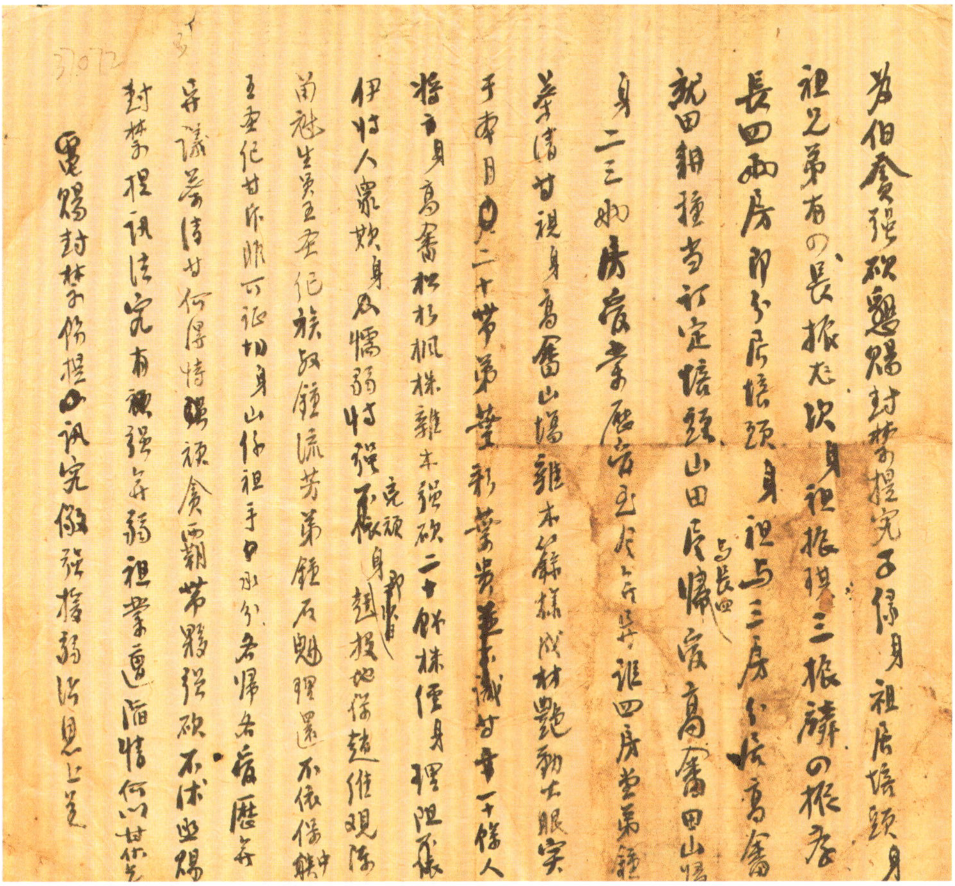

为伯贪强砍，懇賜封禁提究事，緣身祖居培頭，身
祖兄弟有四，長振彪，次身祖振琪，三振麟，四振孝，
長、四兩房即分居培頭，身祖与三房分居高畲，
就田耕種，当订定培頭山田尽歸与長四房管，高畲田山歸
身二、三兩房管業，歷管至今無异，讵四房堂弟鍾
業清等視身高畲山塲雜木籙樣成材，艷動錢服，突
于本月二十帶弟葉彩、葉贵等一十馀人，
將身高畲松、杉、楓株雜木强砍二十馀株，經身理阻，
伊恃人衆，欺身懦弱，恃强兇顽，身即赶报地保趙維觀、陈
留魁、生员王圣纪、族叔鍾流芳、弟鍾石魁理還，不依，保中
王圣紀等斥非可证，切身山係祖手承分，各歸各管，歷無
异議，業清等何得恃顽贪霸，帶夥强砍不怵，照賜
封禁，提讯法究，有强無弱，祖業遭陷，情何以甘，伏乞
電賜封禁，飭提讯究，儆强援弱，沾恩上呈。

鍾有財等訴狀

37046

具呈民鍾有財　年四十九
　　　鍾永豪　年四十二　住八外了高畬　刁宅

爲僞佔盜砍、呈契乞訊究追事。切身業全以契據爲憑，僞佔宜以律懲。緣厶等祖父鍾君祥，于雍正年間開價契買吳佛喜山塢，土名里高磨等處安葬，四至炳然載，樣樹木迄今並無異，印契呈電。不料地民周三河、周河竟逞刁謀佔，胆敢僞造吳佛喜君字，描寫乾隆十一年契帋，並無印稅，冒出索爭。于本年八月廿日，揮令伊族周河利、周河妹等，將厶等所樣松木盜砍有百餘株，楂價錢〻文，私賣蔣堯青作業運售。厶等覺知跟異，只投地保陳好喜、鄰中蔣尚惠、趙瑞財、謝叔有才等，前往照厶契至踏明，實係厶等該山所樣之樹，伊其理屈。詎三河等不惟不服，反肆咆哮，保鄰可證，厶

帋

（前頁）>>>>

具呈民鍾有財，年四十九，永豪，年四十四，家住八外都高畲　正本
爲僞佔盜砍，呈契乞訊究返事，切管業全以契據爲憑，僞
佔宜以律法懲治，財等祖□[父]鍾君祥于雍正年間用價契買
吴佛喜山塲，土名坐落高畲等處安着，四至炳赤，載[栽]樣樹木，迄
今並無有異，印契呈電，不料地民周三河、周阿寬逞刁谋佔，胆敢
僞造吴佛喜名字，描寫乾隆十一年契紙，並無印税，突出紊争，于
本年八月廿二日揮令伊族周河利、周河妹等，將財等所樣松木盜砍有
百馀株，值價錢□文，私賣蔣克吉作業運售，財等覺知駭異，即投地保
陳好善、鄰中蔣尚惠、趙瑞財、族叔鍾育才等，前往照契至踏明，实係乙等
該山所樣之樹，向其理还，讵三河等不惟不依，反肆咆哮，保鄰可質，乙
等無奈，匍叩究返，法批吊契另呈等示，財等遵示粘契迫叩，伏乞
大老爷作主，恩賜飭提核訊究返，以杜偽佔，以正契業，顶法上呈。

朱銀玉立收字

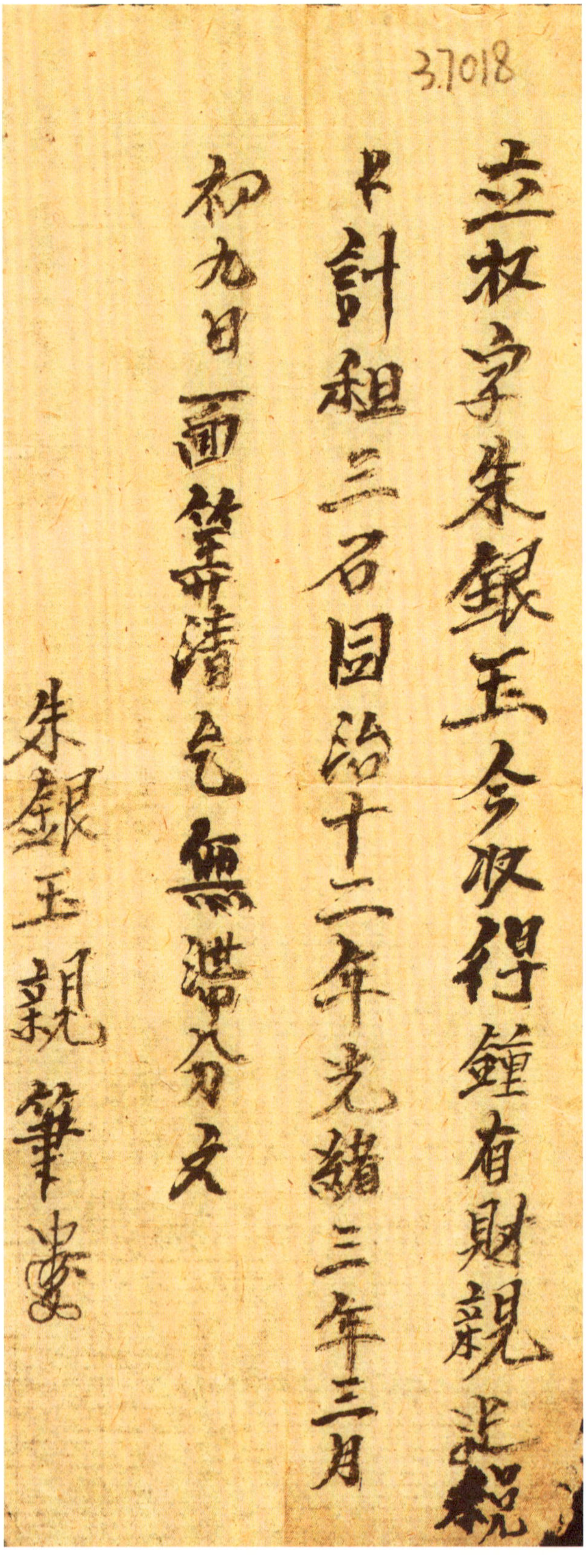

立收字朱銀玉，今收得鍾有財親邊稅錢
計租三石。同治十二年光緒三年三月
初九日面筭清乞[訖]，無滯分文。

朱銀玉親筆（押）

光緒九年鍾裕後立賣契、立找契

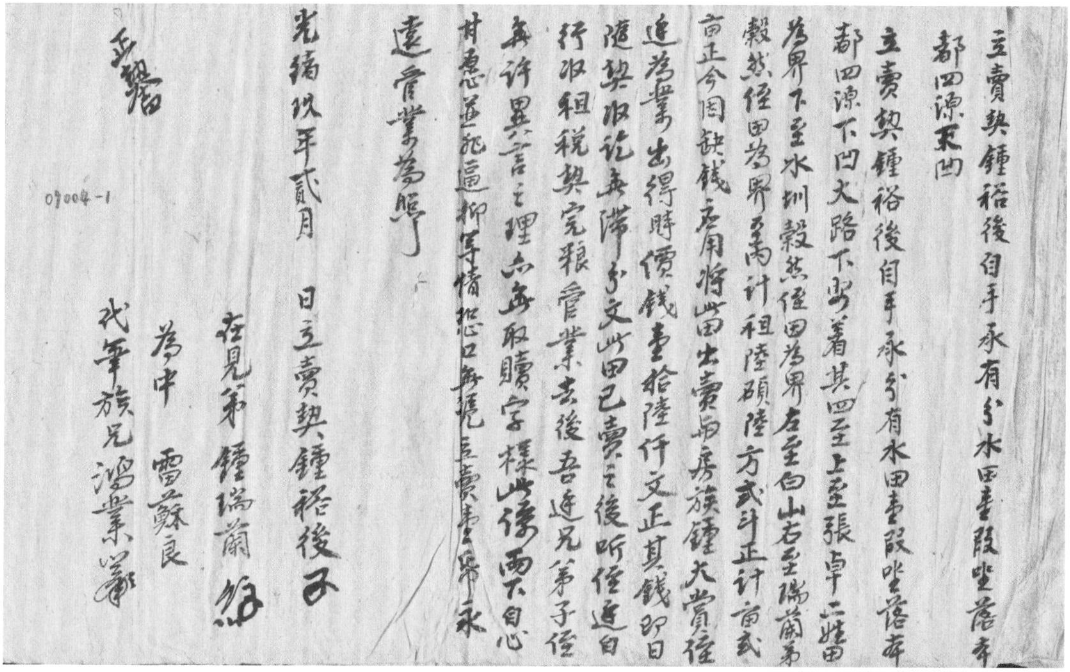

立賣契鍾裕後自手承有分水田壹段坐落本
都四源下凹
立賣契鍾裕後自手承分有水田壹段坐落本
都四源下凹大路下安着其四至上至張卓二姓田
為界下至水圳穀然侄田為界左至白山右至瑞蘭弟
穀然侄田為界至內計租陸碩陸方貳斗正計畝貳
畝正今因缺錢應用將此田出賣與房族鍾大賞侄
邊為業出得時價錢壹拾陸仟文正其錢即日
隨契收訖無滯分文此田已賣之後听侄邊自
行收租税契完粮管業去後吾邊兄弟子侄
無許異言之理亦無取贖字樣此係兩下自心
甘愿並非逼抑等情恐口無憑立賣契壹紙永
遠管業為照

光緒玖年貳月　日立賣契鍾裕後（押）
在見弟　鍾瑞蘭（押）
為中　雷蘇良
代筆族兄　鴻業（押）

正契

09004-1

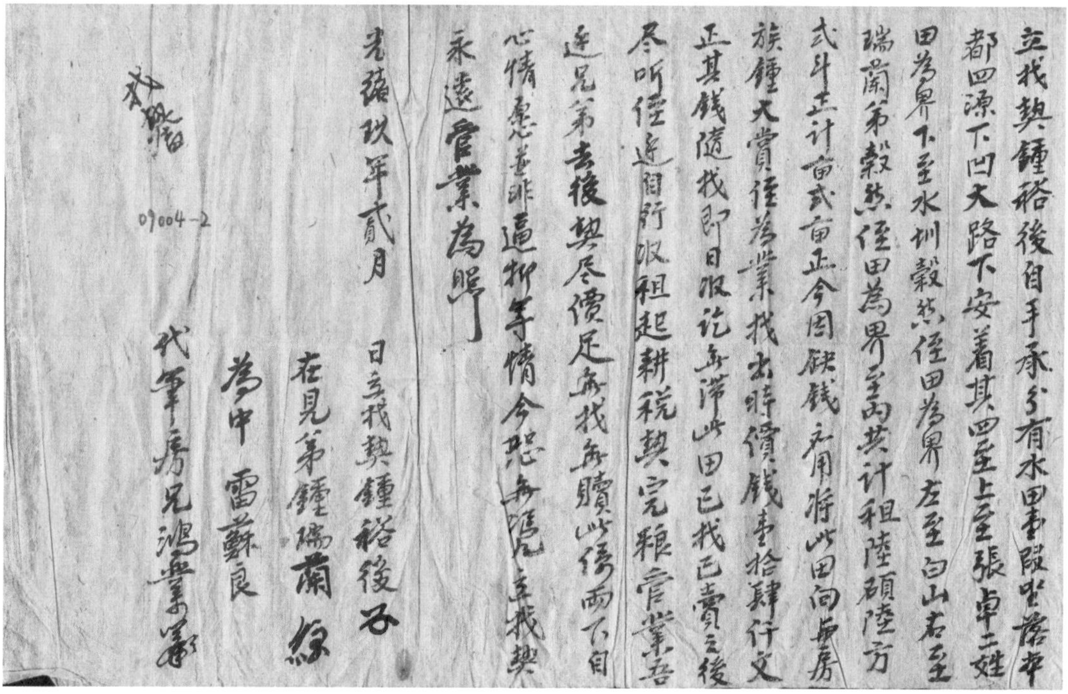

立找契鍾裕後自手承分有水田壹段坐落本
都四源下凹大路下安着其四至上至張卓二姓
田為界下至水圳穀然侄田為界左至白山右至
瑞蘭弟穀然侄田為界至內其計租陸碩陸方
貳斗正計畝貳畝正今因缺錢應用將此田向與房
族鍾大賞侄為業找出時價錢壹拾肆仟文
正其錢隨找即日收訖無滯此田已找已賣之後
尽听侄邊過佃行收租起耕税契完粮管業吾
邊兄弟去後契尽價足無找無贖此係兩下自
心情愿並非逼抑等情今恐無憑立找契
永遠管業為照

光緒玖年貳月　日立找契鍾裕後（押）
在見弟鍾瑞蘭（押）
為中　雷蘇良
代筆房兄鴻業（押）

找契

09004-2

(前頁)>>>>

立賣契鍾裕後，自手承有分水田壹段，坐落本
都四源下凹
立賣契鍾裕後，自手承分有水田壹段，坐落本
都四源下凹大路下安着，其四至上至張、卓二姓田
爲界，下至水圳穀然侄田爲界，左至白山，右至瑞蘭弟、
穀然侄田爲界，至内计租陸碩陸方弍斗正，计亩弍
亩正，今因缺錢应用，將此田出賣與房族鍾大賞侄
邊爲業，出得時價錢壹拾陸仟文正，其錢即日
隨契收訖，無滯分文，此田已賣之後，听侄邊自
行收租税契完粮管業，去後吾邊兄弟子侄
無许異言之理，亦無取贖字樣，此係兩下自心
甘愿，並非逼抑等情，恐口無憑，立賣壹紙永
遠管業爲照。

光緒玖年貳月　日立賣契鍾裕後(押)
在見弟　鍾瑞蘭(押)
爲中　雷蘇良
代筆族兄鴻業(押)

（前頁）>>>>

立找契鍾裕後，自手承分有水田壹段，坐落本都四源下凹大路下安着，其四至上至張、卓二姓田爲界，下至水圳穀然侄田爲界，左至白山，右至瑞蘭弟、穀然侄田爲界，至内共计租陸碩陸方弍斗正，计亩弍亩正，今因缺錢应用，將此田向與房族鍾大賞侄爲業，找出時價錢壹拾肆仟文正，其錢隨找即日收訖無滯，此田已找已賣之後，尽听侄邊自行收租起耕，税契完粮管業，吾邊兄弟去後契尽價足，無找無贖，此係兩下自心情愿，並非逼抑等情，今恐無憑，立找契永遠管業爲照。

光緒玖年貳月　日立找契鍾裕後（押）

在見弟鍾瑞蘭（押）

爲中　雷蘇良

代筆房兄鴻業（押）

光緒九年鍾裕後立借退佃字

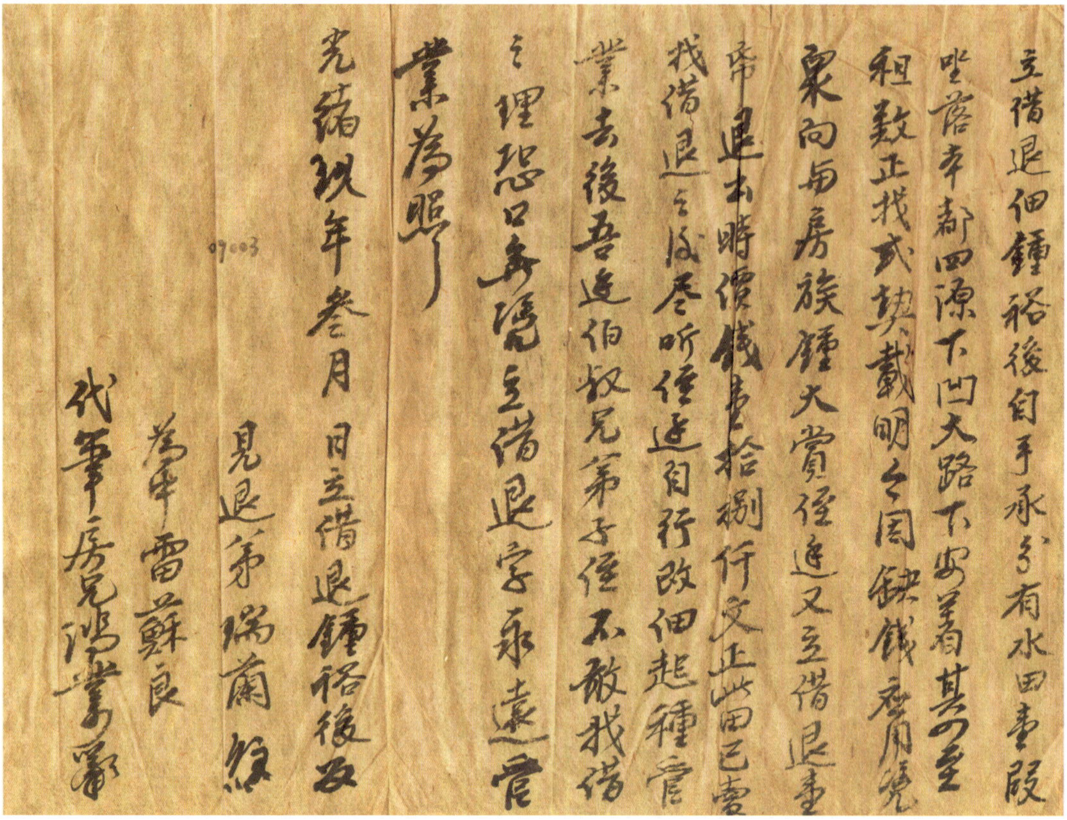

立借退佃鍾裕後，自手承分有水田壹段，坐落本都四源下凹大路下安着，其四至、租数正、找式契載明，今因缺錢应用，憑衆向與房族鍾大賞侄邊又立借退壹紙，退出時價錢壹拾捌仟文正，此田已賣找借退之後，尽听侄邊自行改佃起種管業，去後吾邊伯叔兄弟子侄不敢找借之理，恐口無憑，立借退字永遠管業爲照。

光緒玖年叁月日立借退鍾裕後（押）

見退弟瑞蘭（押）

爲衆雷蘇良

代筆房兄鴻業（押）

光緒十三年鍾亞暒立找截契

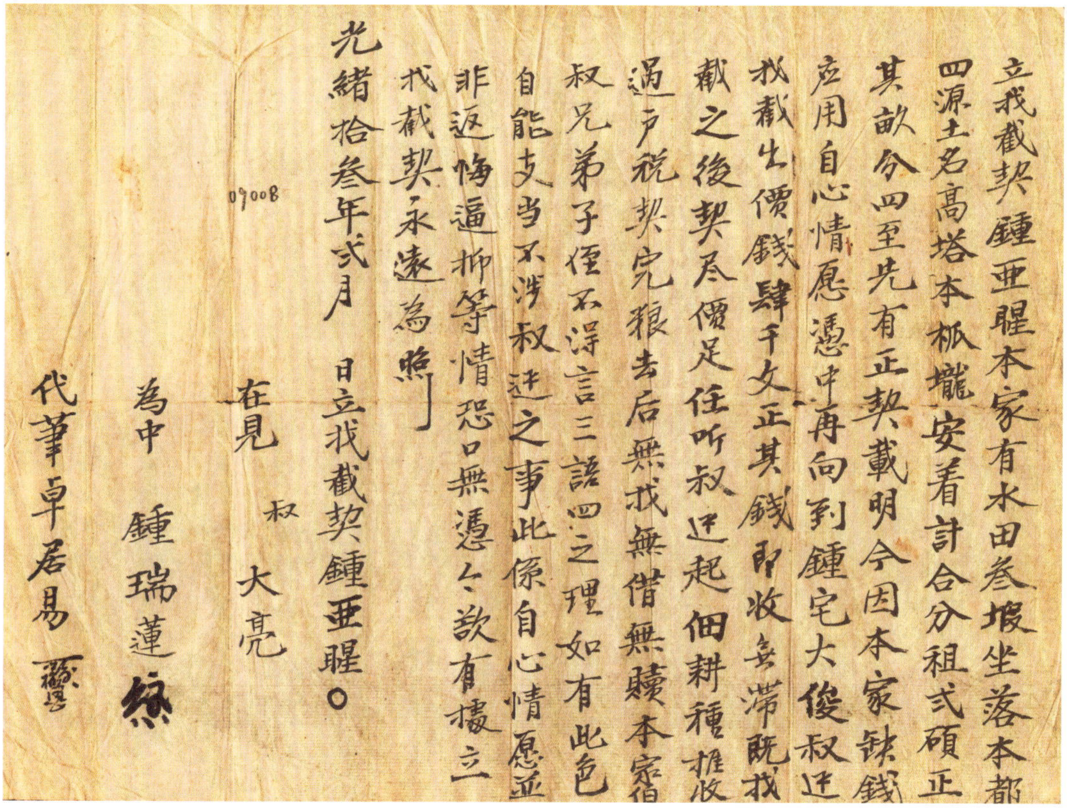

立找截契鍾亞暒，本家有水田叁塅，坐落本都四源，土名高塔本柧壟安着，計合分租式碩正，其畝分、四至先有正契載明，今因本家缺錢应用，自心情愿，憑中再向到鍾宅大俊叔邊找截出價錢肆千文正，其錢即收無滞，既找截之後，契尽價足，任听叔邊起佃耕種，推收過户，税契完粮，去后無找無借無贖，本家伯叔兄弟子侄不得言三語四之理，如有此色，自能支当，不涉叔邊之事，此係自心情愿，並非返悔逼抑等情，恐口無憑，今欲有據，立找截契永遠爲照。

光緒拾叁年式月　日立找截契鍾亞暒（押）

在見　叔　大亮

爲中　鍾瑞蓮（押）

代筆　卓居易（押）

光緒十三年鍾欽文等立當契

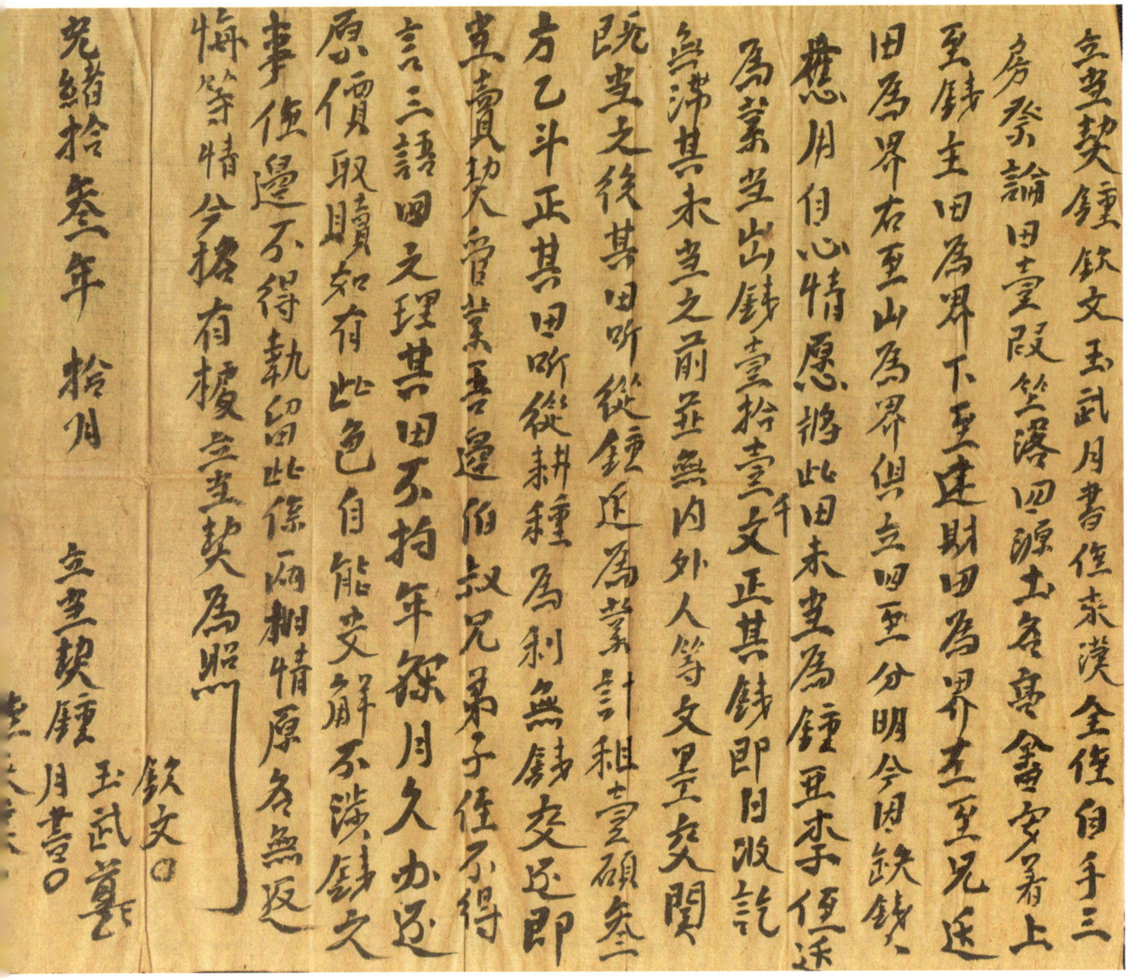

立当契鍾欽文、玉武、月書、侄來漢、全侄，自手三房祭論［輪］田壹段，坐落四源，土名高畬安着，上至錢主田爲界，下至建財田爲界，左至兄邊田爲界，右至山爲界，俱立四至分明，今因缺錢應用，自心情愿，將此田未当爲鍾亞李侄邊爲業，当出錢壹拾壹千文正，其錢即日收訖無滯，其未当之前，並無内外人等文墨交關，既当之後，其田听從鍾邊爲業，計租壹碩叁方一斗正，其田听從耕種爲利，無錢交还，即当賣契管業，吾邊伯叔兄弟子侄不得言三語四之理，其田不拘年深月久，亦还原價取贖，如有此色，自能支解，不涉錢之事，侄邊不得執留，此係兩相情原［願］，各無返悔等情，今捴［欲］有據，立当契爲照。

光緒拾叁年　拾月　立当契鍾　欽文（押）

玉武（押）

月書（押）

侄來漢（押）

在見侄必舜（押）

代筆　大善（押）

光緒十九年鍾丹漢立找截斷契

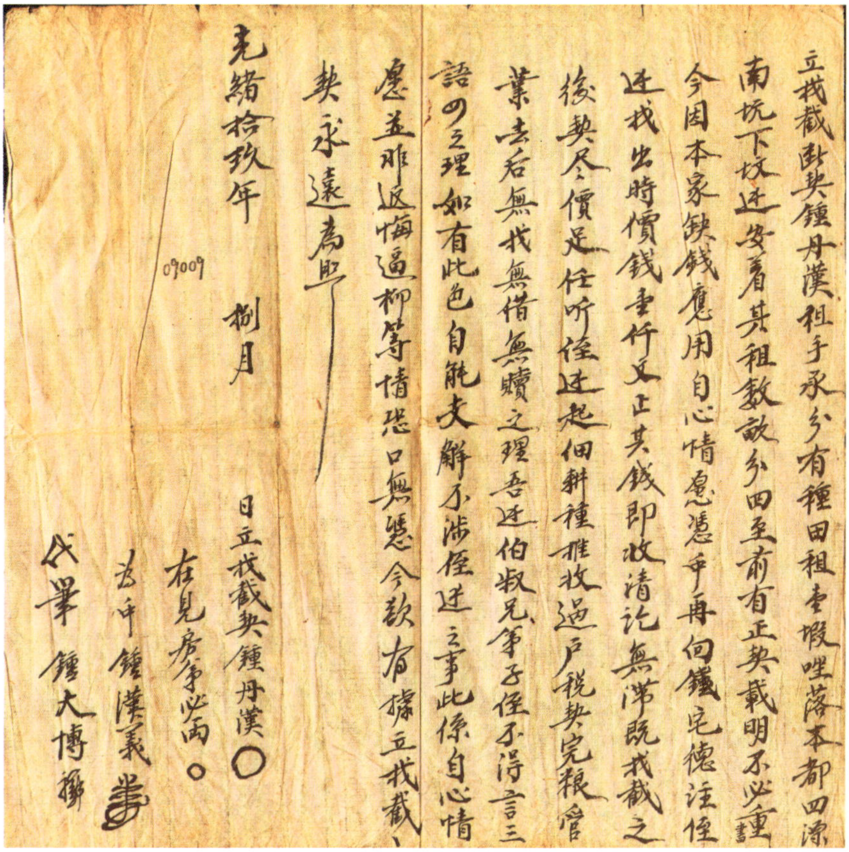

立找截断契鍾丹漢，祖手承分有種田租壹塅，坐落本都四源南坑下坟邊安着，其租数、畝分、四至前有正契載明，不必重書，今因本家缺錢應用，自心情愿，憑衆再向鍾宅德注侄邊找出時價錢壹仟文正，其錢即收清訖無滯，既找截之後，契尽價足，任听侄邊起佃耕種，推收過户，税契完粮管業，去后無找無借無贖之理，吾邊伯叔兄弟子侄不得言三語四之理，如有此色，自能支解，不涉侄邊之事，此係自心情愿，並非返悔逼抑等情，恐口無憑，今欲有據，立找截契永遠爲照。

光緒拾玖年　捌月　日立找截契鍾丹漢（押）

在見房弟必丙（押）

爲衆　鍾漢義（押）

代筆　鍾大博（押）

光緒十九年鍾丹漢立借退佃契

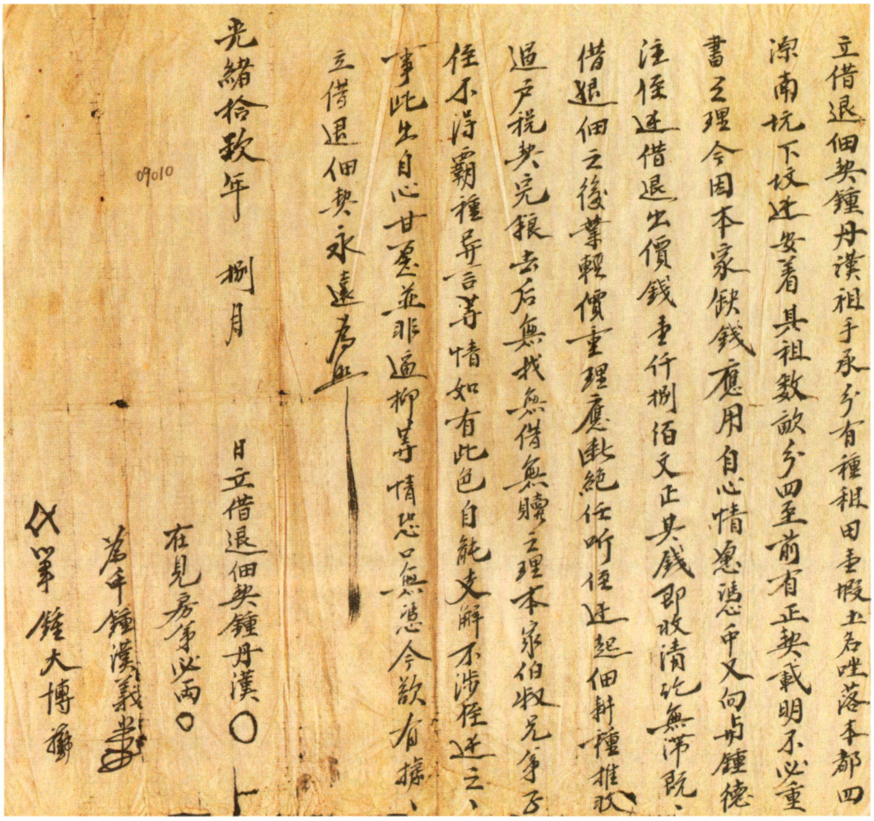

立借退佃契鍾丹漢，祖手承分有種租田壹坵，土名坐落本都四源南坑下坟邊安着，其租数、畝分、四至前有正契載明，不必重書之理，今因本家缺錢應用，自心情愿，憑衆又向與鍾德注侄邊借退出價錢壹仟捌佰文正，其錢即收清訖無滯，既借退佃之後，業輕價重，理應断絶，任听侄邊起佃耕種，推收過户，税契完粮，去后無找無借無贖之理，本家伯叔兄弟子侄不得霸種异言等情，如有此色，自能支解，不涉侄邊之事，此出自心甘愿，並非逼抑等情，恐口無憑，今欲有據，立借退佃契永遠爲照。

光緒拾玖年　捌月　日立借退佃契鍾丹漢（押）

在見房弟必丙（押）

爲衆鍾漢義（押）

代筆鍾大博（押）

光緒二十三年趙宗善立賣契

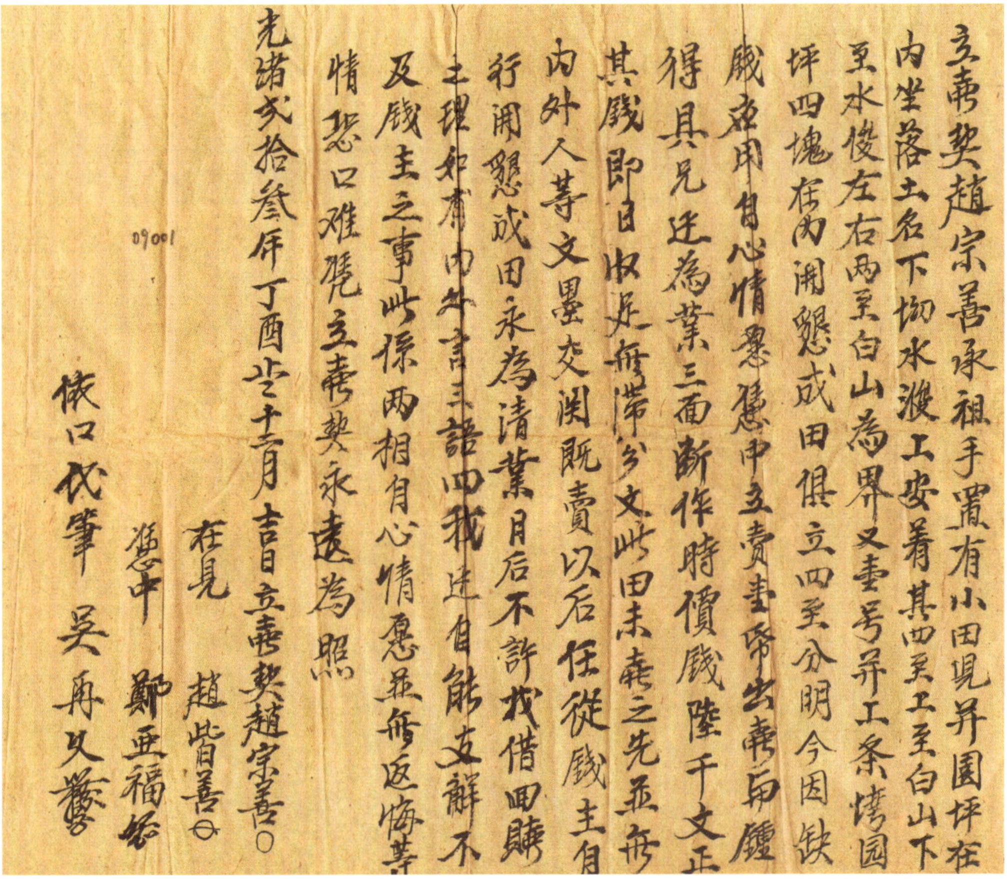

立賣契趙宗善，承祖手置有小田兒，並園坪在內，坐落土名下坳水潑上安着，其四至上至白山，下至水俊，左、右兩至白山爲界，又壹号並上条塆园坪四塊在內，開懇[墾]成田，俱立四至分明，今因缺錢应用，自心情愿，憑中立賣壹紙，出賣與鍾得具兄邊爲業，三面断作時價錢陸千文正，其錢即日收足，無滯分文，此田未賣之先，並無內外人等文墨交關，既賣以后，任從錢主自行開懇[墾]成田，永爲清業，月[日]后不許找借回贖之理，如有內外言三語四，我邊自能支解，不及錢主之事，此係兩相自心情愿，並無返悔等情，恐口难憑，立賣契永遠爲照。

光緒式拾叁年丁酉歲十二月吉日立賣契趙宗善（押）

在見　趙皆善（押）

憑中　鄭亞福（押）

依口代筆　吴再文（押）

光緒二十四年卓德求立賣字

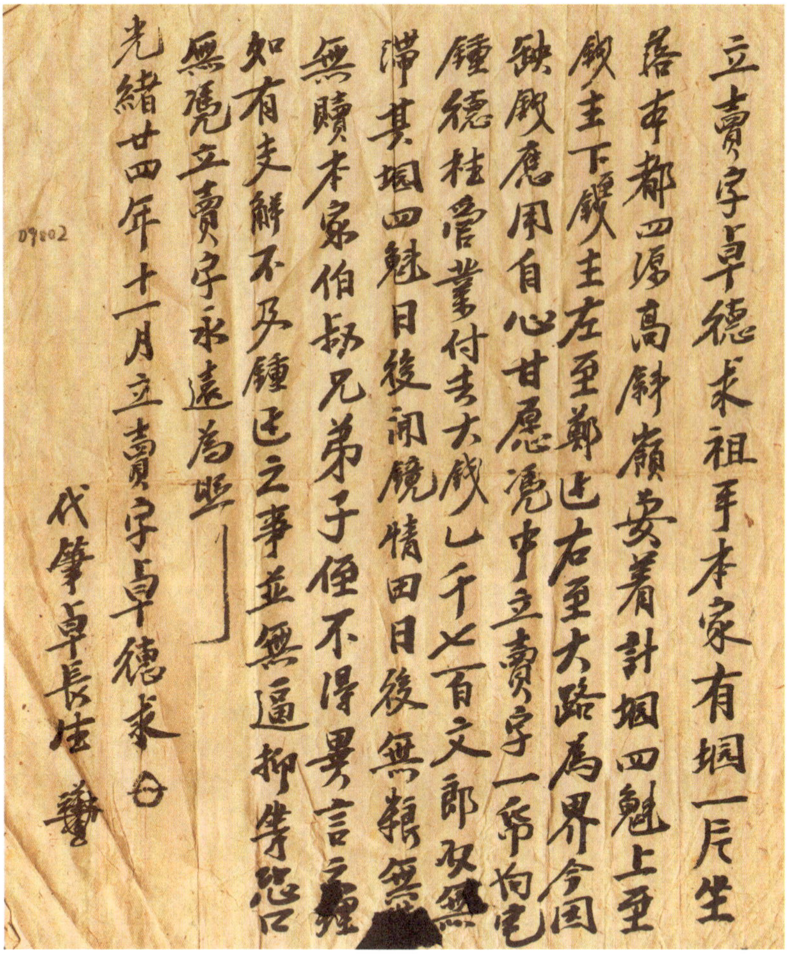

立賣字卓德求，祖手本家有園一片，坐
落本都四源高斜嶺安着，計園四魁［塊］，上至
錢主，下至錢主，左至鄭邊，右至大路爲界，今因
缺錢應用，自心甘愿，憑中立賣字一紙，向宅
鍾德桂管業，付去大錢一千七百文，郎［即］收無
滯，其園四魁［塊］，日後開鏡情田，日後無粮無□
無贖，本家伯叔兄弟子侄不得異言之理，
如有支解，不及鍾邊之事，並無逼抑等，恐口
無憑，立賣字永遠爲照。

光緒廿四年十一月立賣字卓德求（押）

代筆卓長生（押）

民國六年鍾廷欽立賣契

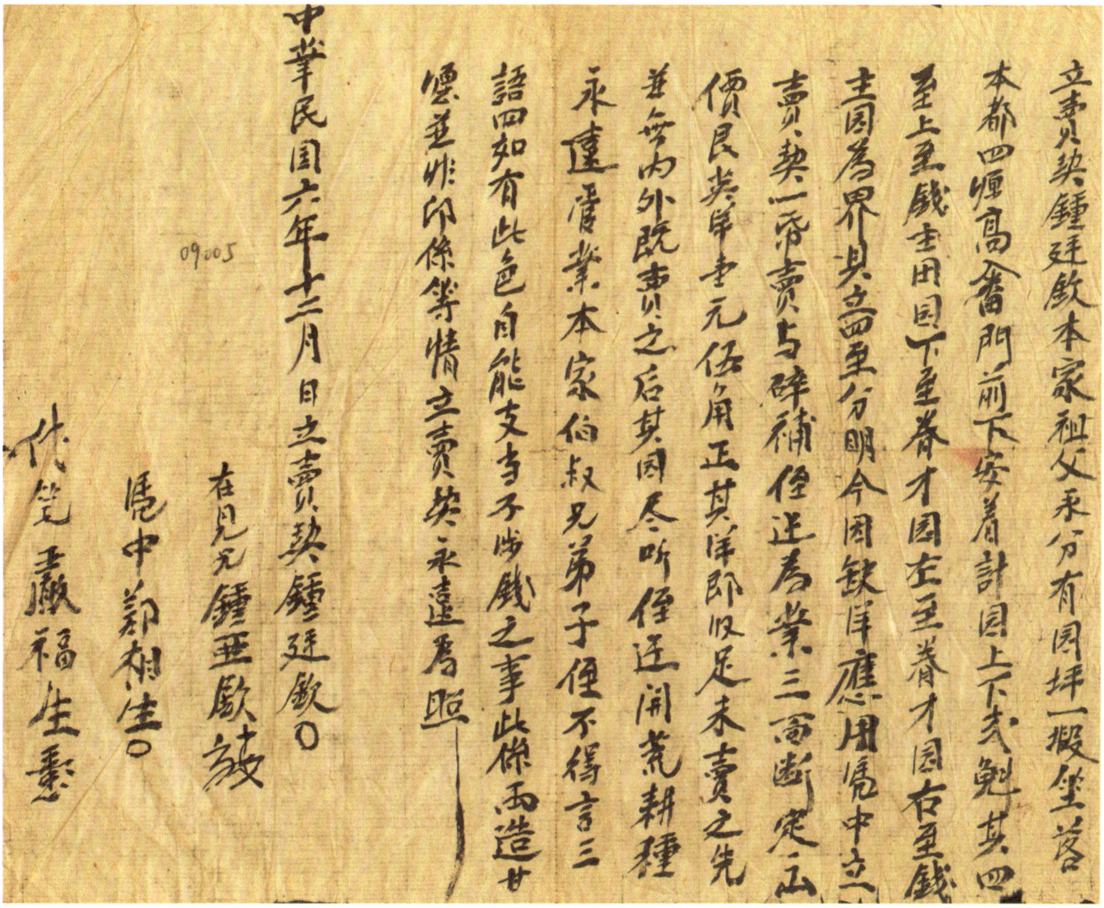

立賣契鍾廷欽，本家祖父承分有园坪一塅，坐落本都四源高畲門前下安着，計园上、下弍魁［塊］，其四至上至錢主田园，下至眷才园，左至眷才园，右至錢主园爲界，具立四至分明，今因缺洋應用，憑中立賣契一紙，賣与碎補侄邊爲業，三面断定，出價艮［銀］英洋壹元伍角正，其洋即收足，未賣之先，並無内外，既賣之后，其园尽听侄邊開荒耕種，永遠管業，本家伯叔兄弟子侄不得言三語四，如有此色，自能支当，不涉錢之事，此係兩造甘愿，並非抑係等情，立賣契永遠爲照。

中華民國六年十二月日立賣契鍾廷欽（押）

在見兄鍾亞欽（押）

憑中鄭相生（押）

代筆嚴福生（押）

民國八年鍾廷欽立當字

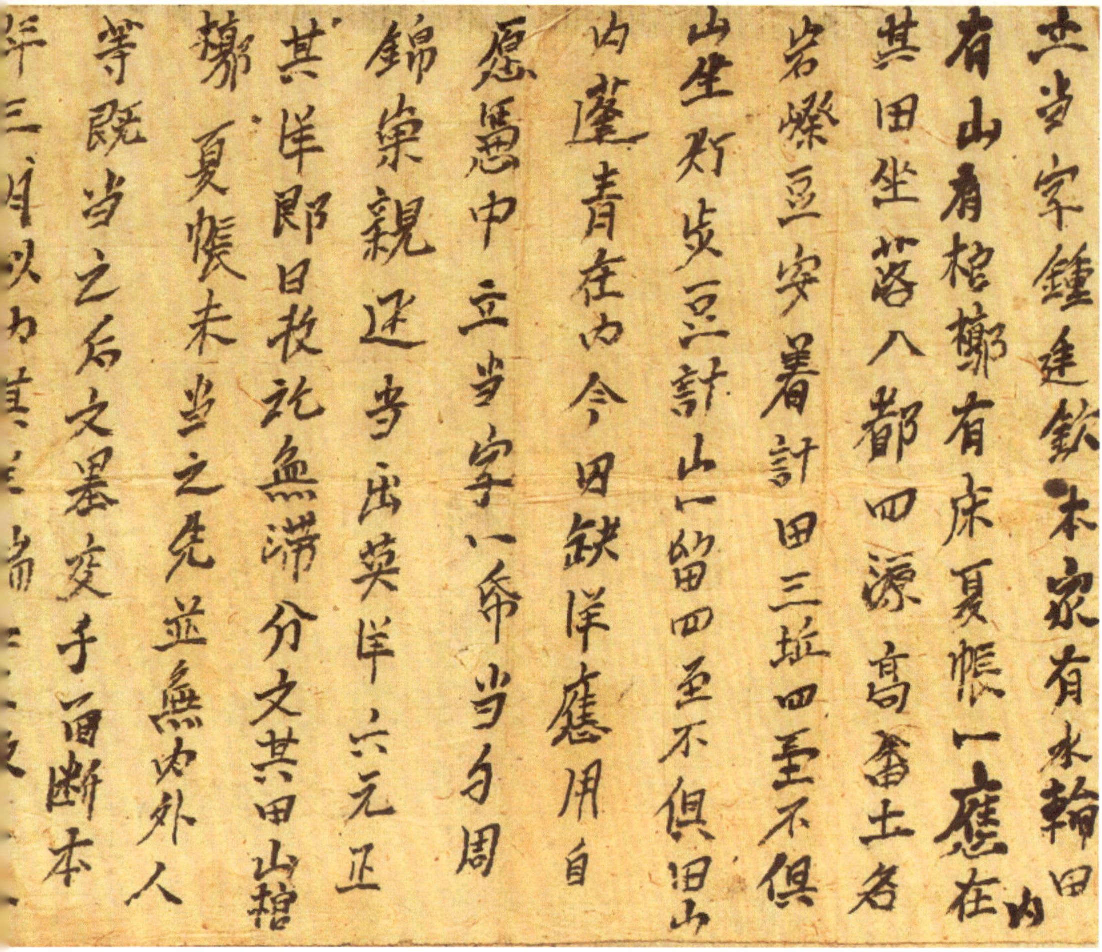
立当字鍾廷欽本家有水輪田
有山有棺槨有床夏帳一應在内
其田坐落八都四源高畲土名
岩㸌豆安着計田三坵四至不俱
山坐灯炎豆計山一留四至不俱田山
内蓬青在内今因缺洋應用自
愿憑中立当字一紙当与周
錦棠親邊当出英洋六元正
其洋即日收訖無滞分文其田山棺
槨夏帳未当之先並無内外人
等既当之后文墨交手兩斷本

立当字鍾廷欽，本家有水輪田、有山、有棺槨、有床、夏帳一應在内，

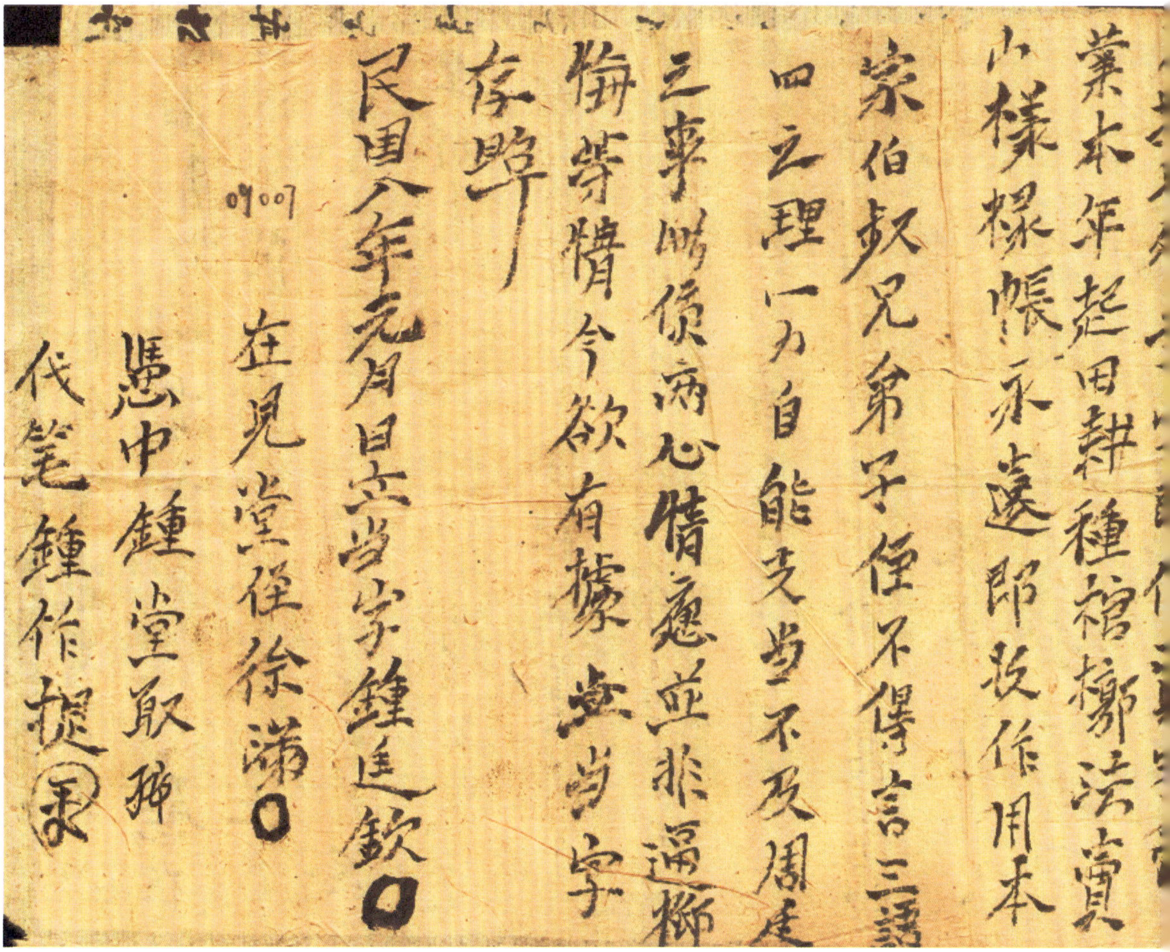

其田坐落八都四源高畬，土名岩嶸豆安着，計田三坵，四至不俱，山坐灯步豆，計山一留，四至不俱，旧山内蓬青在内，今因缺洋應用，自愿憑中立当字一紙，当与周錦崇親邊，当出英洋六元正，其洋即日收訖，無滯分文，其田、山、棺槨、夏帳未当之先，並無内外人等，既当之后，文墨交干，面断本年三月以内，其洋端正，不改起息，月期以外，当字即作賣字管業，本年起田耕種，棺槨法賣，山樣禄帳，永遠即收作用，本家伯叔兄弟子侄不得言三語四之理，一力自能支当，不及周邊之事，此係兩心情愿，並非逼抑（反）悔等情，今欲有據，立当字存照。

民國八年元月日立当字鍾廷欽（押）

在見堂侄徐滿（押）

憑中鍾堂取（押）

代筆鍾作提（押）

民國九年嚴福生立復契

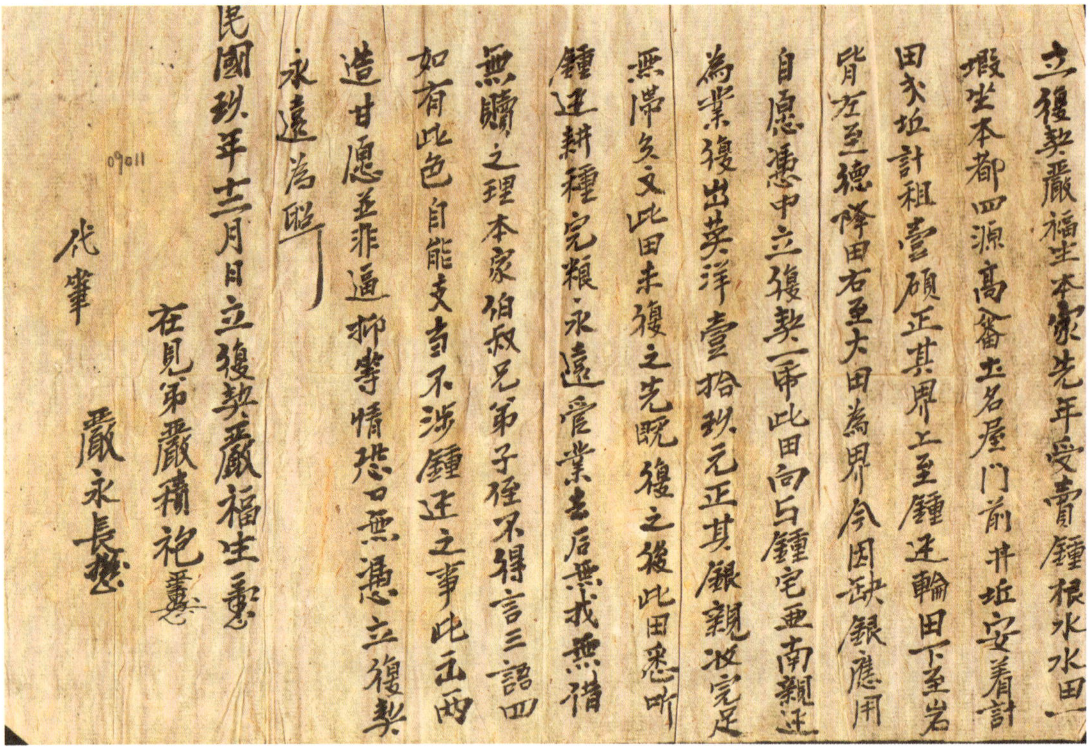

立復契嚴福生，本家先年受賣鍾根水水田一坵，坐本都四源高畲，土名屋门前井坵安着，計田弍坵，計租壹碩正，其界上至鍾邊輪田，下至岩皆，左至德降田，右至大田爲界，今因缺銀應用，自愿憑中立復契一紙，此田向与鍾宅亞南親邊爲業，復出英洋壹拾玖元正，其銀親收完足，無滯分文，此田未復之先，既復之後，此田悉听鍾邊耕種完粮，永遠管業，去后無找無借無贖之理，本家伯叔兄弟子侄不得言三語四，如有此色，自能支当，不涉鍾邊之事，此出兩造甘愿，並非逼抑等情，恐口無憑，立復契永遠爲照。

民國玖年十二月日立復契嚴福生（押）

在見弟嚴積袍（押）

代筆　嚴永長（押）

民國十年鍾徐滿等立重借斷截字

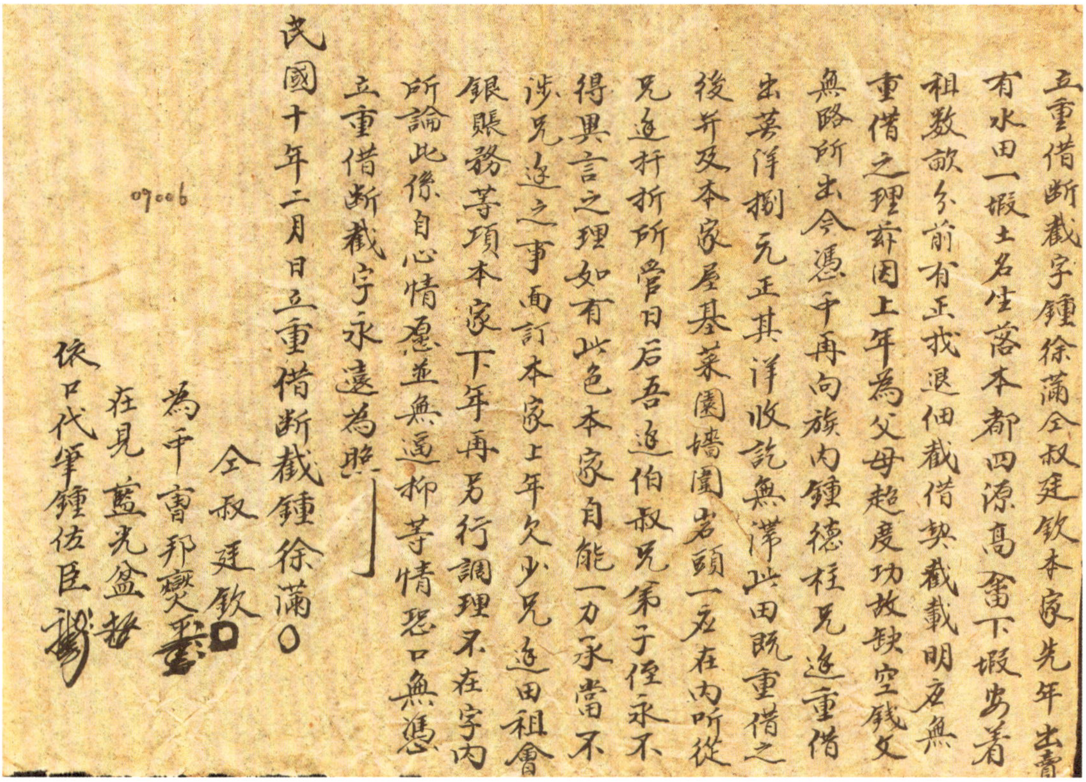

立重借断截字鍾徐滿仝叔廷欽，本家先年出賣有水田一坵，土名坐落本都四源高畲下坵安着，租数、畝分前有正、找、退佃、截借契截載明，应無重借之理，玆因上年爲父母超度功故，缺空錢文，無路所出，今憑衆再向族内鍾德柱兄邊重借出英洋捌元正，其洋收訖無滯，此田既重借之後，並及本家屋基、菜園、墻圍、岩頭一应在内，听從兄邊扦折所管，日后吾邊伯叔兄弟子侄永不得異言之理，如有此色，本家自能一力承當，不涉兄邊之事，面訂本家上年欠少兄邊田租、會銀、賬務等項，本家下年再另行調理，不在字内所論，此係自心情愿，並無逼抑等情，恐口無憑，立重借断截字永遠爲照。

民國十年二月日立重借断截鍾徐滿（押）

仝叔廷欽（押）

爲衆　曹邦燮（押）

在見　藍光盆（押）

依口代筆鍾佐臣（押）

民國十一年張修祚立賣契

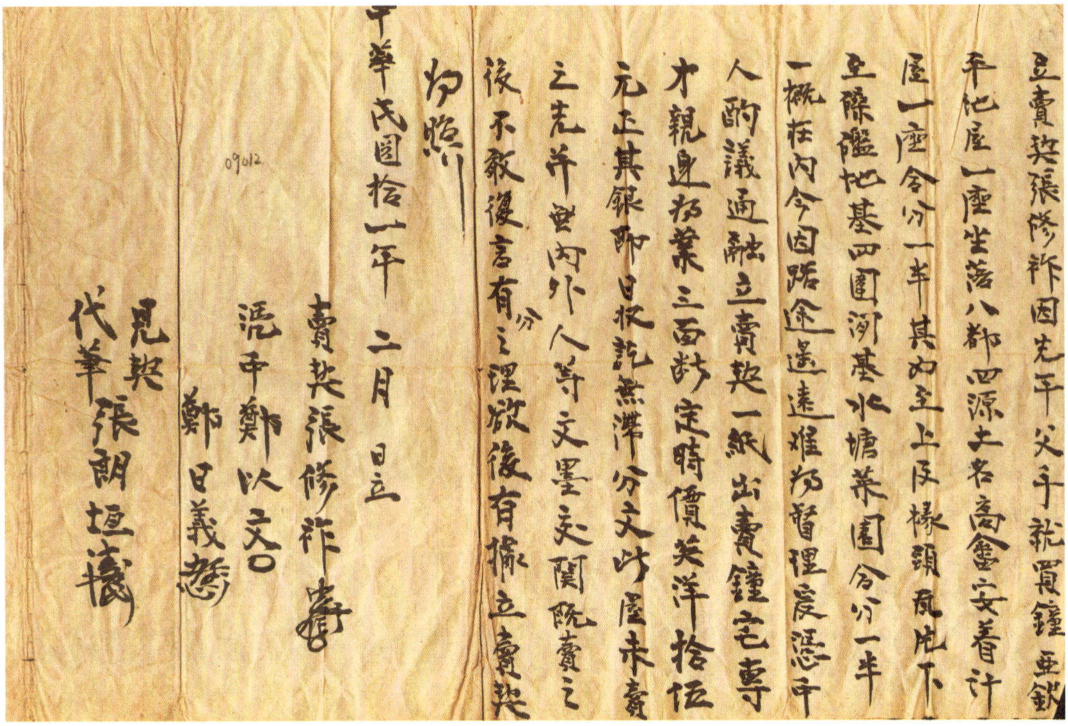

立賣契張修祚，因先年父手就買鍾亞欽
平地屋一座，坐落八都四源，土名高畲安着，计
屋一座，合分一半，其四至上及椽頭、瓦片，下
至磉礎、地基四圍河基、水塘、菜園合分一半
一概在内，今因路途遥遠，难爲督理管，憑衆
人酌議通融，立賣契一紙，出賣鍾宅專
才親邊爲業，三面断定，時價英洋拾伍
元正，其銀即日收訖，無滯分文，此屋未賣
之先，並無内外人等文墨交關，既賣之
後，不敢復言有分之理，欲後有據，立賣契
爲照。

中華民國拾一年　二月　日立

賣契張修祚（押）

憑衆鄭以文（押）

鄭日義（押）

見契

代筆張朗垣（押）

咸豐十年趙吴耀立找契

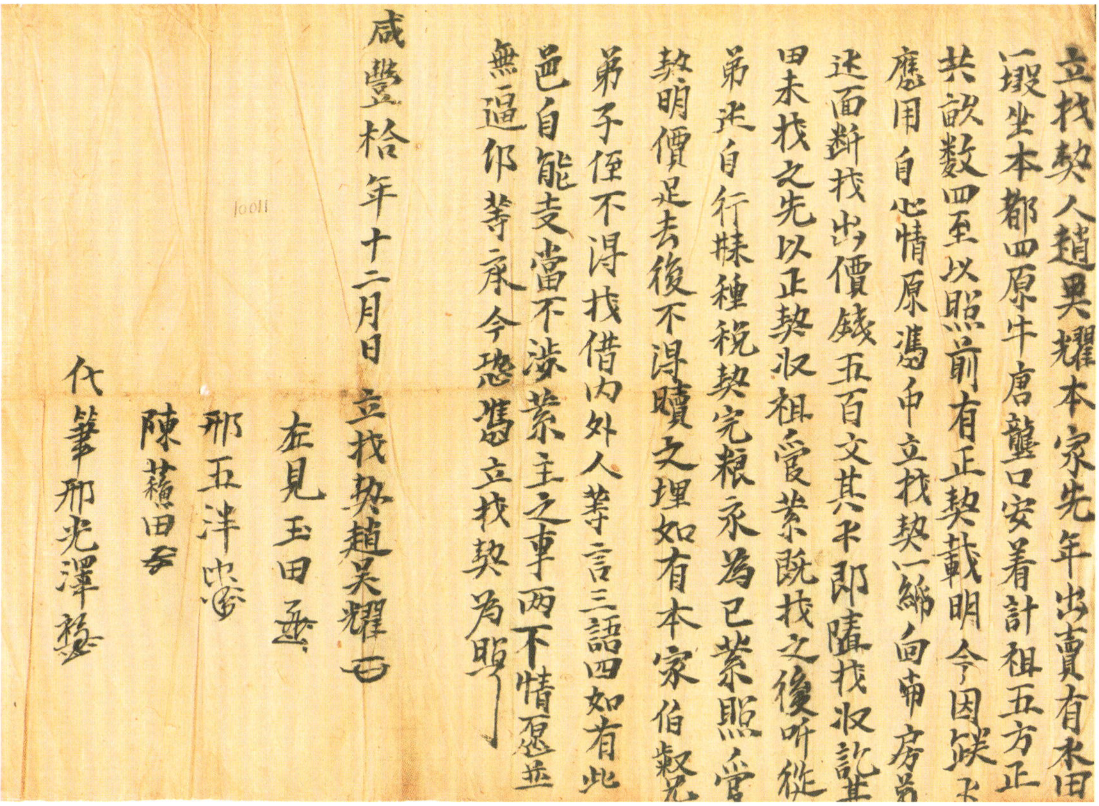

立找契人赵吴耀，本家先年出賣有水田一塅，坐本都四原牛唐壟口安着，計租五方正，共畝数、四至以照前有正契載明，今因缺錢應用，自心情原［願］，憑衆立找契一紙，向與房弟邊面断找出價錢五百文，其錢即隨找收訖，其田未找之先，以正契收祖［租］管業，既找之後，听從弟邊自行耕種，税契完粮，永爲己業照管，契明價足，去後不得贖之理，如有本家伯叔兄弟子侄，不得找借，内外人等言三語四，如有此色，自能支當，不涉業主之事，兩下情愿，並無逼抑等承［情］，今恐（無）憑，立找契爲照。

咸豐拾年十二月日　立找契趙吴耀（押）

在見玉田（押）

邢五泮（押）

陳蘇田（押）

代筆邢光澤（押）

光緒二年趙吳耀立截找斷借退契

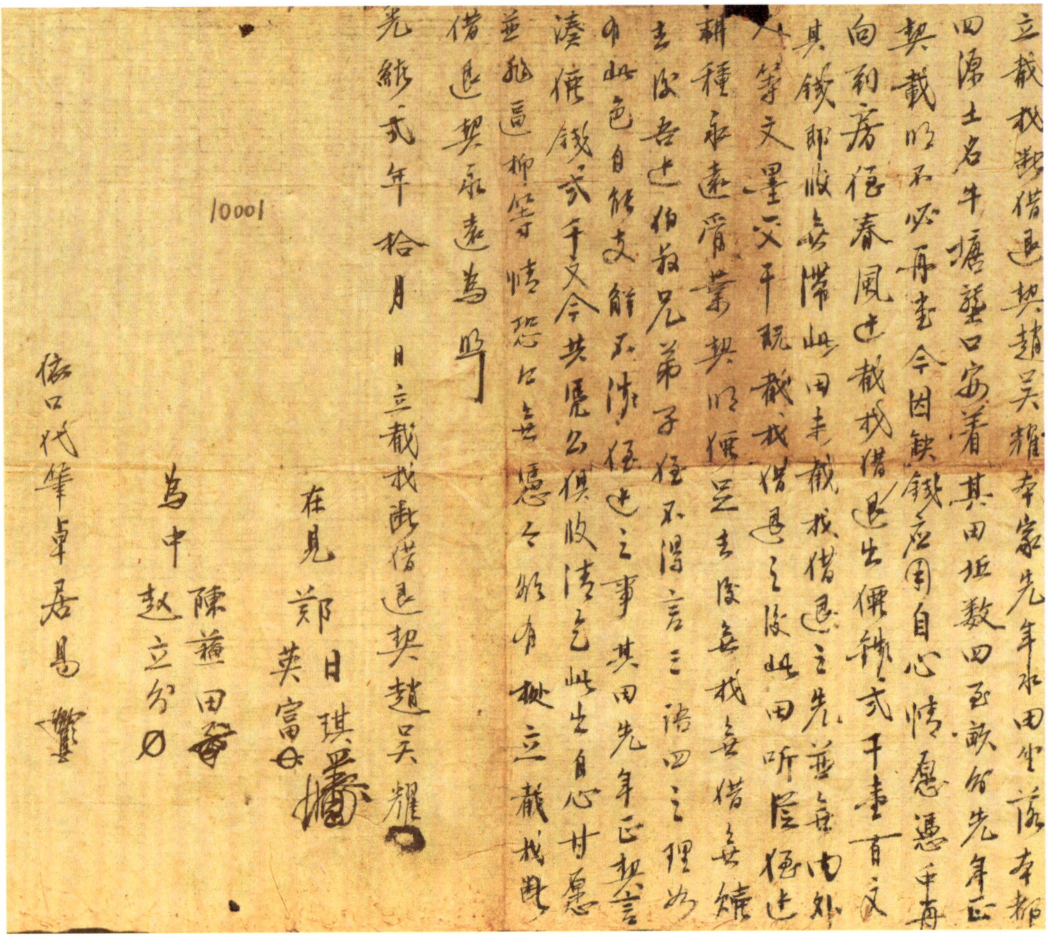

立截找断借退契趙吳耀，本家先年水田，坐落本都四源，土名牛塘壟口安着，其田坵数、四至、畝分先年正契載明，不必再書，今因缺錢应用，自心情愿，憑衆再向到房侄春風邊截找借退出價錢弍千壹百文，其錢即收無滯，此田未截找借退之先，並無内外人等文墨交干，既截找借退之後，此田听從侄邊耕種，永遠管業，契明價足，去後無找無借無贖，去後吾邊伯叔兄弟子侄不得言三语四之理，如有此色，自能支解，不涉侄邊之事，其田先年正契言湊價錢弍千文，今共憑公俱收清乞[訖]，此出自心甘愿，並非逼抑等情，恐口無憑，今欲有據，立截找断借退契永遠爲照。

光緒弍年拾月　日　立截找断借退契趙吳耀（押）

在見郑　日琪（押）

英富（押）

爲中　陳蕎田（押）

趙立分（押）

依口代筆卓居易（押）

光緒十一年趙欽豊立賣契

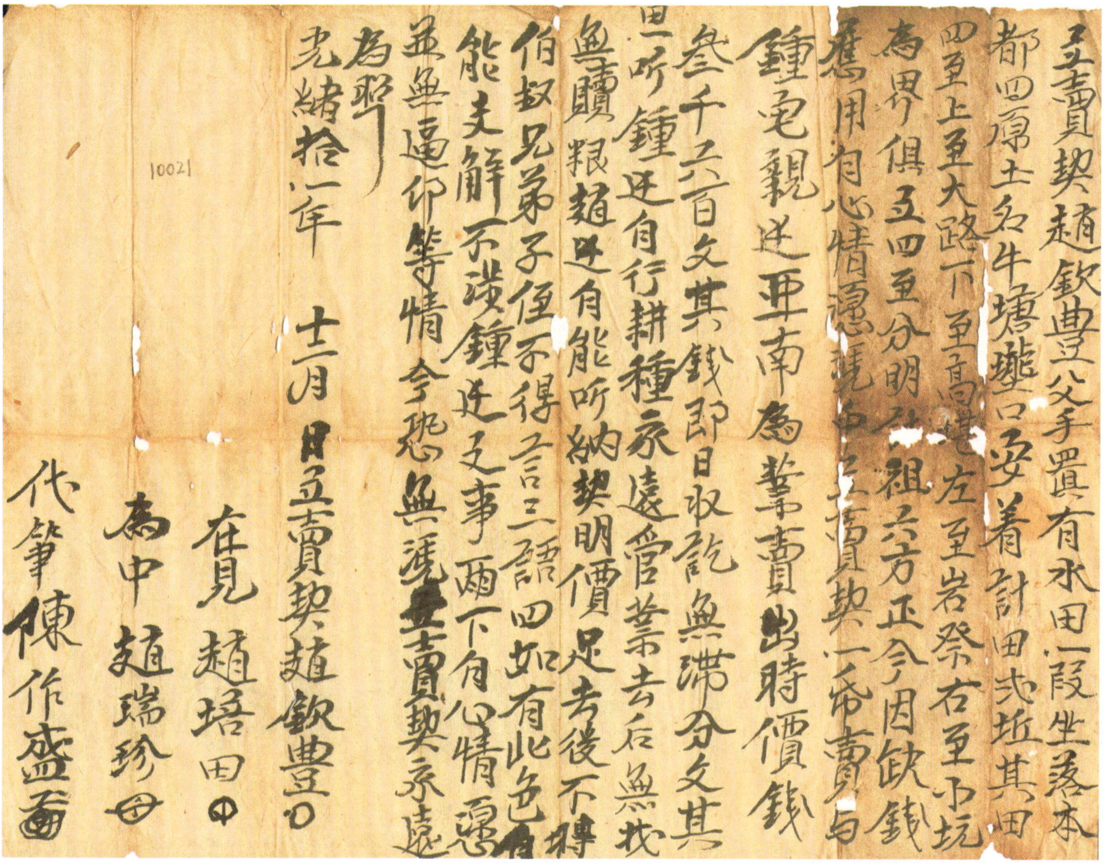

立賣契趙欽豊，父手置有水田一段，坐落本都四原，土名牛塘壟口安着，計田弍坵，其田四至上至大路，下至高堪，左至岩祭，右至小坑爲界，俱立四至分明，計租六方正，今因缺錢應用，自心情愿，憑衆立賣契一紙，賣与鍾宅親邊亞南爲業，賣出時價錢叁千六百文，其錢即日收訖，無滯分文，其田一听鍾邊自行耕種，永遠管業，去后無找無贖，粮趙邊自能听納，契明價足，去後不得伯叔兄弟子侄不得言三語四，如有此色，自能支解，不涉鍾邊之事，兩下自心情愿，並無逼抑等情，今恐無憑，立賣契永遠爲照。

光緒拾一年　十二月　日立賣契趙欽豊（押）

在見趙培田（押）

爲中趙瑞珍（押）

代筆　陳作盛（押）

光緒十二年趙欽豊立找契

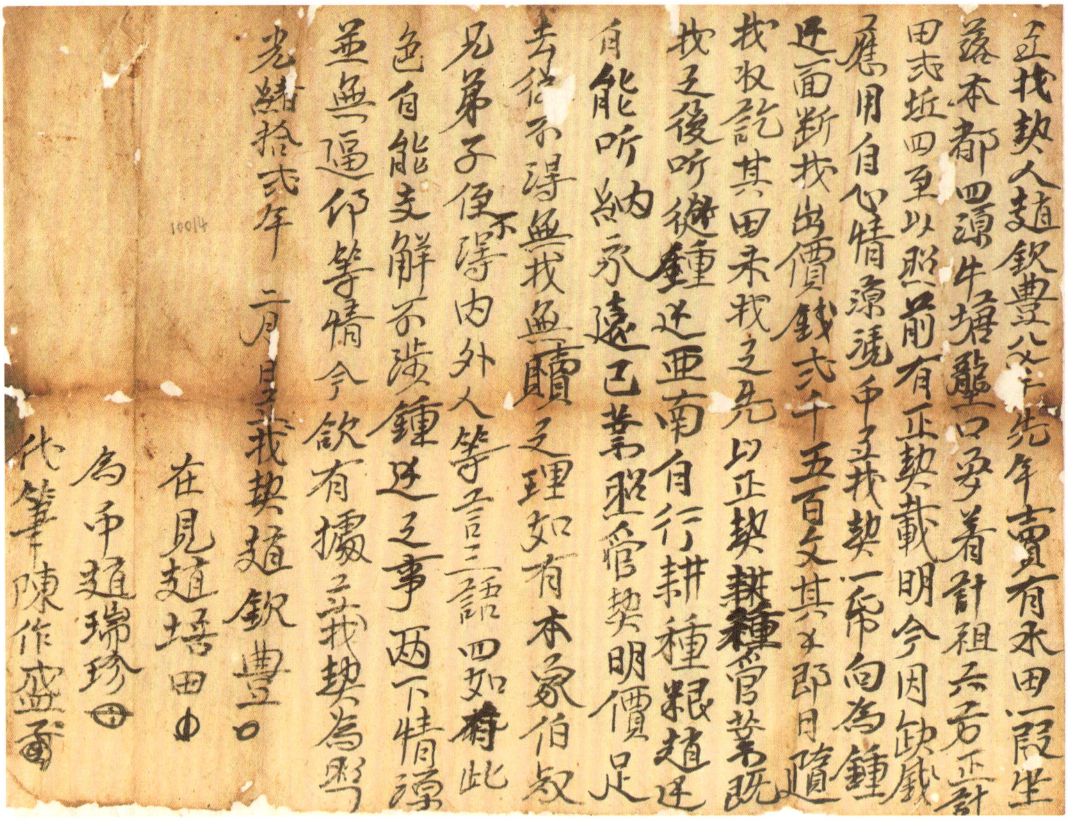

立找契人趙欽豊，父手先年賣有水田一段，坐落本都四源牛塘壟口安着，計租六方正，計田弍坵，四至以照前有正契載明，今因缺錢應用，自心情源［願］，憑衆立找契一紙，向爲鍾邊面断找出價錢弍千五百文，其錢即日隨找收訖，其田未找之先，以正契耕種管業，既找之後，听從鍾邊亞南自行耕種，粮趙邊自能听納，永遠己業照管，契明價足，去後不得無找無贖之理，如有本家伯叔兄弟子侄，不得内外人等言三語四，如有此色，自能支解，不涉鍾邊之事，兩下情源［願］，並無逼抑等情，今欲有據，立找契爲照。

光緒拾弍年　二月日立找契趙欽豊（押）

在見趙培田（押）

爲衆趙瑞珍（押）

代筆陳作盛（押）

宣統三年鍾亞省立借並退佃契

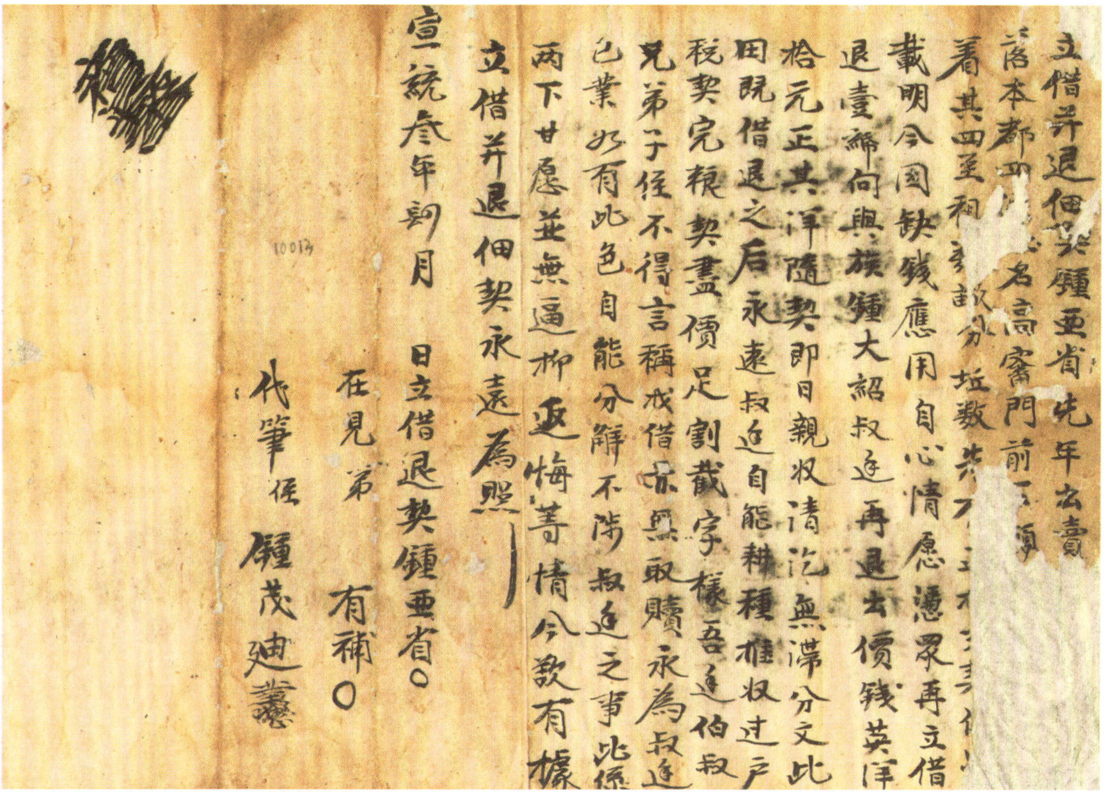

立借並退佃契鍾亞省，先年出賣□□□□□□□
落本都四□□名高畬門前□□□□□□
着，其四至租数、畝分、坵数□□□□□□□□□□
載明，今因缺錢應用，自心情愿，憑衆再立借
退壹紙，向與族鍾大紹叔邊再退出價錢英洋
拾元正，其洋隨契即日親收清訖，無滯分文，此
田既借退之后，永遠叔邊自能耕種，推收過户，
税契完粮，契盡價足，割截字樣，吾邊伯叔
兄弟子侄不得言稱找借，亦無取贖，永爲叔邊
己業，如有此色，自能分解，不涉叔邊之事，此係
兩下甘愿，並無逼抑返悔等情，今欲有據，
立借並退佃契永遠爲照。

宣統叁年肆月　日立借退契鍾亞省（押）
在見弟　有補（押）
代筆侄　鍾茂迪（押）

宣統三年曹邦燮立賣契

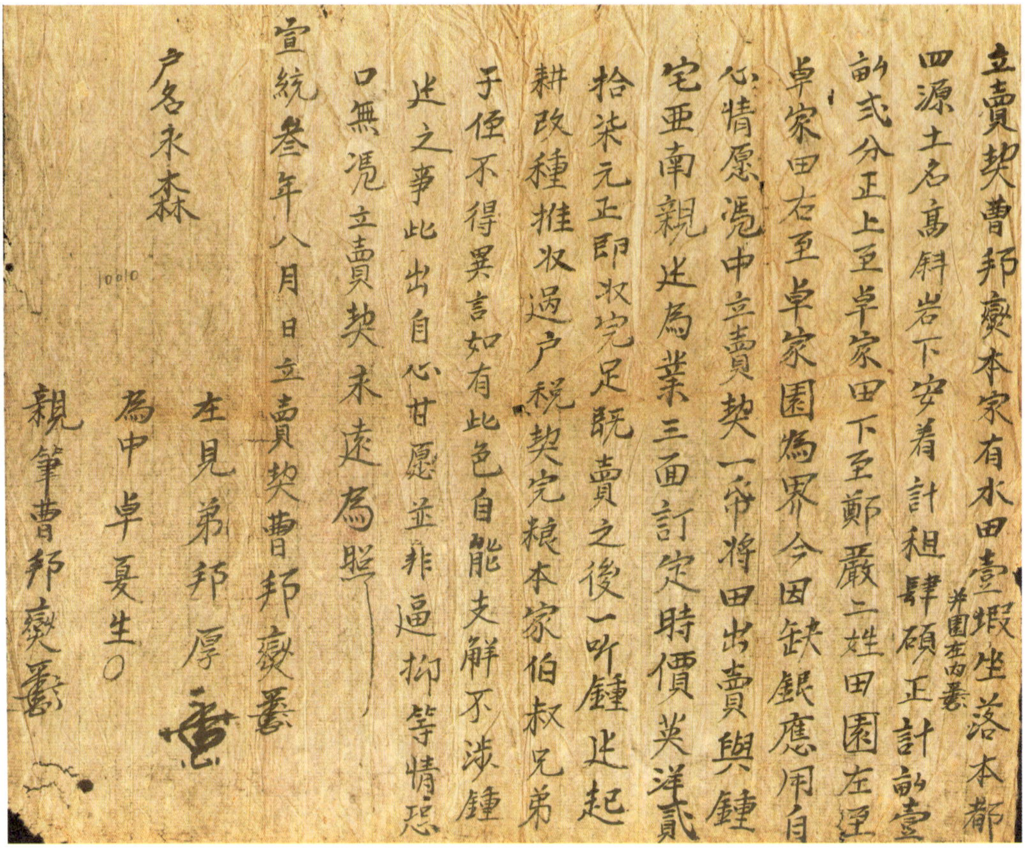

立賣契曹邦燮，本家有水田壹塅並園在内，坐落本都四源，土名高斜岩下安着，計租四碩正，計畝壹畝弍分正，上至卓家田，下至鄭、嚴二姓田園，左至卓家田，右至卓家園爲界，今因缺銀應用，自心情愿，憑中立賣契一紙，將田出賣與鍾宅亞南親邊爲業，三面訂定，時價英洋貳拾柒元正，即收完足，既賣之後，一听鍾邊起耕改種，推收過户，税契完粮，本家伯叔兄弟子侄不得異言，如有此色，自能支解，不涉鍾邊之事，此出自心甘愿，並非逼抑等情，恐口無憑，立賣契永遠爲照。

宣統叁年八月日立賣契曹邦燮（押）

户名永森　在見弟邦厚（押）

爲中卓夏生（押）

親筆曹邦燮（押）

宣統三年曹邦爕立找截契

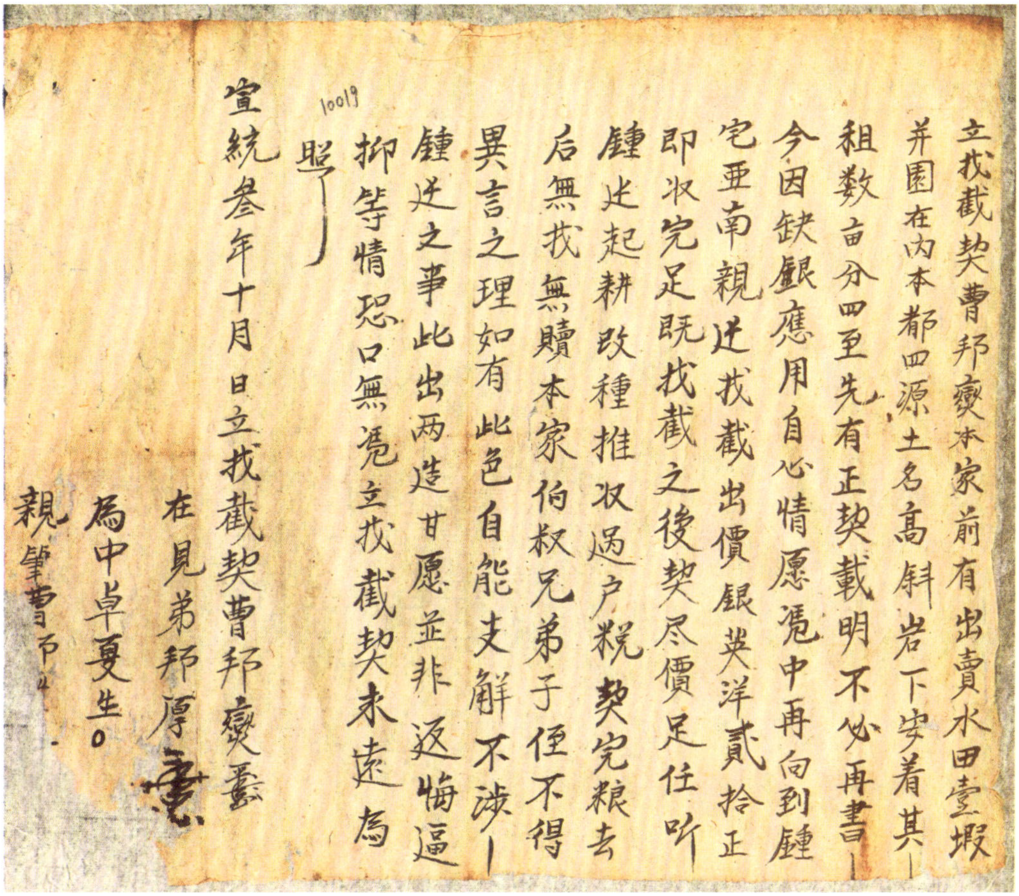

立找截契曹邦爕，本家前有出賣水田壹塅並園在内，本都四源土名高斜岩下安着，其租数、亩分、四至先有正契載明，不必再書，今因缺銀應用，自心情愿，憑中再向到鍾宅亞南親邊找截出價銀英洋貳拾正，即收完足，既找截之後，契尽價足，任听鍾邊起耕改種，推收過户，税契完粮，去后無找無贖，本家伯叔兄弟子侄不得異言之理，如有此色，自能支解，不涉鍾邊之事，此出兩造甘愿，並非返悔逼抑等情，恐口無憑，立找截契永遠爲照。

宣統叁年十月日立找截契曹邦爕（押）

在見弟邦厚（押）

爲中卓夏生（押）

親筆曹□（邦）□（爕）（押）

宣統三年曹邦燮立借退佃契

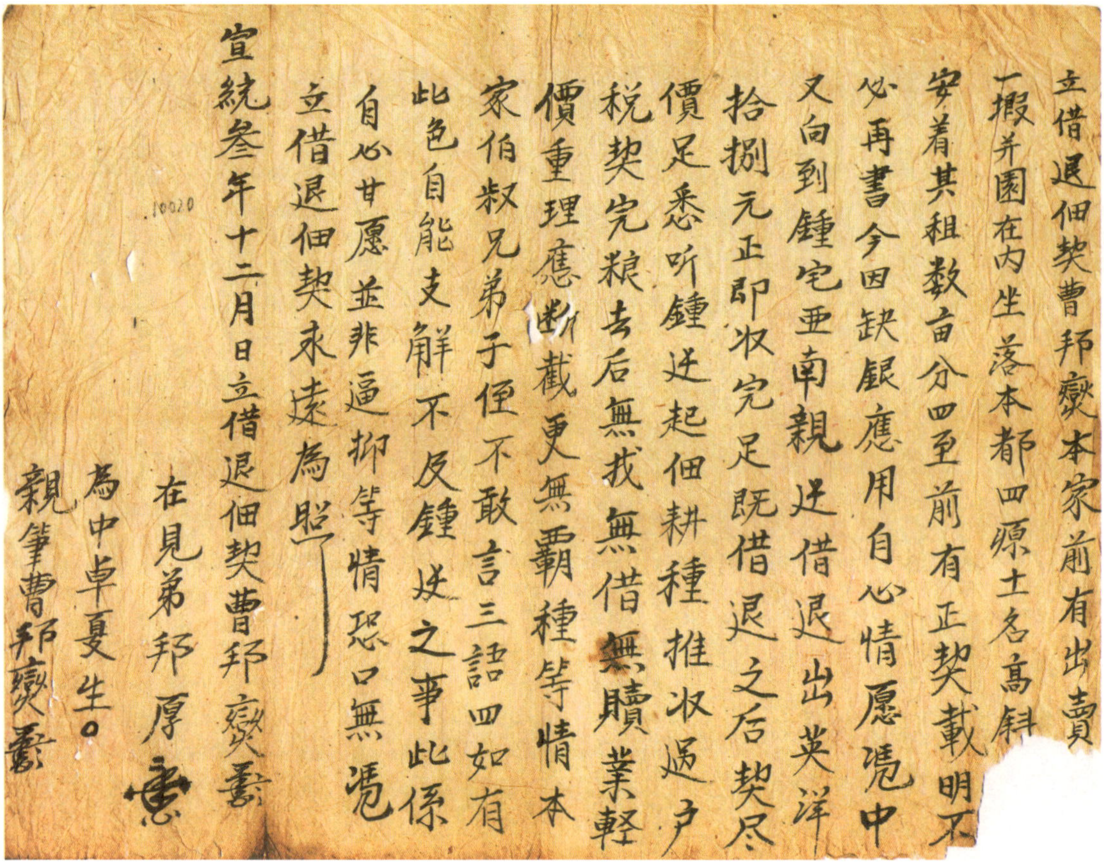

立借退佃契曹邦燮，本家前有出賣□□一塅，並園在内，坐落本都四源，土名高斜□□安着，其租数、亩分、四至前有正契載明，不必再書，今因缺銀應用，自心情愿，憑中又向到鍾宅亞南親邊借退出英洋拾捌元正，即收完足，既借退之后，契尽價足，悉听鍾邊起佃耕種，推收過户，税契完粮，去后無找無借無贖，業輕價重，理應断截，更無霸種等情，本家伯叔兄弟子侄不敢言三語四，如有此色，自能支解，不及鍾邊之事，此係自心甘愿，並非逼抑等情，恐口無憑，立借退佃契永遠爲照。

宣統叁年十二月日立借退佃契曹邦燮（押）

在見弟邦厚（押）

爲中卓夏生（押）

親筆曹邦燮（押）

民國四年邢鳳龍相立撥字

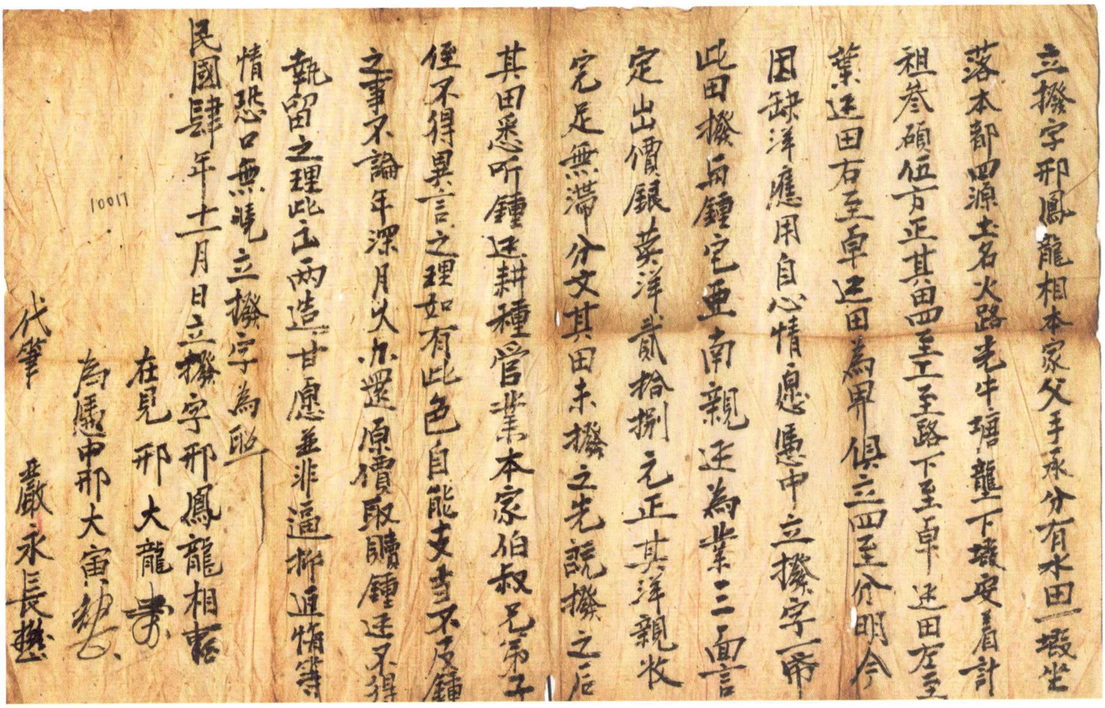

立撥字邢鳳龍相，本家父手承分有水田一坵，坐落本都四源，土名火路光牛塘壟下坵安着，計租叁碩伍方正，其田四至上至路，下至卓邊田，左至葉邊田，右至卓邊田爲界，俱立四至分明，今因缺洋應用，自心情愿，憑中立撥字一紙，此田撥與鍾宅亞南親邊爲業，三面言定，出價銀英洋貳拾捌元正，其洋親收完足，無滯分文，其田未撥之先，既撥之后，其田悉听鍾邊耕種管業，本家伯叔兄弟子侄不得異言之理，如有此色，自能支当，不及鍾之事，不論年深月久，亦還原價取贖，鍾邊不得執留之理，此出兩造甘愿，並非逼抑返悔等情，恐口無憑立撥字爲照。

民國肆年十一月日立撥字邢鳳龍相（押）

在見邢大龍（押）

爲憑中邢大寅（押）

代筆　嚴永長（押）

民國六年邢鳳龍立找借契

立找借契邢鳳龍本家父手承有水田一坵坐
落本都四源土名火路光牛塘龍水口安着共
計租叁石五方一卩其田四至前有正契載明契
尽價足今因缺洋應用自心情愿立找借截斷
一紙再向鍾大紹親找出英洋拾元叁角正即
日收訖無滯分文既找截借斷之后業輕價足
任听鍾廷永遠管業去后不找借之理本家伯
叔兄弟子侄不得異言之理如有此色自能支當不
及鍾廷之事此出兩造甘愿並非逼抑返悔
等情恐口無憑立找借截斷契永遠為照

民國六年十一月　日立找截斷契邢鳳龍（押）

在見　邢春初（押）

為中邢[illegible]

（前頁）>>>>

立找借契邢鳳龍，本家父手承有水田一塅，坐落本都四源，土名火路光牛塘龍水口安着，共計租叁石五方正，其田四至前有正契載明，契尽價足，今因缺洋應用，自心情愿，立找借截断一紙，再向鍾大紹親找出英洋拾元叁角正，即日收汔[訖]，無滯分文，既找截借断之后，業輕價足，任听鍾邊永遠管業，去后不找借之理，本家伯叔兄弟子侄不得異言之理，如有此色，自能支当，不及鍾邊之事，此出兩造甘愿，並非逼抑返悔等情，恐口無憑，立找借截断契永遠爲照。

民國六年正月　日　立找截断契邢鳳龍（雅）

在見邢春初（押）

爲中邢步有（押）

親筆

民國六年邢鳳龍立賣契

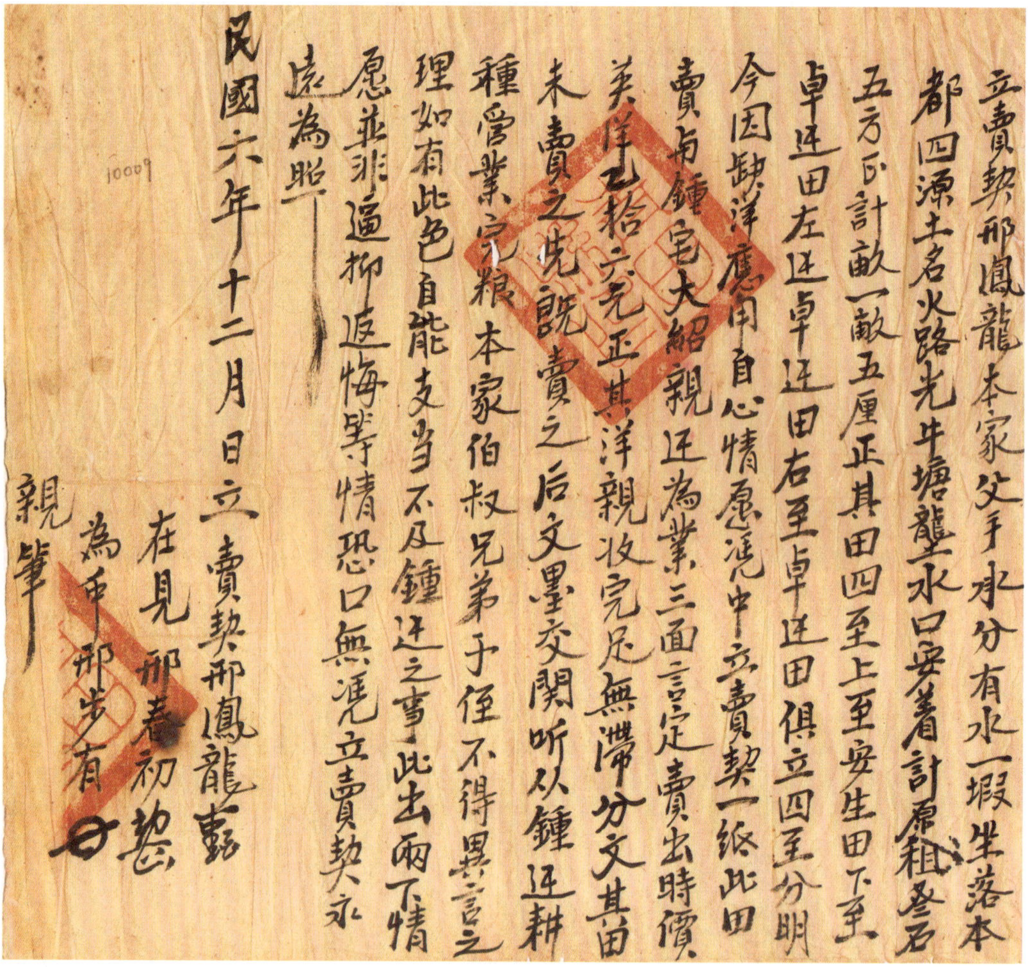

立賣契邢鳳龍，本家父手承分有水(田)一塅，坐落本都四源，土名火路光牛塘壟水口安着，計原租叁石五方正，計畝一畝五厘正，其田四至上至安生田，下至卓邊田，左邊卓邊田，右至卓邊田，俱立四至分明，今因缺洋應用，自心情愿，憑中立賣契一紙，此田賣與鍾宅大紹親邊爲業，三面言定，賣出時價英洋一拾六元正(印)，其洋親收完足，無滯分文，其田未賣之先，既賣之后，文墨交關，听从鍾邊耕種管業完粮，本家伯叔兄弟子侄不得異言之理，如有此色，自能支当，不及鍾邊之事，此出兩下情愿，並非逼抑返悔等情，恐口無憑，立賣契永遠爲照。

民國六年十二月日立賣契邢鳳龍(押)

在見邢春初(押)

爲衆邢步有(押)

親筆(印)

民國七年邢鳳龍立退佃契

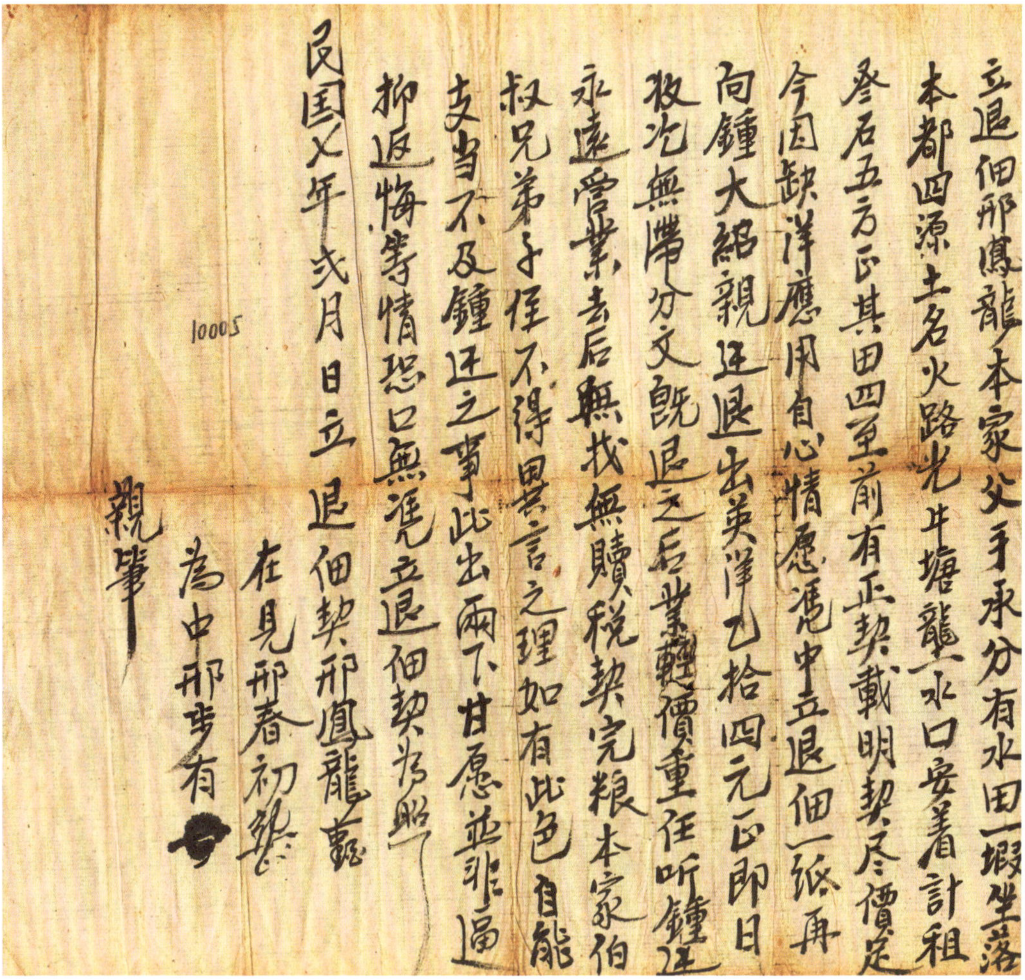

立退佃邢鳳龍，本家父手承分有水田一塅，坐落本都四源，土名火路光牛塘壟水口安着，計租叁石五方正，其田四至前有正契載明，契尽價足，今因缺洋應用，自心情愿，憑中立退佃一紙，再向鍾大紹親邊退出英洋一拾四元正，即日收乞[訖]，無滯分文，既退之后，業輕價重，任听鍾邊永遠管業，去后無找無贖，税契完粮，本家伯叔兄弟子侄不得異言之理，如有此色，自能支当，不及鍾邊之事，此出兩下甘愿，並非逼抑返悔等情，恐口無憑，立退佃契爲照。

民國七年弍月日立退佃契邢鳳龍（押）
在見邢春初（押）
爲中邢步有（押）
親筆

民國二十八年趙氏族衆立賣契

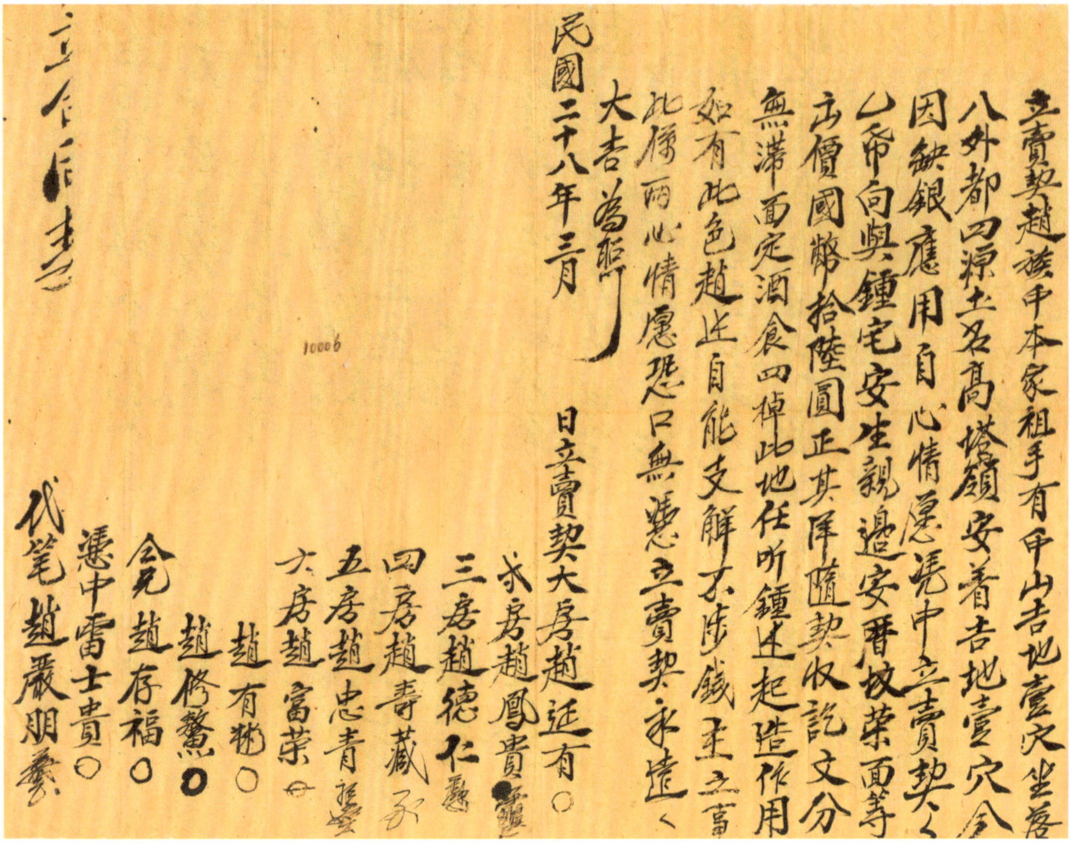

立賣契趙族衆，本家祖手有衆山吉地壹穴，坐落八外都四源，土名高塔嶺安着，吉地壹穴，今因缺銀應用，自心情愿，憑中立賣契一紙，向與鍾宅安生親邊安厝坟荣［塋］，面等出價國幣拾陸圓正，其洋隨契收訖，文分無滯，面定酒食四棹［桌］，此地任听鍾邊起造作用，如有此色，趙邊自能支解，不涉錢主之事，此係兩心情愿，恐口無憑，立賣契永遠大吉爲照。

民國二十八年三月　日立賣契大房趙廷有（押）
弍房趙鳳貴（押）
三房趙德仁（押）
四房趙壽藏（押）
五房趙忠青（押）
六房趙富荣（押）
趙有彬（押）
趙修鰲（押）
仝兄趙存福（押）
憑中雷士貴（押）
代筆趙嚴朋（押）

立合同契

民國三十二年鍾德言立賣屋契

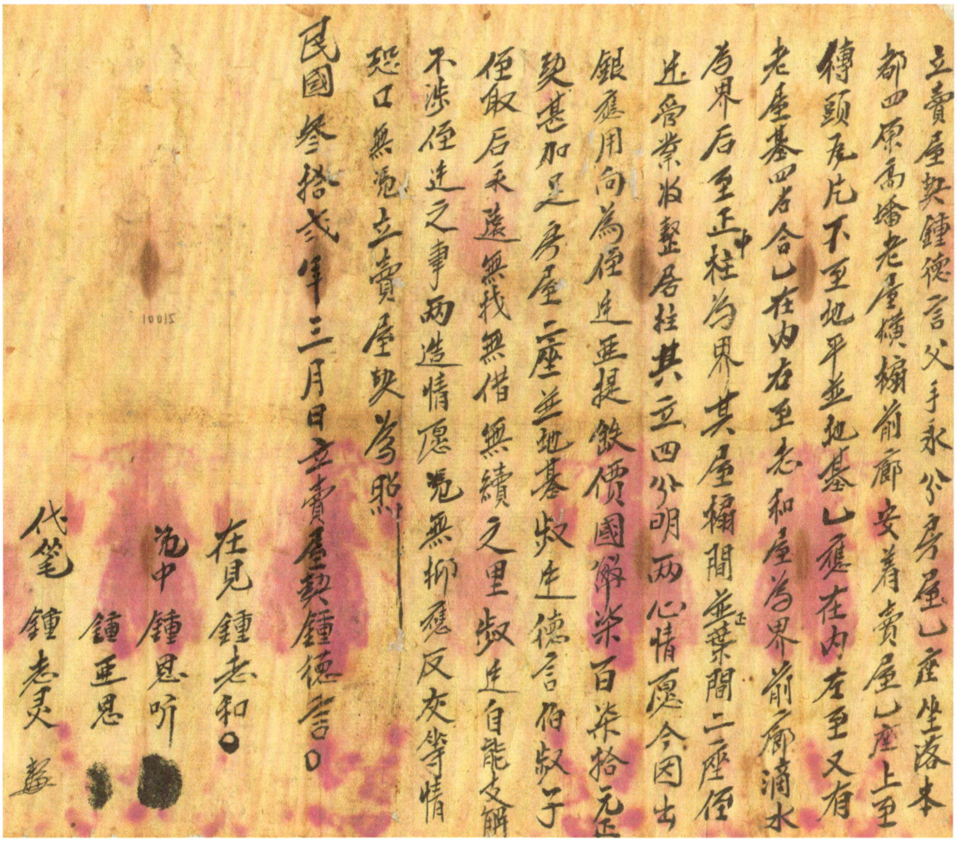

立賣屋契鍾德言，父手承分房屋一座，坐落本都四原高畬老屋横㮮前廊安着，賣屋一座，上至傳頭、瓦片，下至地平並地基一應在内，左至又有老屋基，四古［股］合一在内，右至志和屋爲界，前廊滴水爲界，后至正中柱爲界，其屋㮮間並正葉間二座侄邊管業，收整居柱［住］，其立四（至）分明，兩心情愿，今因出銀應用，向爲侄邊亞提鉄價國幣柒百柒拾元正，契甚加［價］足，房屋二座並地基，叔邊德言伯叔子侄取［去］后永遠無找無借無續［贖］之里［理］，叔邊自能支解，不涉侄邊之事，兩造情愿，憑［並］無抑應反交等情，恐口無憑，立賣屋契爲照。

民國叁拾弍年三月日立賣屋契鍾德言（押）

在見　鍾志和（押）

憑中　鍾恩听（押）

鍾亞恩（押）

代筆　鍾志灵（押）

一九四九年鍾富綿立對契

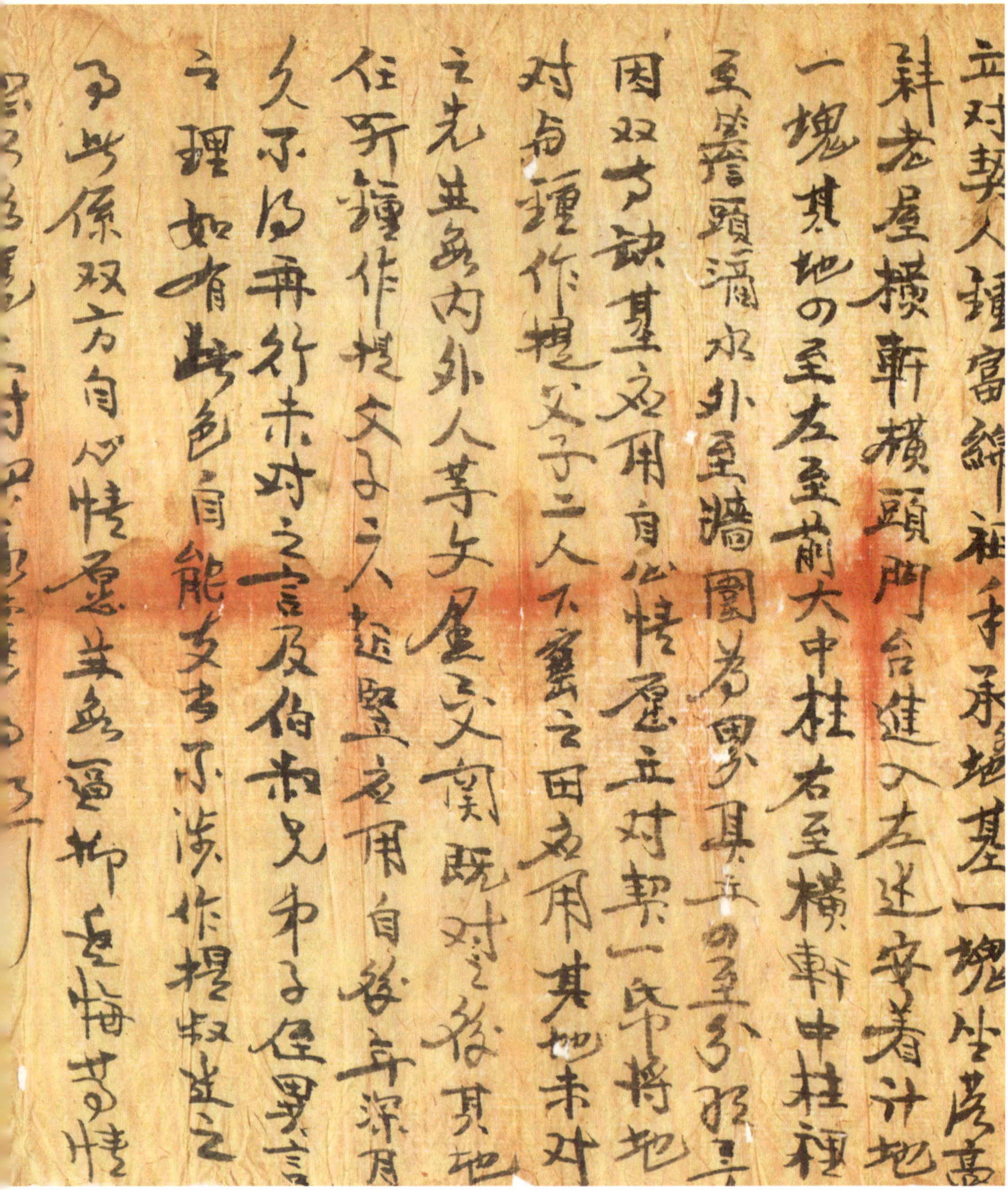
立对契人鍾富綿，祖手承地基一塊，坐落高
斜老屋横軒横頭門台進入左边安着計地
一塊，其地四至：左至前大中柱，右至横軒中柱，柱
至簷頭滴水外，至牆圍為界，其四至分明，其
因双方缺其应用，自心情愿立对契一紙，將地
对與鍾作提父子二人，下業之田应用，其地未对
之先，並無内外人等文墨交関，既对之後，其地
任听鍾作提父子二人起竖应用，自发弃深月
久不得再行未对之言及伯叔兄弟子侄異言
之理，如有此色，自能支当，不涉作提叔侄之
事，此係双方自心情愿，並無逼抑，並無悔者情

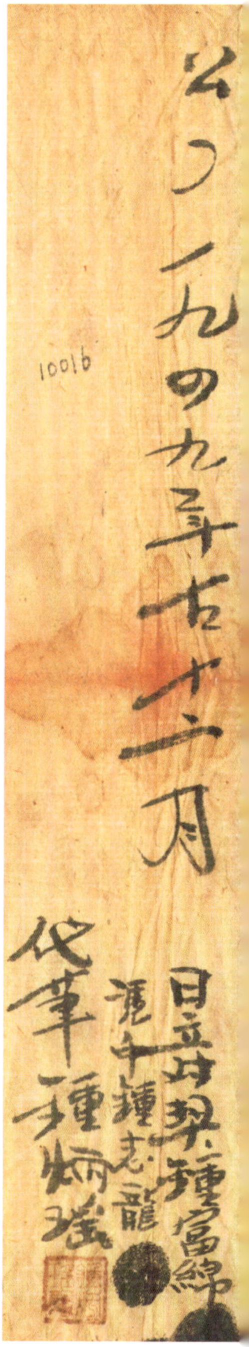

（前頁）>>>>

立对契人鍾富綿，祖手承分地基一塊，坐落高斜老屋横軒横頭門台進入左邊安着，计地一塊，其地四至左至前大中柱，右至横軒中柱，裡至簷頭滴水，外至墻圍爲界，其立四至分明，今因双方缺基应用，自心情愿，立对契一紙，將地对與鍾作提父子二人下窑之田应用，其地未对之先，並無内外人等文墨交關，既对之後，其地任听鍾作提父子二人起豎应用，自後年深月久，不得再行未对之言，及伯叔兄弟子侄異言之理，如有此色，自能支当，不涉作提叔邊之事，此係双方自心情愿，並無逼抑返悔等情，恐口無憑，立对契永遠爲照。

公元一九四九年古十二月　日立对契鍾富綿（押）

憑衆鍾志龍（押）

代筆鍾炳瑶（印）

玉壶镇外南村木塆嶺雷德徽户

咸豐四年雷維新立賣契

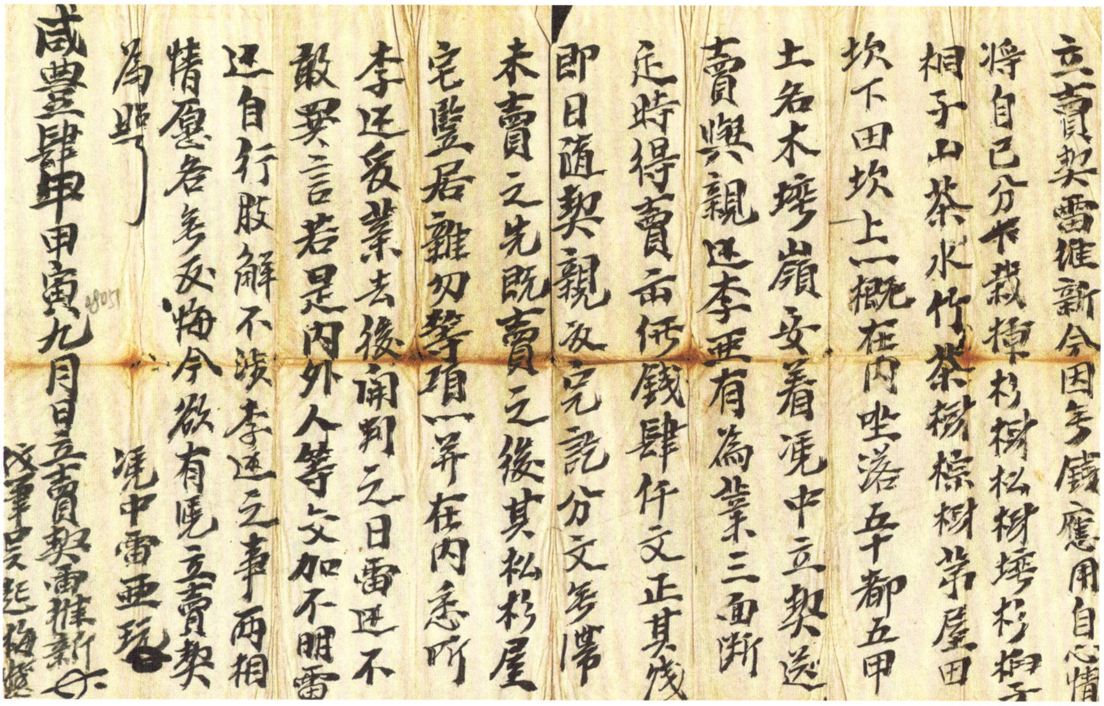

立賣契雷維新，今因無錢應用，自心情（願），
將自己分下栽插杉樹、松樹、壙杉、柏子、
桐子、山茶、水竹、茶樹、棕樹、茅屋、田
坎下、田坎上一概在内，坐落五十都五甲，
土名木壙嶺安着，憑中立契送
賣與親邊李亞有爲業，三面断
定，時得賣出價錢肆仟文正，其錢
即日随契親收完訖，分文無滯，
未賣之先，既賣之後，其松、杉、屋
宅、竪居雜勿［物］等項一併在内，悉听
李邊管業，去後開判之日，雷邊不
敢異言，若是内外人等交加不明，雷
邊自行肢［支］解，不涉李邊之事，兩相
情愿，各無反悔，今欲有憑，立賣契
爲照。

憑中雷亞玩（押）
咸豐［豐］肆年甲寅九月日立賣契雷推［維］新（押）
代筆吴起梅（押）

咸豐四年李阿有立田劄

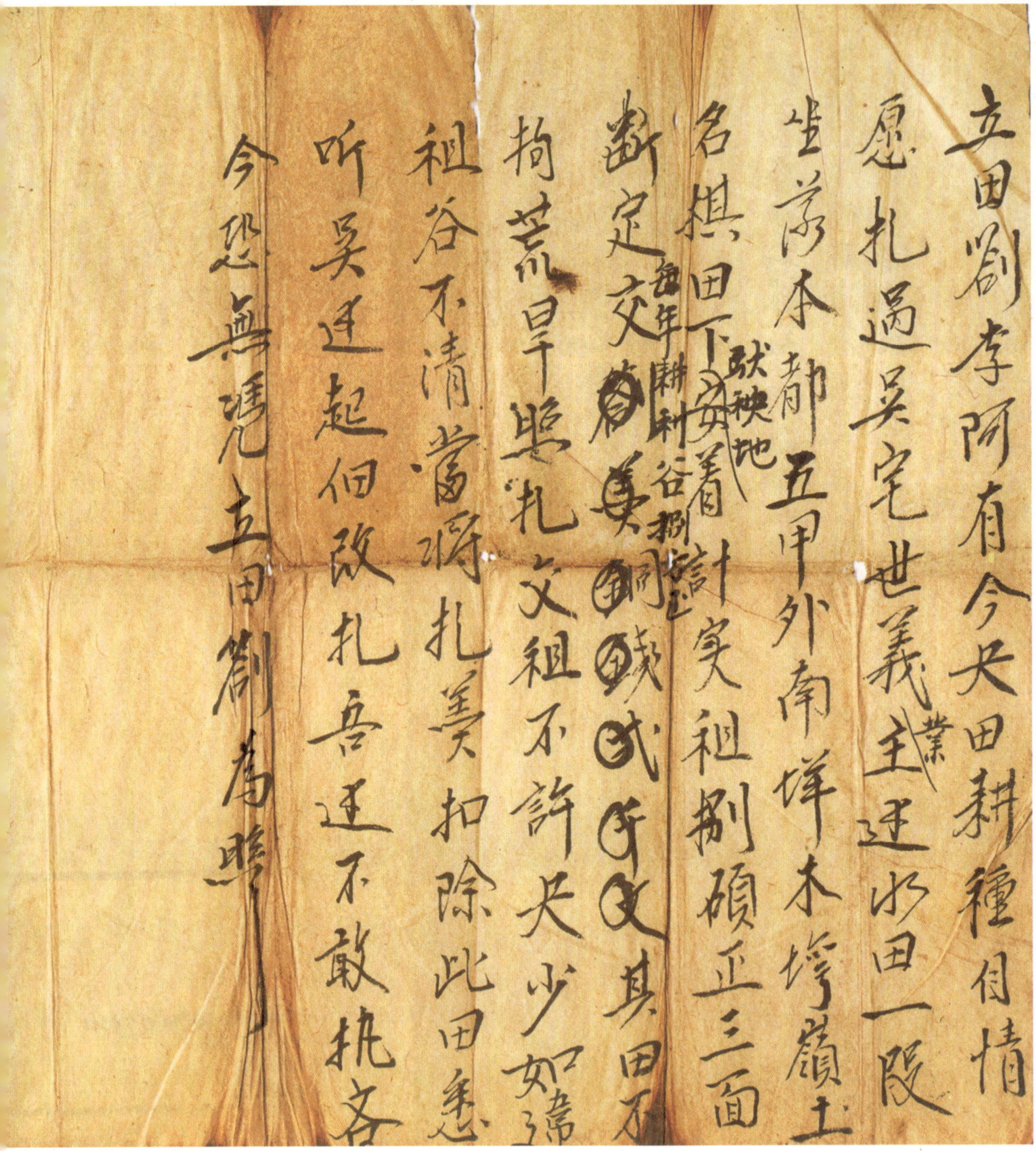

立田劄李阿有今欠田耕種自情
愿扎過吳宅世義(業)主邊水田一段
坐落本都五甲外南洋木塆嶺土
名棋田下安着(狀秧地)計實租捌碩正三面
斷定交(每年耕利谷捌碩正)有美銅錢貳千文其田不
拘荒旱照扎文租不許欠少如違
祖谷不清當將扎美扣除此田悉
听吳邊起佃改扎吾邊不敢執吝
今恐無憑立田劄為照

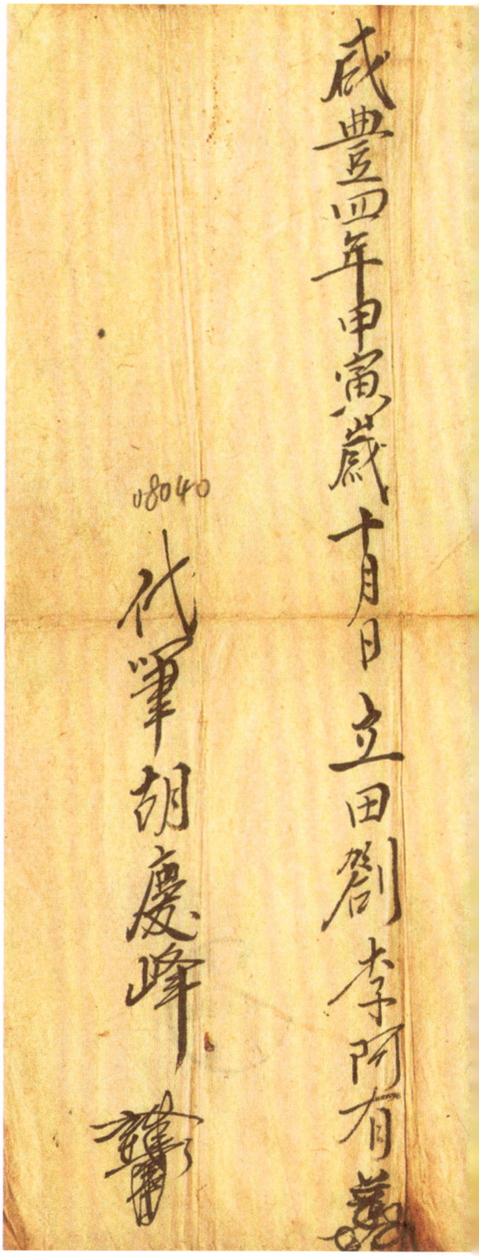
咸豊四年甲寅歲十月日立田劄李阿有（押）
08040
代筆胡慶峰（押）

（前頁）>>>>

立田劄李阿有，今央[缺]田耕種，自情
愿扎過吴宅世義業主邊水田一段，
坐落本都五甲外南垟木塆嶺，土
名棋田下駄秧地安着，計实租捌碩正，三面
断定，每年交耕利谷捌方正，其田不
拘荒旱，照扎交租，不許央[缺]少，如違，
租谷不清，當將扎羮扣除，此田悉
听吴邊起佃改扎，吾邊不敢执吝，
今恐無憑，立田劄爲照。

咸豐[豊]四年甲寅歲十月日立田劄李阿有（押）

代筆胡慶峰（押）

光緒六年陳世標等立賣契

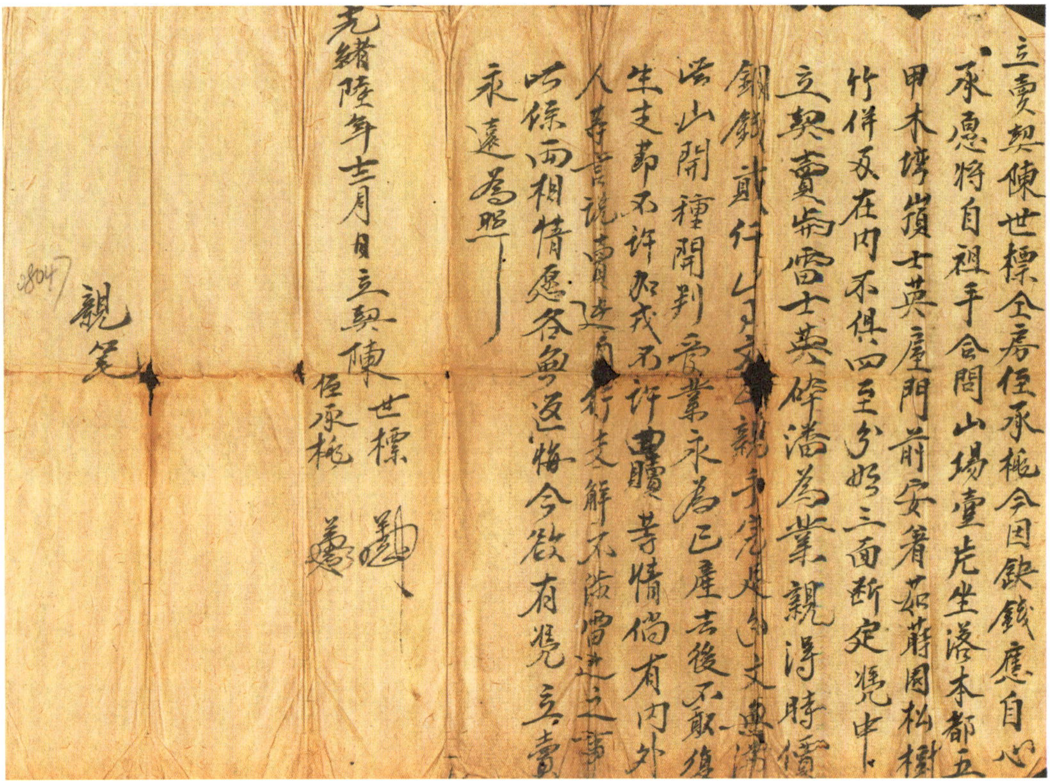

立賣契陳世標仝房侄承桃，今因缺錢應（用），自心
承［情］愿，将自祖手合問［分］山場壹片，坐落本都五
甲木塆嶺士英屋門前安着，茹蒔園、松樹、
竹並及在内，不俱四至分明，三面断定，憑中
立契，賣與雷士英、碎潘爲業，親得時價
銅錢貳仟一百文□，親手［收］完足，分文無滯，
此山開種開判管業，永爲己産，去後不敢復
生支［枝］節，不许加找，不许回贖等情，倘有内外
人等言説，賣邊自行支解，不涉雷邊之事，
此係兩相情愿，各無返悔，今欲有憑，立賣
永遠爲照。

光緒陸年十二月日立契陳世標（押）
侄承桃（押）
親筆

光緒八年陳德光等立賣契

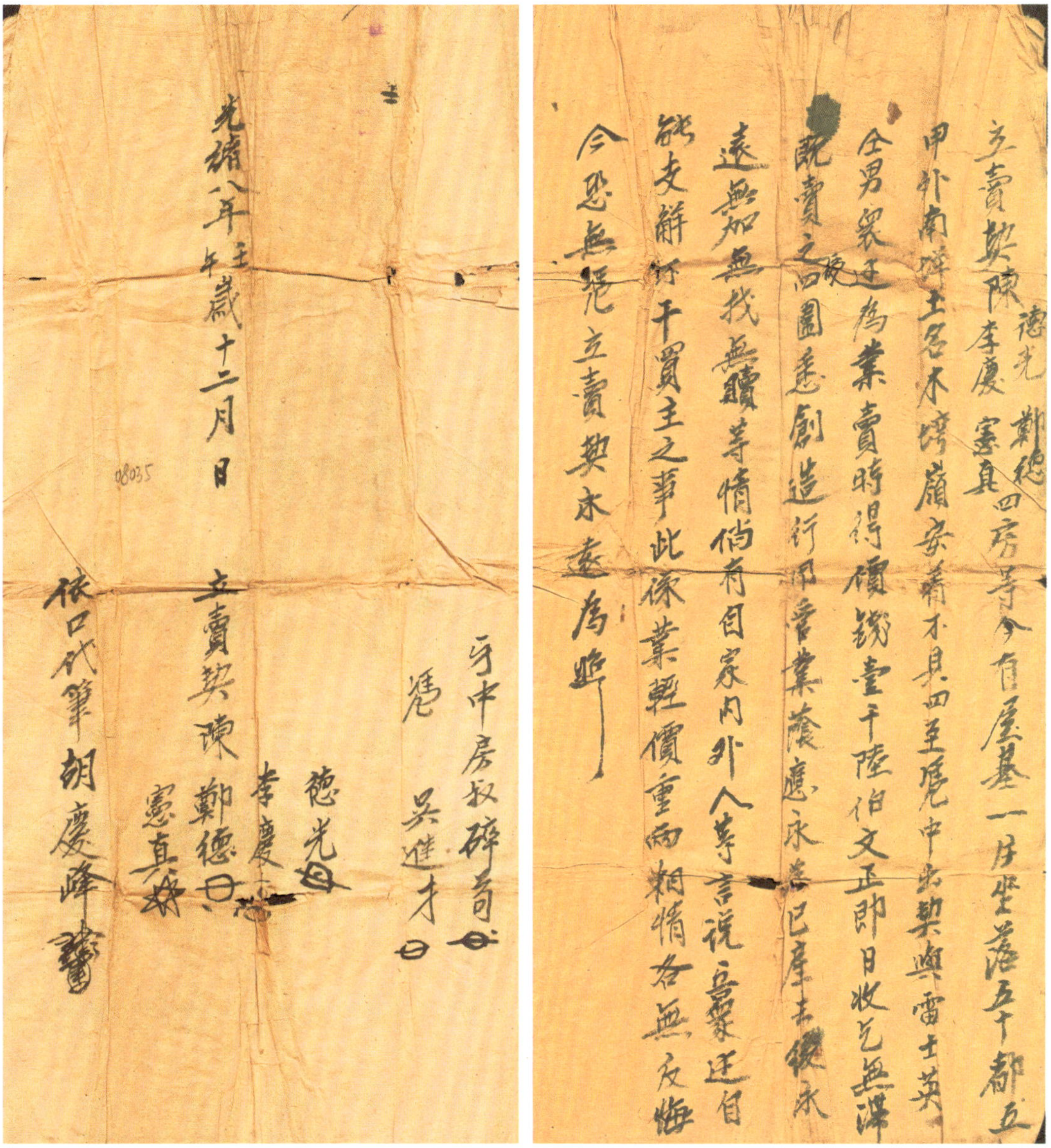
立賣契陳德光、鄭德、李慶、憲真四房等，今有屋基一片，坐落五十都五甲外南垟，土名木潭嶺安着，其屋基四至照中出契與雷士英仝男衆廷為業，賣時得價錢壹千陸伯文正，即日收乞無滞。既賣之後，四圍憑創造，行用管業，蔭遮永遠，已賣去後，永遠無加無找無贖等情。倘有自家内外人等言說，吾衆廷自能支觧，不干買主之事。此係業輕價重，兩相情愿，各無反悔。今恐無憑，立賣契永遠為照。

光緒八年壬午歲十二月　日　立賣契陳鄭德、德光、李慶、憲真

房中叔　碎荀

憑　吳進才

依口代筆　胡慶峰

（前頁）>>>>

立賣契陳德光、李慶、鄭德、憲真四房等，今有屋基一片，坐落五十都五甲外南垟，土名木塆嶺安着，不具四至，憑中出契與雷士英仝男衆邊爲業，賣時得價錢壹千陸伯[佰]文正，即日收乞[訖]無滯，既賣之後，四圍悉創造行用，管業蔭應，永爲己產，去後永遠無加無找無贖等情，倘有自家内外人等言说，吾衆邊自能支解，不干買主之事，此係業輕價重，兩相情（願），各無反悔，今恐無憑，立賣契永遠爲照。

爲中房叔碎苟（押）

憑　吴進才（押）

光緒八年壬午歲十二月日　立賣契陳鄭德（押）

德光（押）

李慶（押）

憲真（押）

依口代筆胡慶峰（押）

吴進財子應傳山契包契紙

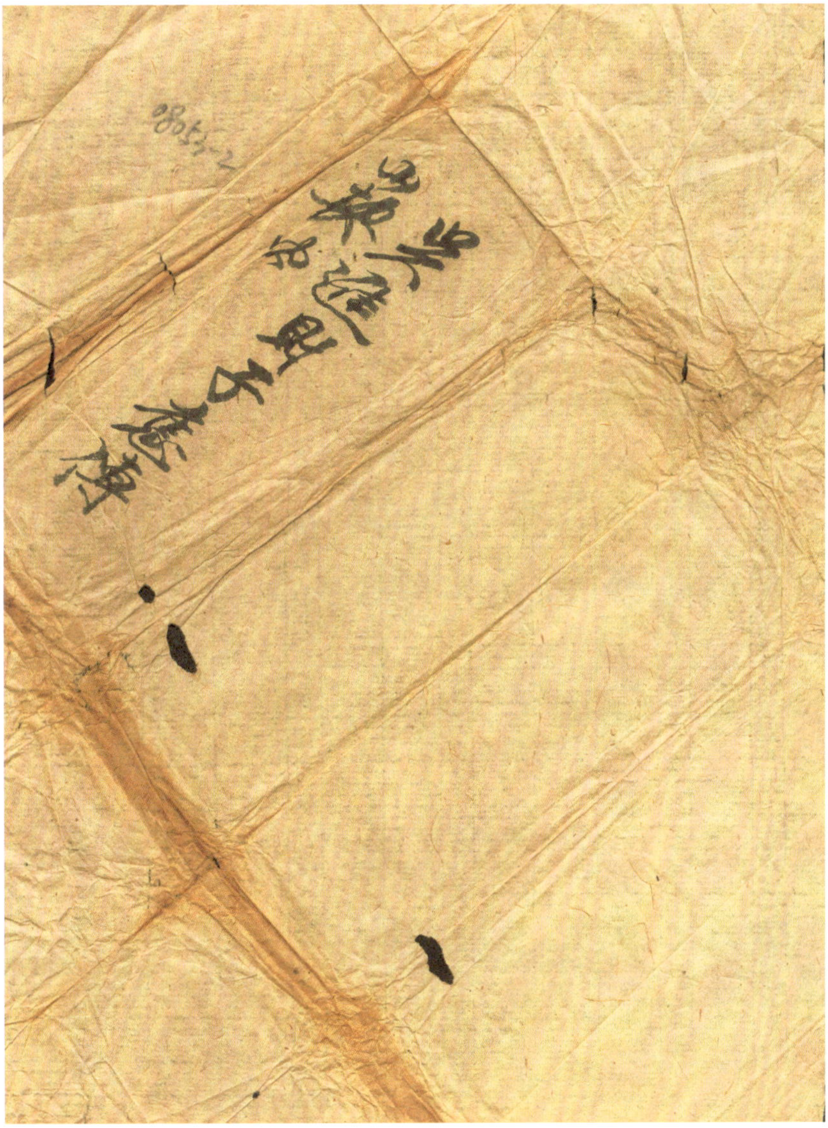

吴進財子應傳
山契内

光緒八年吴進財立賣山契

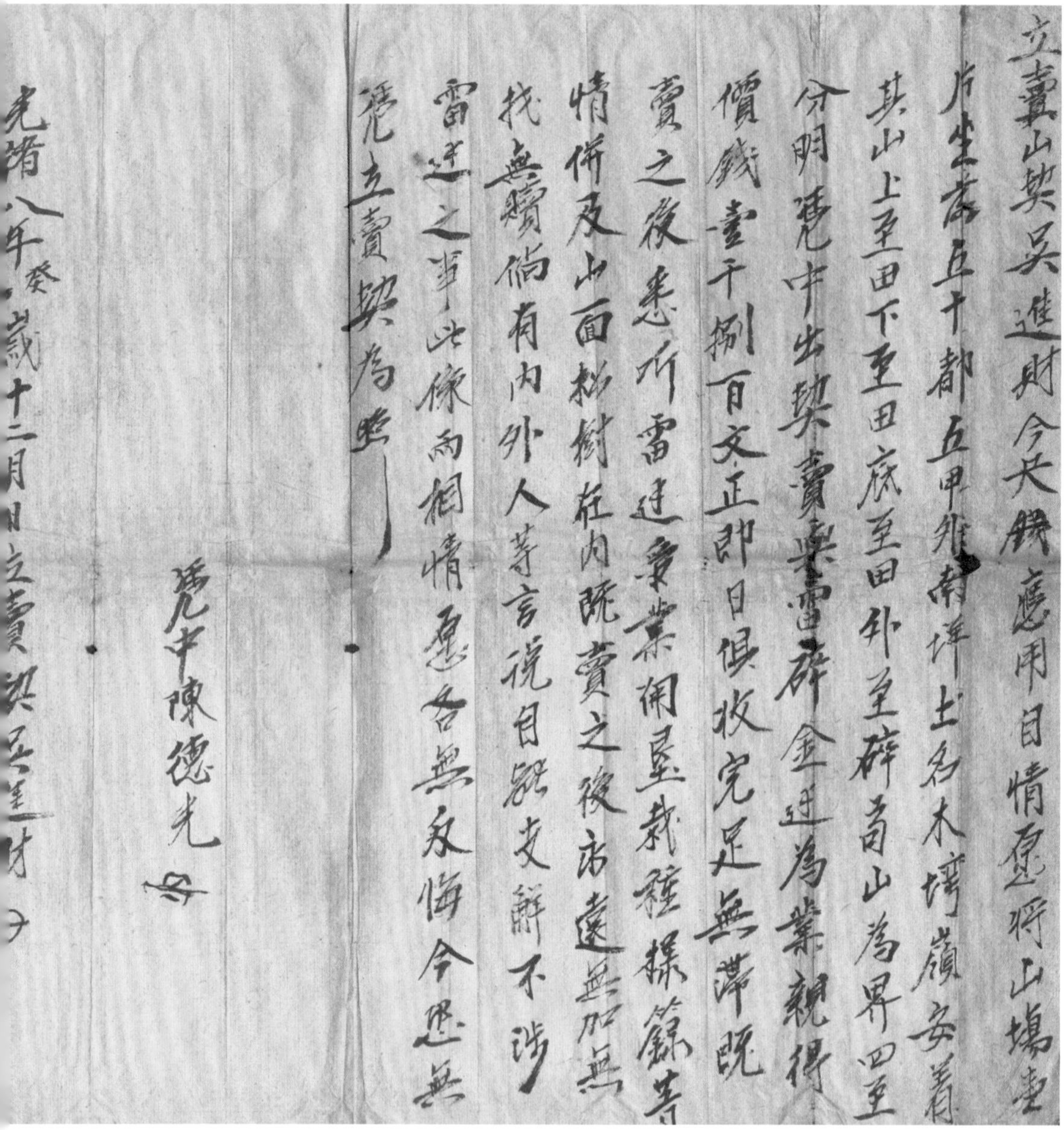

立賣山契吴進財今因缺錢應用自情愿將山塲壹
片坐落五十都五甲雅南坪土名木塆嶺安着
其山上至田下至田底至田外至碎荅山為界四至
分明憑中出契賣與雷碎金邊為業親得
價錢壹千捌百文正即日俱收完足無滯既
賣之後悉听雷邊管業開墾栽種採籙菁
情併及山面杉樹在内既賣之後永遠無加無
找無贖倘有内外人等言說自能支解不涉
雷邊之事此係兩相情愿各無反悔今恐無
憑立賣契為照

憑中 陳德光 押

光緒八年癸未歲十二月 日立賣契吴進財 押

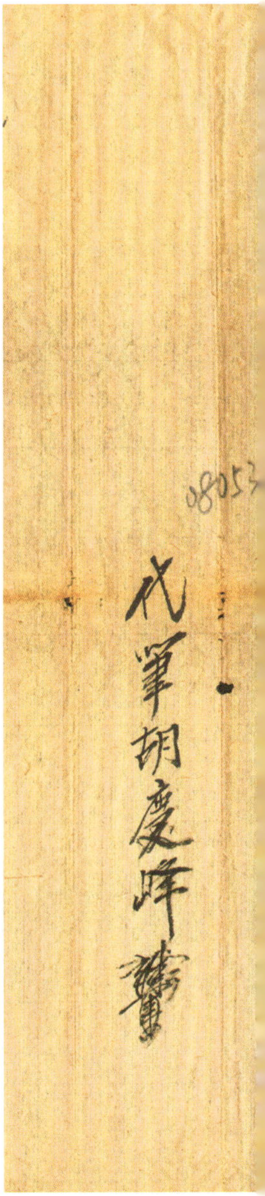

（前頁）>>>>

立賣山契吴進財，今央[缺]錢應用，自（心）情愿，將山場壹片坐落五十都五甲外南垟，土名木塆嶺安着，其山上至田，下至田，底至田，外至碎苟山爲界，四至分明，憑中出契，賣與雷碎金邊爲業，親得價錢壹千捌百文正，即日俱收完足無滯，既賣之後，悉听雷邊管業開墾，栽種樣籙等情，並及山面松樹在内，既賣之後，永遠無加無找無贖，倘有内外人等言说，自能支解，不涉雷邊之事，此係兩相情愿，各無反悔，今恐無憑，立賣契爲照。

憑中陳德光（押）

光緒八年癸未歲十二月日立賣契吴進財（押）

代筆胡慶峰（押）

光緒十年陳老伍立賣契

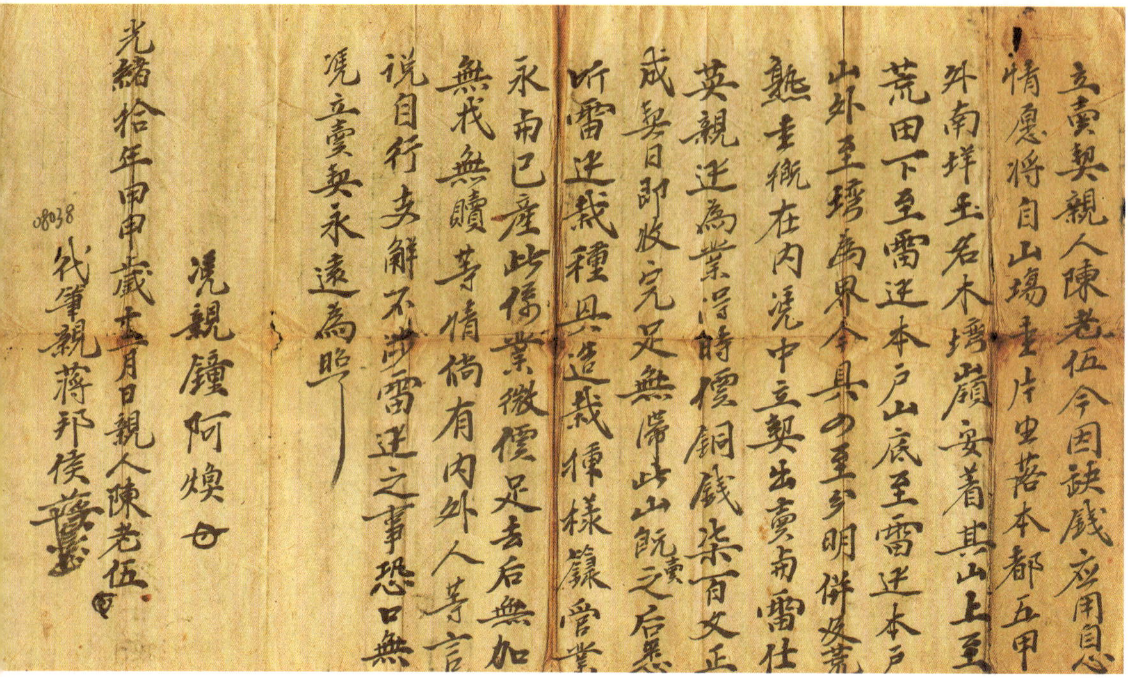

立賣契親人陳老伍，今因缺錢应用，自心情愿，将自山場壹片，坐落本都五甲外南垟，土名木塆嶺安着，其山上至荒田，下至雷邊本户山，底至雷邊本户山，外至塆爲界，今具四至分明，並及荒熟壹概在内，憑中立契，出賣與雷仕英親邊爲業，得時價銅錢柒百文正，成契日即收完足無滯，此山既賣之后，悉听雷邊栽種𠔃[興]造，栽種樣簶管業，永與己産，此係業微價足，去后無加無找無贖等情，倘有内外人等言說，自行支解，不涉雷邊之事，恐口無憑，立賣契永遠爲照。

憑親鍾阿焕(押)

光緒拾年甲申歲十二月日親人陳老伍(押)

代筆親蒋邦侯(押)

光緒十八年陳老伍立賣契

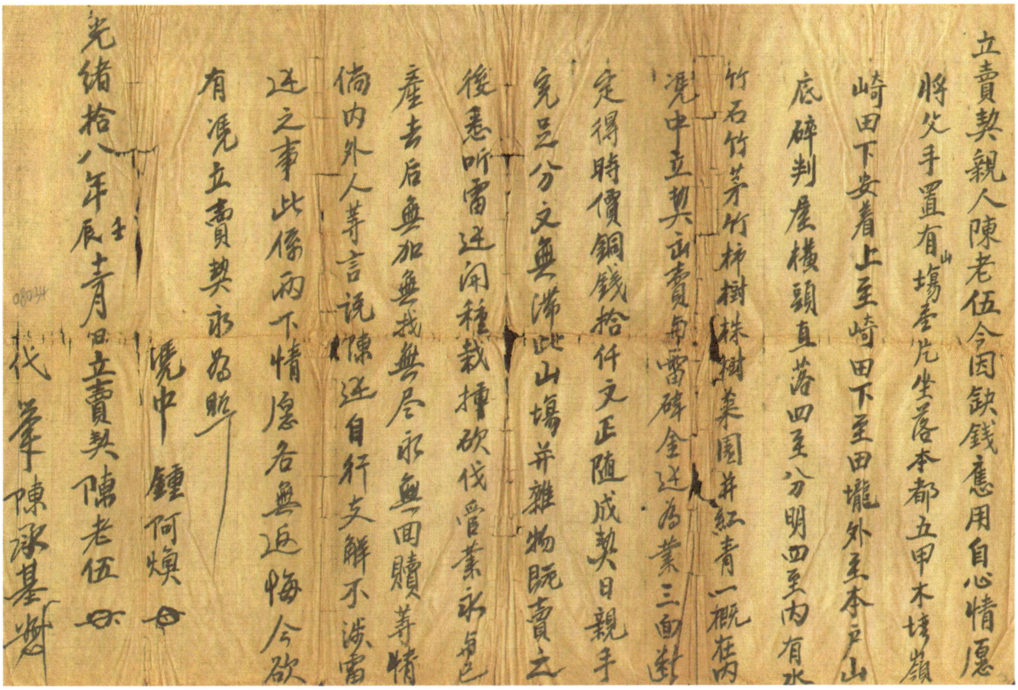

立賣契親人陳老伍，今因缺錢應用，自心情愿，將父手置有山塲壹片，坐落本都五甲木塆嶺崎田下安着，上至崎田，下至田壠，外至本户山底碎判屋横頭直落，四至分明，四至内有水竹、石竹、茅竹、柿樹、株樹、菜園並紅青一概在内，憑中立契出賣與雷碎金邊爲業，三面断定，得時價銅錢拾仟文正，随成契日親手[收]完足，分文無滯，此山塲並雜物既賣之後，悉听雷邊開種栽插砍伐管業，永與已産，去后無加無找無尽，永無回贖等情，倘内外人等言説，陳邊自行支解，不涉雷邊之事，此係兩下情愿，各無返悔，今欲有憑，立賣契永爲照。

憑中　鍾阿焕（押）

光緒拾八年壬辰十二月日立賣契陳老伍（押）

代筆　陳承基（押）

光緒三十二年藍阿董立賣即加找盡契

立賣卽加找盡契親人藍阿董今因缺錢應用自心情愿將自己父手
置有屋基田弍坵正坐落五十都五甲土名水圳下田安着
計実租弍碩正其四至上至水圳下至雷阿倍田左至青山爲
山爲界四至列明憑中立契送賣與雷宅邊金如夫親邊爲業
三面斷議親得時價英洋拾元正卽日隨契親收完足分厘
無滯此田未賣之先自我之業既賣之後悉聽佃耕種
收租管業合家兄弟子姪不許異言之理議定去後永不敢加找
復稱並無回贖業輕價重自心甘愿永與宅邊己產且錢糧永久
賣邊完納宅邊不管糧事倘有內外等情一力自行支解不涉宅
邊之事此係兩下情願各無反悔今欲有憑立賣卽加找盡契
一紙永遠爲照

見中 雷阿東

光緒叁拾弍年丙午歲在十二月　日立賣卽加找盡契親人藍阿董

憑懇

8059

代筆 鄭兆達

（前頁）>>>>

立賣即加找盡契親人藍阿董，今因缺錢應用，自心情愿，將自己父手置有屋基田弍坵正，坐落五十都五甲墺底，土名水圳下田安着，計寔租弍碩正，其四至上至水圳，下至雷阿倍田，左至青山，右至山爲界，四至列明，憑中立契，送賣與雷宅碎金姊夫親邊爲業，三面断議，親得時價英洋拾元正，即日随契親收完足，分厘無滯，此田未賣之先，自我之業，既賣之後，悉听雷起佃耕種，收租管業，吾家兄弟子姪不許異言之理，議定去後永不敢加找，復稱並無回贖，業輕價重，自心甘愿，永與宅邊己產，且錢粮永久賣邊完納，宅邊宅不管粮事，倘有内外等情，一力自行支解，不涉宅邊之事，此係兩下情願，各無反悔，今欲有憑，立賣即加找盡契一紙永遠爲照。

憑中雷阿枣（押）

光緒叁拾弍年丙午歲在十二月　日立賣即加找盡契親人藍阿董（押）

執筆鄭孔達（押）

光緒三十四年胡有明立賣加找盡契

立賣加找盡契親人胡有明今因缺錢應用自心情愿將自
手水田一段坐落五十都五甲土名木埗鑽門前下坑廷安着
又段过山除下坑廷又段岩大脚抱田連坎下一段又段坷田
安着不具四至分明並及荒熟開墾一概在内共計塅祖
拾陸碩正憑中立契立賣與當碎金親廷為業三面斷定
親得自價錢英洋捌拾元文正成契日親完足分文無滯
此田既賣之後悉听當廷起佃耕種管業永為己彦此田
帶粮亩業輕價足去後無加無找無贖倘有内外人等言說
胡廷自行支解不敢買主之事此係兩想情愿各
無反悔恐口無憑立賣契永遠為照

憑中胡有蘭（押）

08057

光緒三十四年十二月日　立賣契親人胡有明（押）

親筆

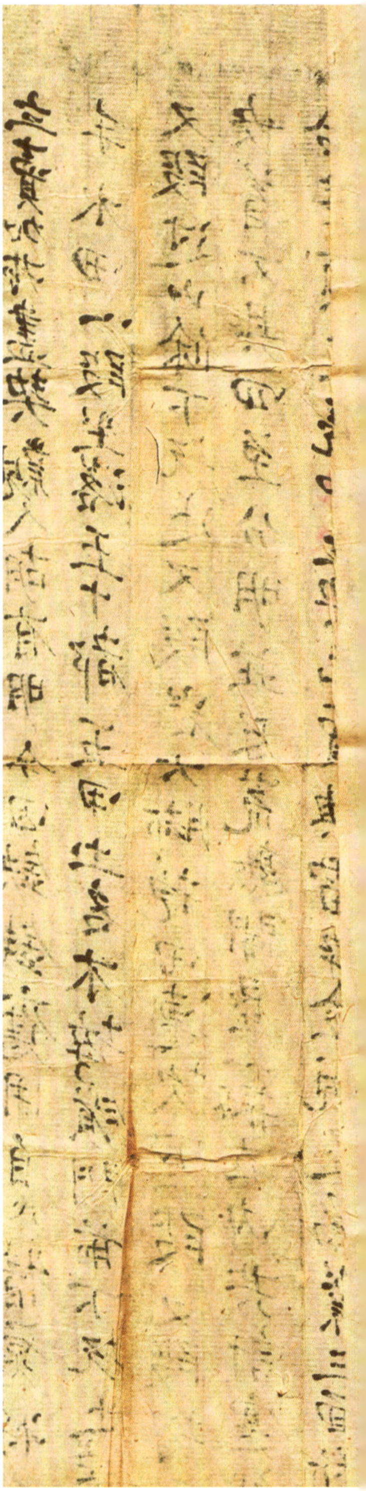

（前頁）>>>>

立賣加找盡契親人胡有明，今因缺錢應用，自心情愿，将自手水田一段，坐落五十都五甲，土名木塆嶺門前下坑邊安着，又段过山條下坑邊，又段岩大脚抱田連坎下一段，又段均田安着，不具四至分明，並及荒熟開垦一概在内，共計寔租拾陸碩正，憑中立契，出賣與雷碎金親邊爲業，三面断定，親得自價錢英洋捌拾元文正，成契日親（收）完足，分文無滯，此田既賣之後，悉听雷邊起佃耕種管業，永爲己彦［産］，此田帶粮亩，業輕價足，去後無加無找無贖，倘有内外人等言説，胡邊自行支解，不敢［干］買主之事，此係兩想［相］情愿，各無反悔，恐口無憑，立賣契永遠爲照。

憑中胡有蘭（押）

光緒三十四年十二月日　立賣契親人胡有明（押）

親筆

光緒三十四年胡有明立就契

立就契親人胡有明今因缺錢應用自心情愿將自
手置分水田一段坐落五十都五甲木垟嶺屋門前坑邊
安着又段坐过山罡下坑边安着又段坐岩坦脚炮圳邊
坎下安着又段坐坳田安着共田四段不具至分明併及荒
熟一概在内三面斷定共計實租七碩正憑中出契就與雷
碎金边為業胡边親得時價英洋捌拾二元正親收完足外
文無滞每年悉听雷边耕種為利去後有交家内外人
等言說胡边自行薜蔔不涉雷边之自年長月久放還
元價回贖雷边不敢只各兩相想情愿各無反悔恐口
無憑立就契永遠為照

憑中胡有蘭（押）

光緒三十四年十二月日 立就契胡有明（押）

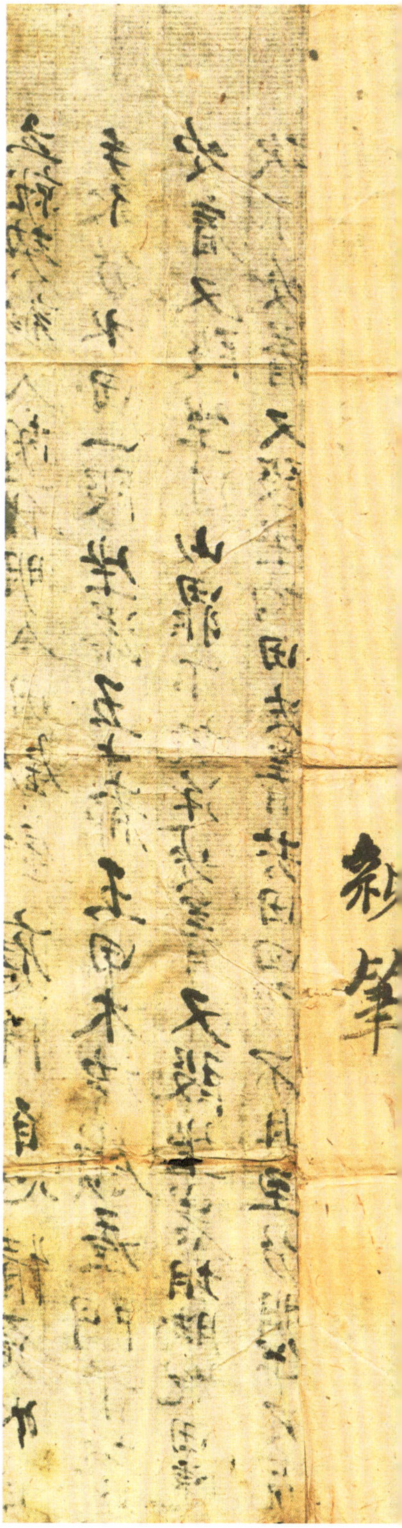

（前頁）>>>>

立就契親人胡有明，今因缺錢應用，自心情愿，將自
手承分水田一段，坐落五十都五甲，木塆嶺屋門前坑邊
安着，又段坐过山毘下坑邊安着，又段坐岩坦脚炮田連
坎下安着，又段坐均田安着，共田四段，不具（四）至分明，並及荒
熟一概在内，三面断定，共計寔租七碩正，憑中出契，就與雷
碎金邊爲業，胡邊親得時價英洋肆拾二元正，親收完足，分
文無滯，每年悉听雷邊耕種爲利，去後有交家内外人
等言説，胡邊自行葥蔄，不涉雷邊之自［事］，年長月久，办还
元［原］價回贖，雷邊不敢只［執］各［吝］，兩想［相］情愿，各無反悔，恐口
無憑，立就契永遠爲照。

憑中胡有蘭（押）

光緒三十四年十二月日　立就契胡有明（押）

親筆

宣統元年陳承喜立賣契

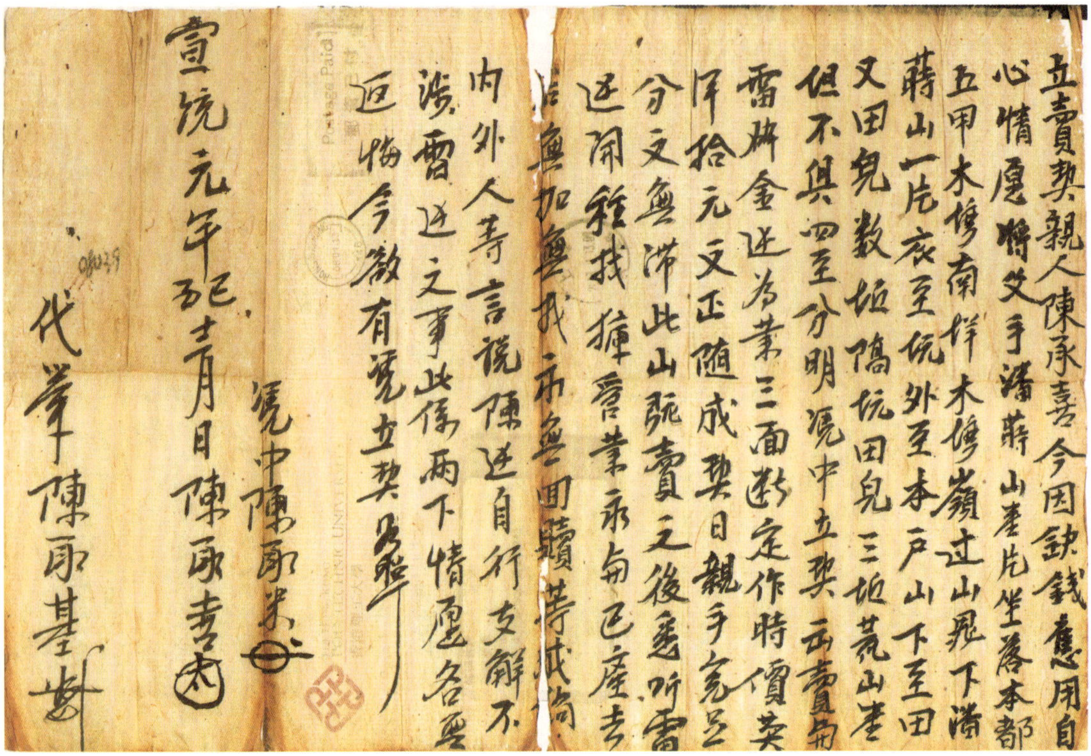

立賣契親人陳承喜，今因缺錢應用，自
心情愿，將父手潘［番］蒔山壹片，坐落本都
五甲木塆南垟木塆嶺过山晁下潘［番］
蒔山一片，底至坑，外至本户山，下至田，
又田兒数坵，隔坑田兒三坵，荒山壹
坦，不俱四至分明，憑中立契，出賣與
雷碎金邊爲業，三面断定，作時價英
洋拾元文正，随成契日親手［收］完足，
分文無滯，此山既賣之後，悉听雷
邊開種找插管業，永與己産，去
后無加無找，永無回贖等成［情］，倘
内外人等言说，陳邊自行支解，不
涉雷邊之事，此係兩下情愿，各無
返悔，今欲有憑，立契爲照。

憑中陳承米（押）

宣統元年己酉十二月日陳承喜（押）

代筆陳承基（押）

民國元年黄壽庭立當契

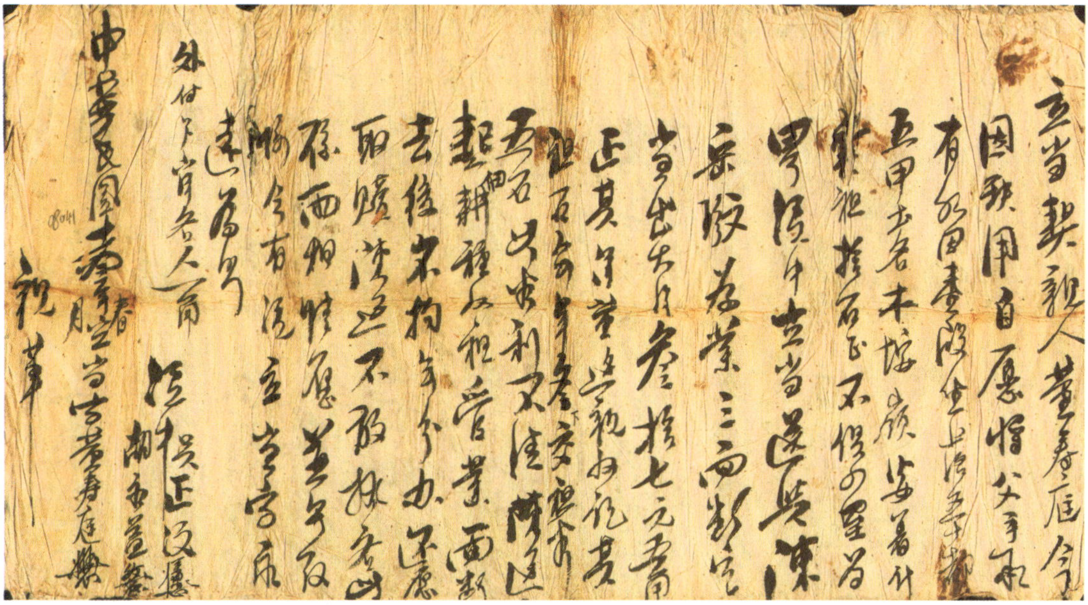

立当契親人黄寿庭，今因缺用，自愿将父手承有水田壹段，坐落五十都五甲，土名木垵嶺安着，计實租拾石正，不俱四至爲界，憑中立当，送與陳岳璒爲業，三面断定，当出英洋叁拾七元五角正，其洋黄邊親收訖，其租石每年冬下交租谷五石，如谷利不清，陳邊起佃耕種，收租管業，面断去後不拘年分，办还愿[原](價)取贖，陳邊不敢执吝，此此係兩相情愿，各無反悔，今有憑，立当字永遠爲照。

外付□□各人一角　　憑中吴正汶(押)
胡永益(押)
中華民國壹年春月立当字黄寿庭(押)
親筆

民國四年陳永蜜母吳氏立賣並加找盡契

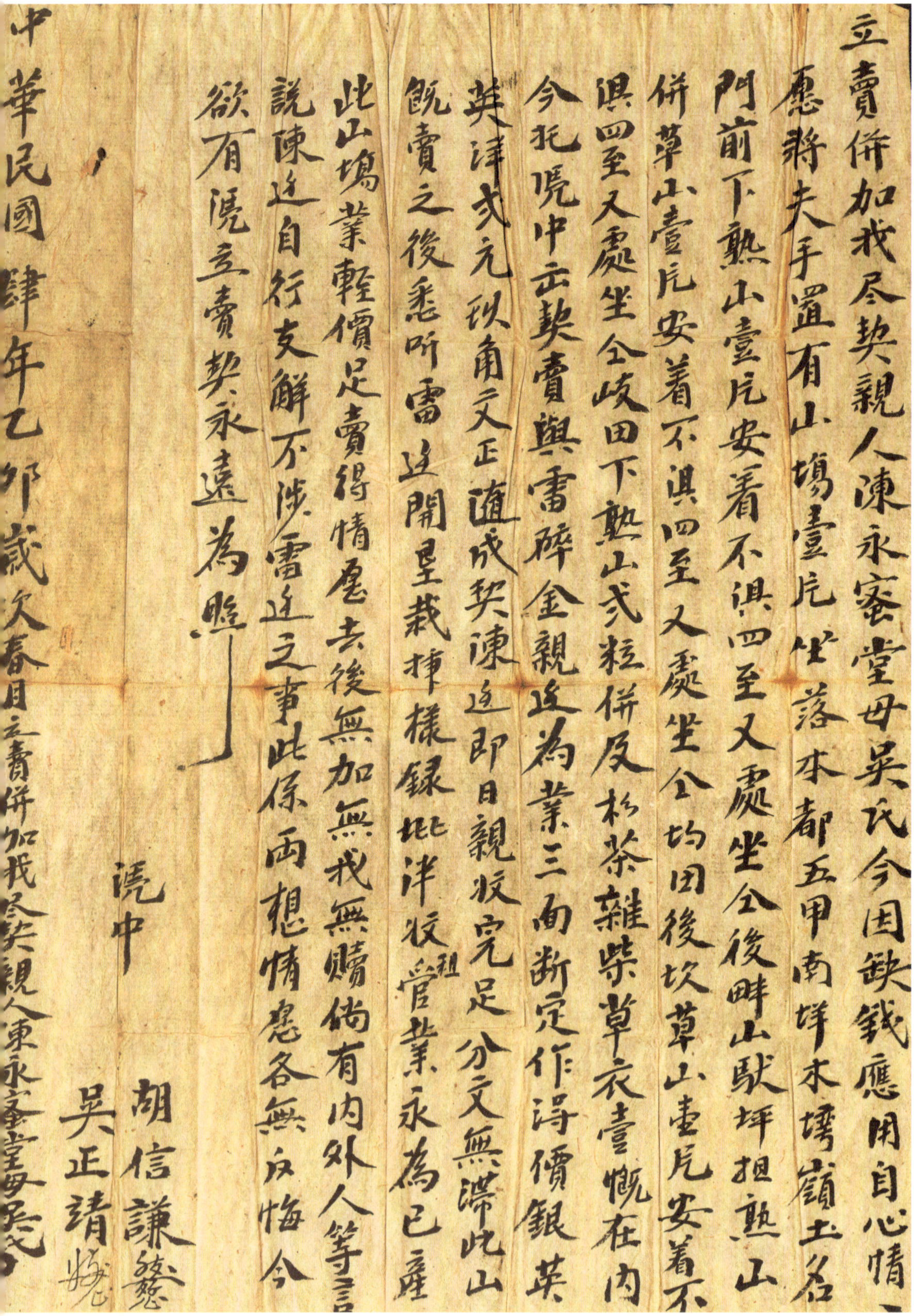

立賣併加找盡契親人陳永蜜堂母吳氏今因缺錢應用自心情願
愿將夫手置有山塲壹片坐落本都五甲南垟木塆嶺土名
門前下熟山壹片安着不俱四至又處坐仝後畔山䭾坪担熟山
併草山壹片安着不俱四至又處坐仝均田後坎草山壹片安着不
俱四至又處坐仝岐田下熟山弍粒併及杉茶雜柴草衣壹概在内
今托憑中立契賣與雷碎金親邊為業三面斷定作得價銀英
英洋弍元伍角文正隨成契陳邊即日親收完足分文無滯此山
既賣之後悉听雷邊開墾栽插樣錄壯洋收租管業永為已産
此山塲業輕價足賣得情愿去後無加無找無贖倘有内外人等言
說陳邊自行支解不涉雷邊之事此係兩想情愿各無反悔今
欲有憑立賣契永遠為照

憑中 胡信謙（押）
吳正靖（押）

中華民國肆年乙卯歲次春月立賣併加找盡契親人陳永蜜堂母吳氏

（前頁）>>>>

立賣並加找尽契親人陳永蜜堂母吴氏，今因缺錢應用，自心情愿，將夫手置有山塲壹片，坐落本都五甲南垟木墻嶺，土名門前下熟山壹片安着，不俱四至，又處坐仝後畔山馱坪担熟山並草山壹片安着，不俱四至，又處坐仝均田後坎草山壹片安着，不俱四至，又處坐仝岐田下熟山弍粒，並及杉、茶、雜柴、草衣壹概在内，今托憑中出契，賣與雷碎金親邊爲業，三面断定，作得價銀英英洋弍元玖角文正，隨成契陳邊即日親收完足，分文無滯，此山既賣之後，悉听雷邊開墾栽插樣録批泮收租管業永爲己産，此山塲業輕價足，賣得情愿，去後無加無找無贖，倘有内外人等言説，陳邊自行支解，不涉雷邊之事，此係兩想[相]情愿，各無反悔，今欲有憑，立賣契永遠爲照。

憑中　胡信謙（押）

吴正靖（押）

中華民國肆年乙卯歲次春月立賣並加找尽契親人陳永蜜堂母吴氏（押）

代筆陳福生（押）

民國六年陳傳本立賣並加找盡契

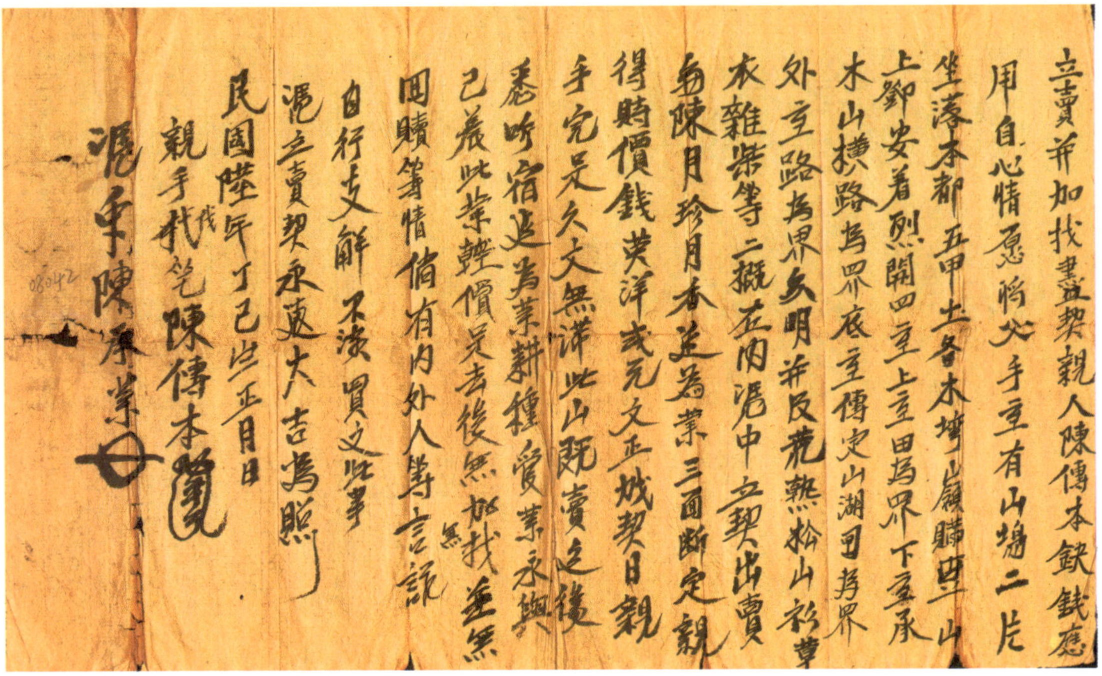

立賣並加找盡契親人陳傳本，缺錢應用，自心情愿，将父手至［置］有山場二片，坐落本都五甲，土名木塆嶺瞞豆山上鄧安着，烈［列］開四至上至田爲界，下至承木山横路爲界，底至傳定山湖□爲界，外至路爲界分明，並及荒熟、松山、杉、草衣、雜柴等二概在內，憑中立契出賣與陳月珍、月香邊爲業，三面断定，親得時價錢英洋弍元文正，成契日親手［收］完足，分文無滯，此山既賣之後，悉听宿邊爲業，耕種管業，永與己産，此業輕價足，去後無加無找並無回贖等情，倘有内外人等言説，自行支解，不涉買之此事，憑立賣契，永遠大吉爲照。

民國陸年丁巳歲正月日

親手代笔陳傳本（押）

憑衆陳承業（押）

立賣并加找盡契親人陳福生今因缺錢應用，自心情愿將自己手置有新闢田柒坵，坐落五十都五甲，土名木塆嶺岩方安着，又草山水迭在内，草衣雜柴蒔園壹并在内（共計實租弍碩叁方正照），今俱四至：上至田，下至陳承林田，底至坑，外至應金山為界，四至分明。今托憑中立契送賣與雷碎金親邊為業，三面断定時得價銀英洋拾叁元文正。其洋陳邊即日親收完足，分文無滞。此田未賣之先日以己業，既賣之後，將此田壹概悉所雷邊起佃耕種，收租管業，陳邊不敢異言執吝。此田恐有内外未歷不清，陳邊自行支解，不涉雷邊之事。此田業輕價足，賣足心愿，面断去後無加無找，永無回贖，永為買邊己産。此係兩相情愿，各無反悔。今欲有憑，立賣并加找盡契永遠為照。

憑中　吳永滿（押）

中華民国陸年叁月　日立賣并加找盡契親人陳福生（押）

親筆

（前頁）>>>>

立賣並加找尽契親人陳福生，今因缺錢應用，自心情愿，將自己手置有新開田柒坵，坐落五十都五甲，土名木垮嶺峩方安着，又草山及逢在内，草衣、雜柴、蒔園壹併在内，今俱四至上至田，下至陳承林田，底至坑，外至應全山爲界，四至分明，共計实租弍碩肆方正（押），今托憑中立契，送賣與雷碎金親邊爲業，三面断定，時得價銀英洋拾弍元文正，其洋陳邊即日親收完足，分文無滯，此田未賣之先日，以已業，既賣之後，將此田壹概悉听雷邊起佃耕種，收租管業，陳邊不敢異言执吝，此田恐有内外來歷不清，陳邊自行支解，不涉雷邊之事，此田業輕價足，賣足心愿，面断去後無加無找，永無回贖，永爲買邊己産，此係兩相情愿，各無反悔，今欲有憑，立賣並加找尽契永遠爲照。

憑中吴永滿（押）

中華民國陸年弍月　　日　　立賣並加找尽契親人陳福生（押）

親筆

立賣契親人陳承基今因缺鈔應用自愿情愿將太祖手手山三片
坐落本都五甲木塆土名南洋木塆山嶺安着土名三个炮后坟墓片
不具四至又式片土名遯（各處）小毘前（后處）安着不具四至吾全承龕全陳世穆賣
契合分併间垦松杉竹木草衣雜柴查樜在內憑中出賣與堂
碑金送爲業三面断定作時價英洋钖元一文正随成契日
即手完足分文無滯此山既賣之后悉听堂边找掃开判
樣保管業承爲己產去后內外人等未力不清陳邊自
行支解不涉堂边之事去后無加無找無借永無
回贖等情堂边管業陳邊不敢異言此係兩想情愿各無
返悔今欲有憑立賣契永遠爲照

見中　吳正文（押）
胡承益（押）

民國陸年丁巳歲五月　日立賣契　陳承基（押）

親筆（押）

08048

（前頁）>>>>

立賣契親人陳承基，今因缺鈔應用，自心情愿，将太祖手衆山三片，坐落本都五甲木塆，土名南垟木塆嶺安着，土名三个炮后坎壹片，不具四至，又弍片，土名过山晁前后安着，不具四至，吾仝承犇［桃］仝陳世標賣契合分，並開垦松、杉、竹木、草衣、雜柴壹概在内，憑中出賣與雷碎金邊爲業，三面断定，作時價英洋肆元文正，隨成契日即手［收］完足，分文無滯，此山既賣之后，悉听雷邊找插開判，樣禄管業，永爲己產，去后内外人等來力［歷］不清，陳邊自行支解，不涉雷邊之事，去后無加無找無借，永無回贖等情，雷邊管業，陳邊不敢異言，此係兩想［相］情愿，各無返悔，今欲有憑，立賣契永遠爲照。

吴正文（押）

憑中　胡永益（押）

民國陸年丁巳歲五月日立賣契　陳承基（押）

親筆

民國六年陳傳本立賣並加找盡契

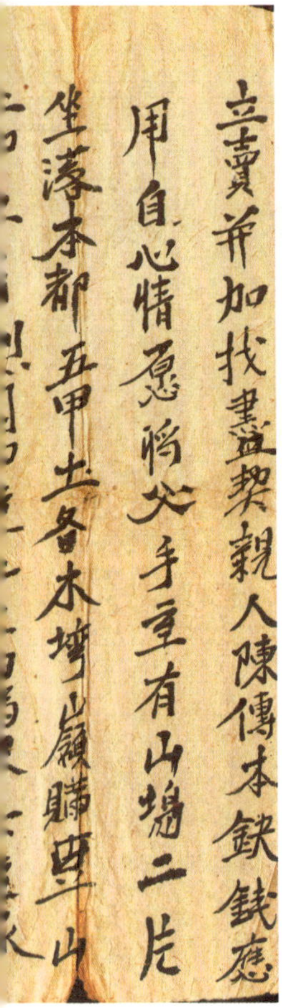

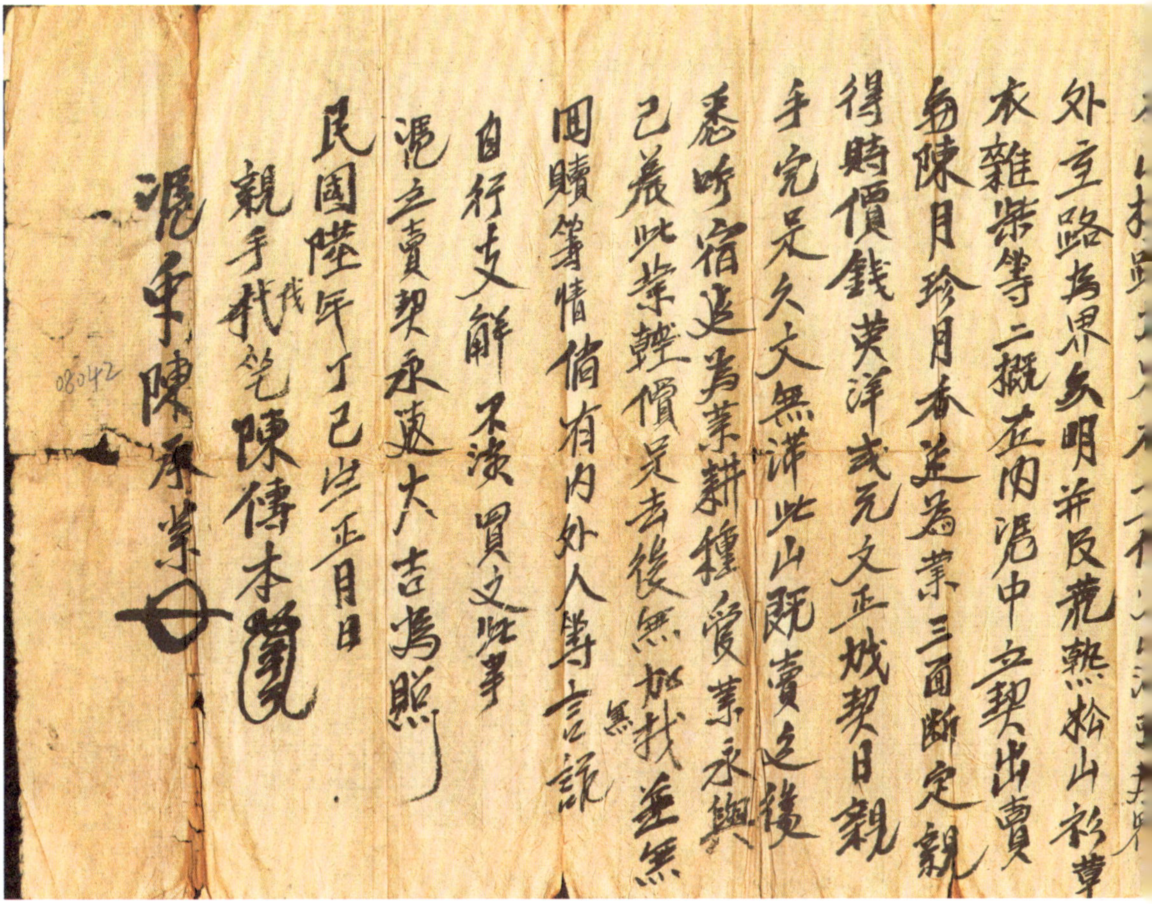

立賣並加找盡契親人陳傳本，缺錢應用，自心情愿，将父手至［置］有山場二片，坐落本都五甲，土名木塆嶺購豆山上鄧安着，烈［列］開四至上至田爲界，下至承木山横路爲界，底至傳定山湖□爲界，外至路爲界分明，並及荒熟、松山、杉、草衣、雜柴等二概在內，憑中立契出賣與陳月珍、月香邊爲業，三面断定，親得時價錢英洋弍元文正，成契日親手［收］完足，分文無滯，此山既賣之後，悉听宿邊爲業，耕種管業，永與己産，此業輕價足，去後無加無找並無回贖等情，倘有内外人等言説，自行支解，不涉買之此事，憑立賣契，永遠大吉爲照。

民國陸年丁巳歲正月日

親手代笔陳傳本（押）

憑衆陳承業（押）

民國八年陳永蜜仝母吴氏立賣並加找盡契

立賣併加找尽契親人陳永蜜仝母吴氏，今因缺錢應用，自心情愿將自祖手父手盛分有山壹片，坐落五拾都五甲，土名木坪顛等田安着有草山壹片，上至本人山為界，下至横路直底為界，底至陳福生山為界，外至田為界，草山不俱四至分名（私三雜柴竹木并及在内，押），憑中立送賣與當碎金親迭為業，三面斷定時得價銀英洋四元正，其洋陳迭即日親收完足，分文滯此。山未賣之先日，以己業，既賣之後，將此山壹概悉所當迭収粗曾業，陳迭不敢異言執吝。此山恐有内外未應不清，陳迭自行支解，不涉當迭之事。此山業輕價足，賣足心愿，面斷去後無加無找，永無回贖，永為買迭己產。此係兩想情愿，各無反悔，今欲有憑，立賣併加找尽契永遠為照。

憑中　鄭月崇（押）

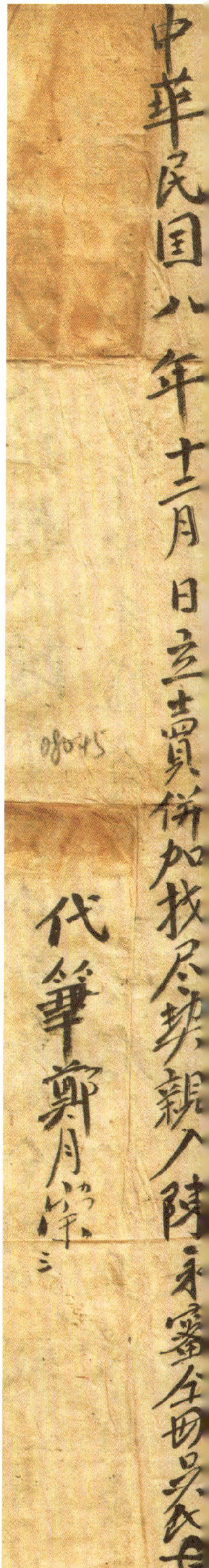

（前頁）>>>>

立賣並加找尽契親人陳永蜜仝母吴氏，今因缺錢應用，自心情愿，将自祖手、父手盛［承］分有山壹片，坐落五拾都五甲，土名木墑嶺等田安着，有草山壹片，上至本父山爲界，下至横路直底與界，底至陳福生山與界，外至田與界，草山不俱四至分名［明］，秎、三［杉］、雜柴、竹木並及在内，憑中立送賣與雷碎金親邊爲業，三面断定，時得價銀英洋四元正，其洋陳邊即日親收完足，分文（無）滯，此山未賣之先日，以己業，既賣之後，将此山壹概悉听雷邊收租管業，陳邊不敢異言执吝，此山恐有内外來應［歷］不清，陳邊自行支解，不涉雷邊之事，此山業輕價足心愿，面断去後無加無找，永無回贖，永爲買邊己産，此係兩想［相］情愿，各無反悔，今欲有憑，立賣並加找尽契永遠爲照。

憑中鄭月崇（押）

中華民國八年十二月日立賣並加找尽契親人陳永蜜仝母吴氏（押）

代筆鄭月崇（押）

民國十年陳亞亭仝母胡氏立就盡契

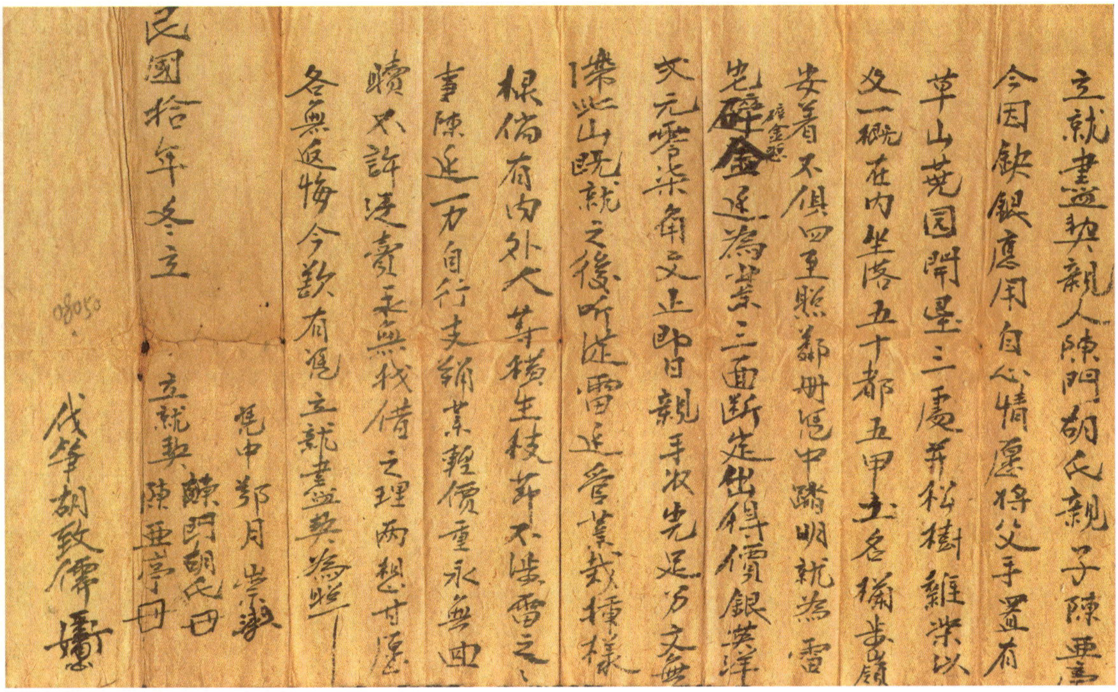

立就盡契親人陳門胡氏、親子陳亞亭，今因缺銀應用，自心情愿，将父手置有草山、荒园開墾三處，並松樹、雜柴以及一概在内，坐落五十都五甲，土名欄步嶺安着，不俱四至，照鄰册憑中踏明，就爲雷宅碎金邊爲業，三面断定，出得價銀英洋弍元零柒角文正，即日親手收完足，分文無滯，此山既就之後，听從雷邊管業，栽插樣様，倘有内外人等横生枝節，不涉雷之事，陳邊一力自行支解，業輕價重，永無回贖，不許泛賣，永無找借之理，兩想[相]甘愿，各無返悔，今欲有憑，立就盡契爲照。

憑中　鄭月崇(押)

民國拾年冬立　立就契　陳門胡氏(押)

陳亞亭(押)

代筆胡致儒(押)

民國十三年董光延立賣契

立賣契董光延今因缺錢應用自心情愿承分置有水田壹處坐落五十都五甲南垟土名木塘嶺安着雷廷老屋基前後又丹田壹坵計實租拾碩正不具四至不具坵數另風水在外托憑中立契送賣與雷碎金全仁阿五阿寶廷為三面斷定時得價錢當契作正契英洋壹伯元正其洋即日親收完足分文無滯未賣已業既賣之後悉听雷廷起佃耕種管業董廷不敢異言倘有內外人等來歷交加不清董廷自行支解不涉雷廷之事其錢粮除收過戶雷廷當官完納董廷不許留滯兩相情愿各無反悔今欲有憑立賣契永遠為照

民国拾叁年歲次甲子二月日立賣契董光延（押）

憑中　陳昌喜（押）
林仰珍（押）
胡永益（押）

代筆　吳正汲（押）

（前頁）>>>>

立賣契董光延，今因缺錢應用，自心情愿，承分置有水田壹處，坐落五十都五甲南垟，土名木塆嶺安着，雷邊老屋基前後又井田壹坵，計实租拾碩正，不具四至，不具坵数，另風水在外，托憑中立契，送賣與雷碎金仝侄阿伍、阿寶邊爲（業），三面断定，時得價錢當契作正契英洋壹伯[佰]元正（印），其洋即日親收完足，分文無滯，未賣已業，既賣之後，悉听雷邊起佃耕種管業，董邊不敢異言，倘有内外人等來歷交加不清，董邊自行支解，不涉雷邊之事，其錢粮除收過户，雷邊當官完納，董邊不許留滯，兩相情愿，各無反悔，今欲有憑，立賣契永遠爲照。

陳昌喜（押）

憑中　林仰珍（押）

胡永益（押）

民國拾叁年歲次甲子二月日立賣契董光延（押）（印）

代筆　吴正汶（押）

民國十三年董光延立並加找盡契

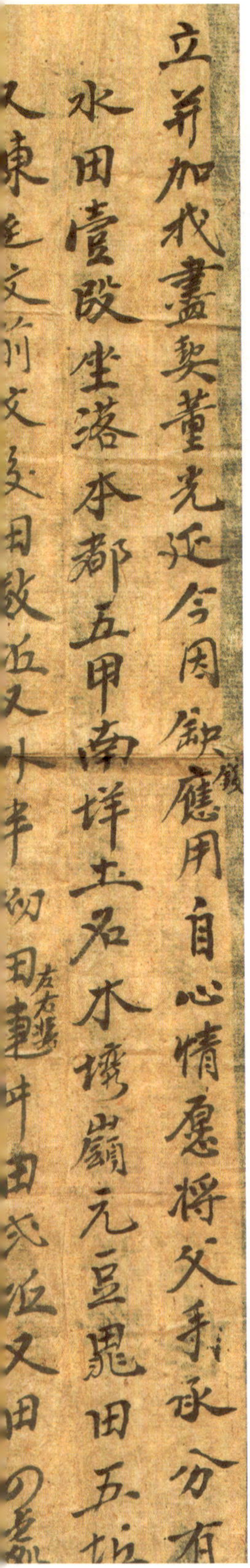

不[illegible]至址妻共言実和杉石正托憑中立契送賣[illegible]
雷薛金仝侄阿寶阿伍親遂為業三面斷定時得價洋
找出大洋陸拾陸元五角正其洋親收訖足分文無滯
未賣自己業既賣之後恁听雷遂起佃耕種收租管
業永為己産董遂不敢異言此田業轉價足去後無
加無找永不回其錢粮另口字號除收過户雷遂自己
當官完納董遂不許留滯倘有内外人等交加未曆不
清董遂自行支解不涉雷遂之事此係兩相情愿各無反
悔今欲有憑立加找盡契永遠為照

見中　陳昌喜
　　　林仰珍
　　　胡永益

民國拾叁年歲次甲子二月日立加找盡契董光延

代筆　吳正汶

(前頁)>>>>>

立並加找盡契董光延，今因缺錢應用，自心情愿，將父手承分有水田壹段，坐落本都五甲南垟，土名木垮嶺元豆晁田五坵，又陳邊坟前、坟後田数坵，又外半坳田左右連井田弍坵，又田四處，不具四至、坵数，共計实租拾碩正，托憑中立契，送賣與雷碎金仝侄阿寶、阿伍親邊爲業，三面断定，時得價洋找出大洋陸拾陸元五角正，其洋親收完足，分文無滯，未賣自己業，既賣之後，悉听雷邊起佃耕種，收租管業，永爲己産，董邊不敢異言，此田業輕價足，去後無加無找，永不回贖，其錢粮弓口字號除收過户，雷邊自己當官完納，董邊不許留滯，倘有内外人等交加，來歷不清，董邊自行支解，不涉雷邊之事，此係兩相情愿，各無反悔，今欲有憑，立加找盡契永遠爲照。

陳昌喜(押)

憑中林仰珍(押)

胡永益(押)

民國拾叁年歲次甲子二月日立加找盡契董光延(押)

代筆吴正汶(押)

民國十四年陳傳昊賣契包契紙

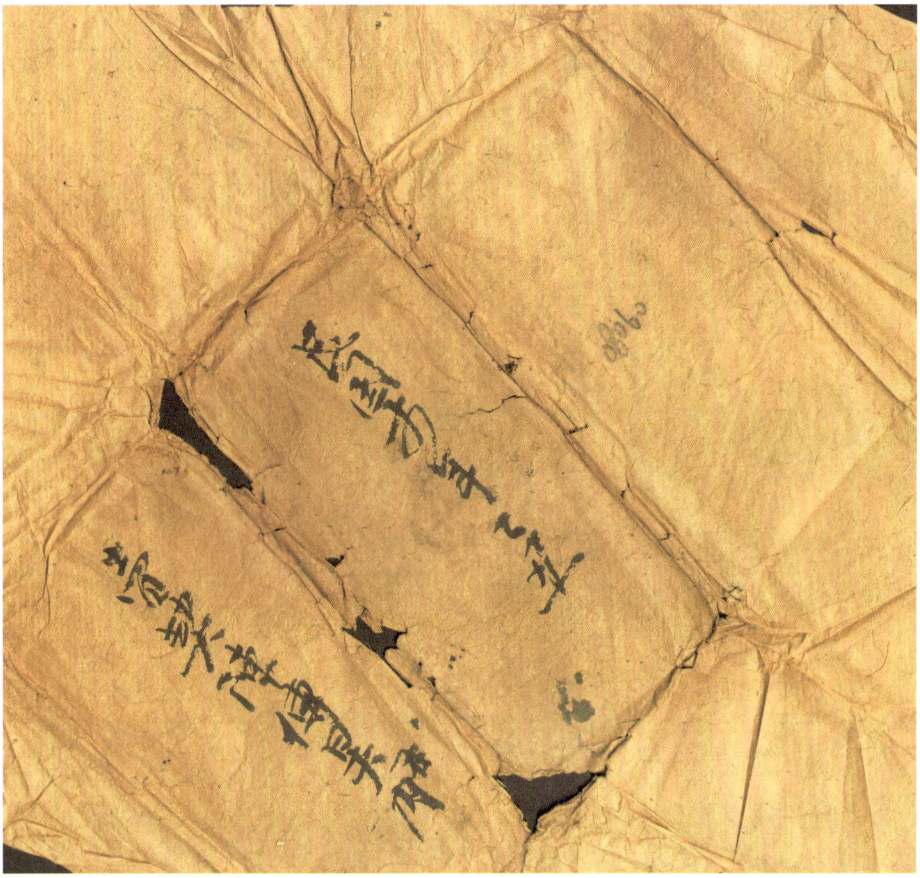

民國十四年乙丑
賣契陳傳昊在內

民國十四年陳傳昊仝弟立賣並加找盡契

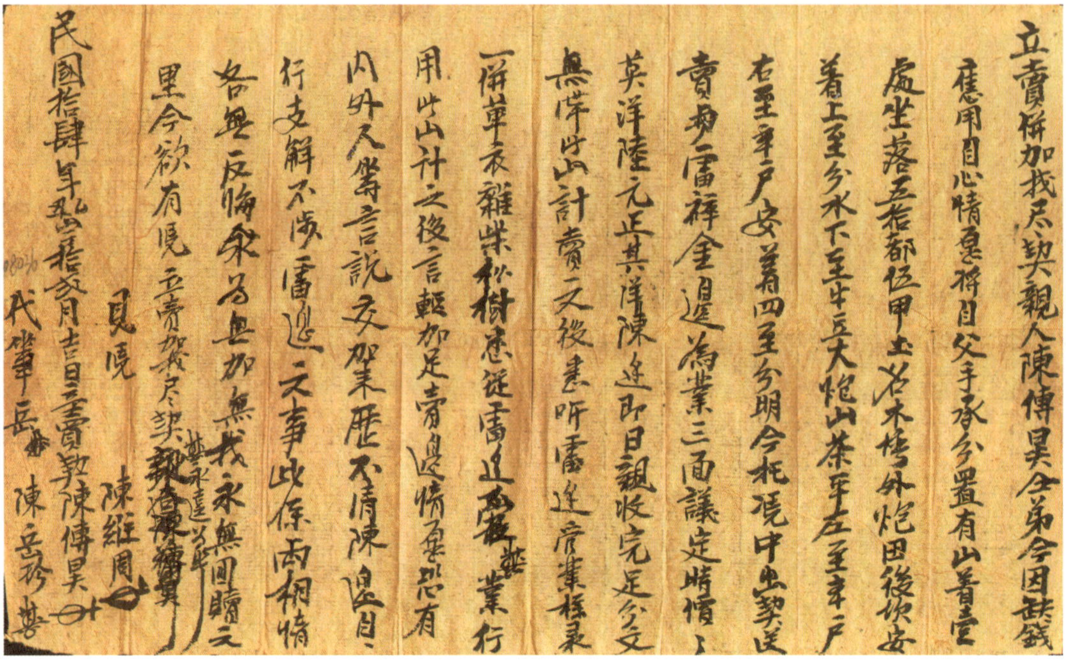

立賣並加找盡契親人陳傳昊仝弟，今因缺錢應用，自心情愿，將自父手承分置有山着壹處，坐落五拾都伍甲，土名木塆外炮田後坎安着，上至分水，下至牛豆大炮山茶平，左至本户，右至本户安着，四至分明，今托憑中出契，送賣與雷碎金邊爲業，三面議定，時價英洋陸元正，其洋陳邊即日親收完足，分文無滯，此山計[既]賣之後，悉听雷邊管業様录，一併草衣、雜柴、松樹悉從雷邊管業行用，此山计之後，言[業]輕加[價]足，賣邊情愿，恐有内外人等言説交加，來歷不清，陳邊自行支解，不涉雷邊之事，此係兩相情(願)，各無反悔，永爲無加無找，永無回贖之里[理]，今欲有憑，立賣加找尽契(押)永遠爲照。

見憑　陳維周(押)

民國拾肆年乙丑歲拾弍月吉日立賣契陳傳昊(押)

代筆岳　陳岳珍(押)

民國十四年陳成衡立賣契

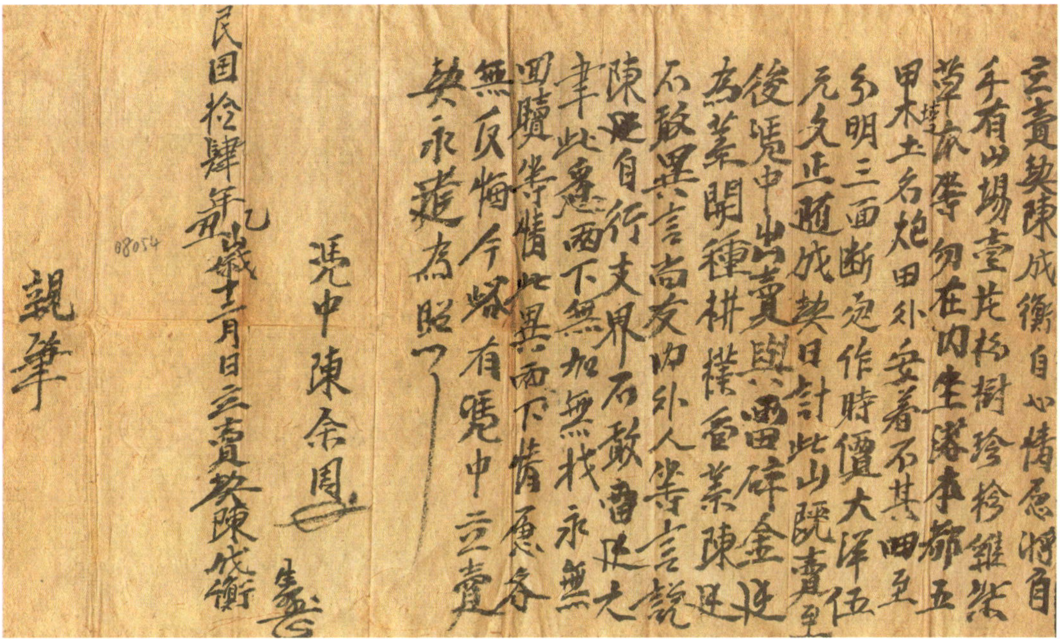

立賣契陳成衡，自心情愿，將自
手有山場壹片，松樹、珍杉、雜柴、
草衣等勿[物]在內，坐落本都五
甲木壪，土名炮田外安着，不其[具]四至
分明，三面断定，作時價大洋伍
元文正，随成契日計，此山既賣至[之]
後，憑中出賣與雷碎金邊
爲業，開種耕樸管業，陳邊
不敢異言，尚[倘]友[有]内外人等言説，
陳邊自行支界[解]，不敢[干]雷邊之
聿[事]，此悉[係]兩下無加無找，永無
回贖等情，此異[係]兩下情愿，各
無反悔，今欲有(據)，憑中立賣
契永遠爲照。

憑中陳余周(押)

民國拾肆年乙丑歲十二月日立賣契陳成衡(押)

親筆

民國二十七年董陳氏立賣並加找盡契

立賣併加找盡契親人董陳氏今因缺錢應用自心情愿將
先夫祖手承分有水田壹段坐五十都五甲土名木塆嶺雷丙
懐屋前後安着四至列照上至碁旦下至碁尾左至山右至山為
界不俱坵數計實租玖碩正今將此田分出實租叁碩正憑中
立契賣與雷丙懐為業斯時得田價大洋柒拾伍元正其洋隨契
即日親收完足分文無滯此田未賣之先實係已業既賣盡以
後悉聽雷邊起佃耕種管業董邊不敢異言执退但錢糧照字號收
除过户当官完纳倘有内外未歷不清董邊自行支解不涉雷邊
之事業輕價重價足心愿去後無加無找無盡永無回贖永為雷邊
之已產此係兩相情愿各無反悔今欲有憑立賣併加找盡契永
遠為照

外再筆文挽憑中再向雷邊找盡出大洋伍元正即收完足無滯

憑中 胡克俊

房侄 春良

中華民國念柒年歲次戊寅十二月吉日立賣加找盡契親人董陳氏

(前頁)>>>>

立賣並加找尽契親人董陳氏，今因缺錢應用，自心情愿，将
先夫祖手承分有水田壹段，坐五十都五甲，土名木塆嶺雷阿
慷屋前後安着，四至烈[列]明，上至昮豆[頭]，下至昮尾，左至山，右至山爲
界，不俱坵數，計実租玖碩正，今将此田分出実租叁碩正，憑中
立契，賣與雷阿慷爲業，斯時得田價大洋柒拾伍元(押)正，其洋随契
即日親收完足，分文無滯，此田未賣之先，実係己業，既賣尽以
後，悉听雷邊起佃耕種管業，董邊不敢異言执阻，但錢粮照字號收
除过户，当官完納，倘有内外來歷不清，董邊自行支解，不涉雷邊
之事，業輕價重，價足心愿，去後無加無找無尽，永無回贖，永爲雷邊
之己産，此係兩相情愿，各無反悔，今欲有憑，立賣並加找尽契永
遠爲照。

外再筆，又挽憑中再向雷邊找尽出大洋伍元正，即收完足無滯。

憑中　胡克俊(押)

房侄　希良(押)

中華民國念柒年歲次戊寅十二月吉日立賣加找尽契親人董陳氏(押)

代筆　董松林(押)

民國三十八年陳胡氏仝子光梨立賣並加找盡契

立賣併加找盡契親人陳胡氏子光梨，今因缺食，自愿將夫手置有草山壹
壹處併慌埕草衣雜柴價物壹及在内，坐落伍拾都五甲木塆嶺上
名坳田四個岩安着，其列四至：上至坳田小路直舌，下至坑，外至塆深直
上分水，底至小坑為斷，四至分明。今託憑中立契賣與雷永康親邊為業，三
面斷定作時價蔣票叁佰拾斤穀念斤。其價蔣票穀陳胡氏即日親收完訖
無滞。此業未賣之前，既賣之後，實以已業。此山意所雷邊起山整樣批判
開墾管業，陳邊不敢異言。倘有内外人等言說房族叔加來歷不清，
陳邊自能理直，不涉雷邊之事。此山業輕價重，賣足心願，面斷去後
無加無找，永不無贖，永為買邊之已產。此係兩造情願，各無返悔。今
欲有憑，立賣併加盡契，永遠為照。

憑中　胡彩寬
　　　蔣步從
徑見憑　陳光秋

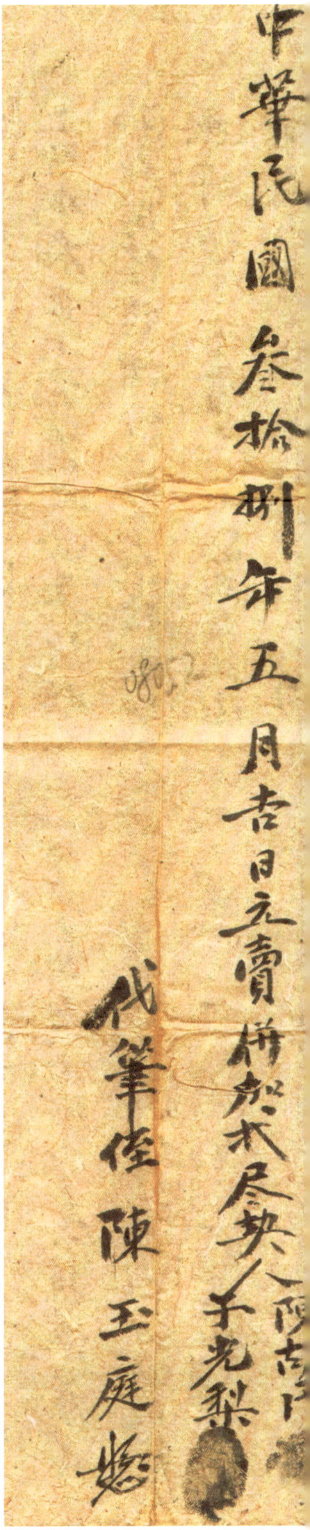

（前頁）>>>>

立賣並加找尽契親人陳胡氏、子光梨，今因缺食，自愿將夫手置有草山壹壹處，並慌[荒]垦、草衣、雜柴、貨物壹及在內，坐落伍拾都五甲木墒嶺，土名坳田四個岩安着，與列四至上至坳田小路直出，下至坑，外至墒深直上分水，底至小坑爲畍，四至分明，今託憑中立契，賣與雷永康親邊爲業，三面断定，作時價蒔系[絲]叁佰拾觔、穀念斤，其價蒔系[絲]、穀陳胡氏即日親收完訖無滯，此業未賣之前，既賣之後，实以己業，此山悉听雷邊起山整樣批判，開垦管業，陳邊不敢異言，倘有内外人等言説，房族交加，來歷不清，陳邊自能理直，不涉雷邊之事，此山業輕價重，賣足心願，面断去後無加無找，永不無[回]贖，永爲買邊之己産，此係兩造情願，各無返悔，今欲有憑，立賣並加尽契永遠爲照。

憑中胡彩寬（押）

蔣步從（押）

侄見憑　陳光秋（押）

中華民國叁拾捌年五月吉日　立賣並加找尽契人　陳胡氏（押）

子光梨（押）

代筆侄　陳玉庭（押）

一九四九年雷月間立賣加找盡契

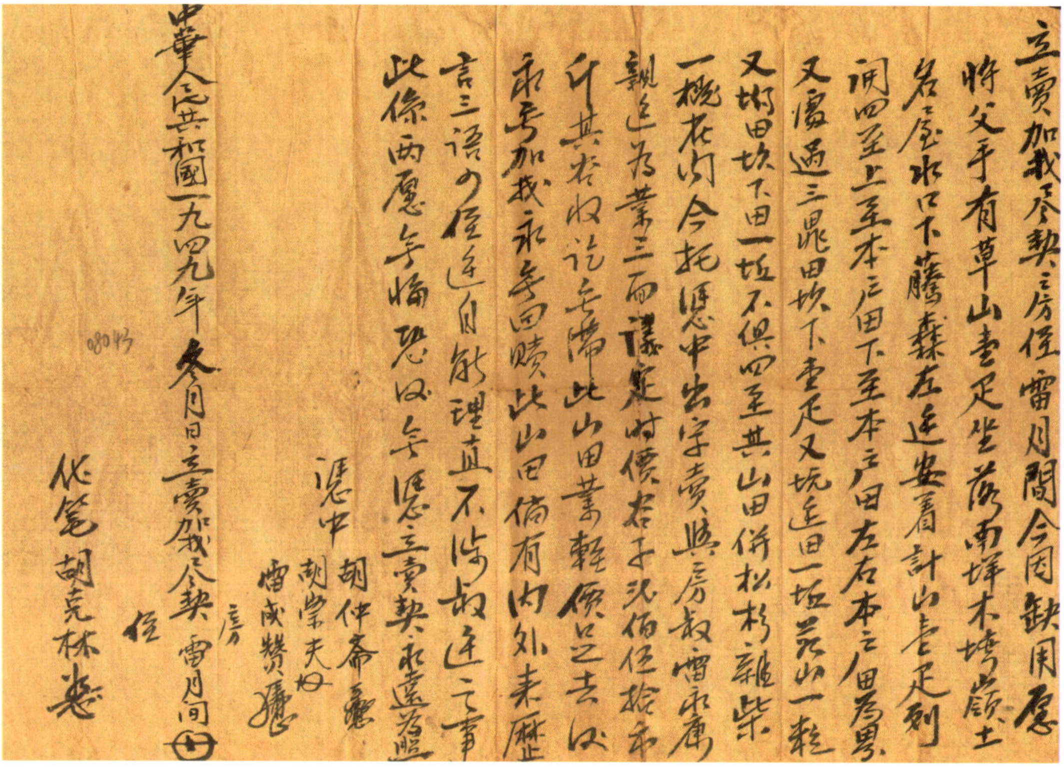

立賣加找尽契房侄雷月間，今因缺用，愿
將父手有草山壹疋，坐落南垟木埼嶺，土
名屋水口下藤森左邊安着，計山一疋，列
開四至上至本户田，下至本户田，左、右本户田爲界，
又處過三晁田坎下壹疋，又坑邊田一坵，□山一粒，
又坿田坎下田一坵，不俱四至，其山田並松、杉、雜柴
一概在内，今托憑中出字賣與房叔雷永康
親邊爲業，三面議定，时價谷子式佰伍拾市
斤，其谷收訖無滯，此山、田業輕價足，去後
永無加找，永無回贖，此山、田倘有内外來歷
言三語四，侄邊自能理直，不涉叔邊之事，
此係兩愿無悔，恐後無憑，立賣契永遠爲照。

胡仲斋（押）
憑中胡崇夫（押）
雷成赞（押）

中華人民共和國一九四九年冬月日立賣加找尽契房侄雷月间（押）
代筆胡克林（押）

一九五〇年陳傳昊立賣契

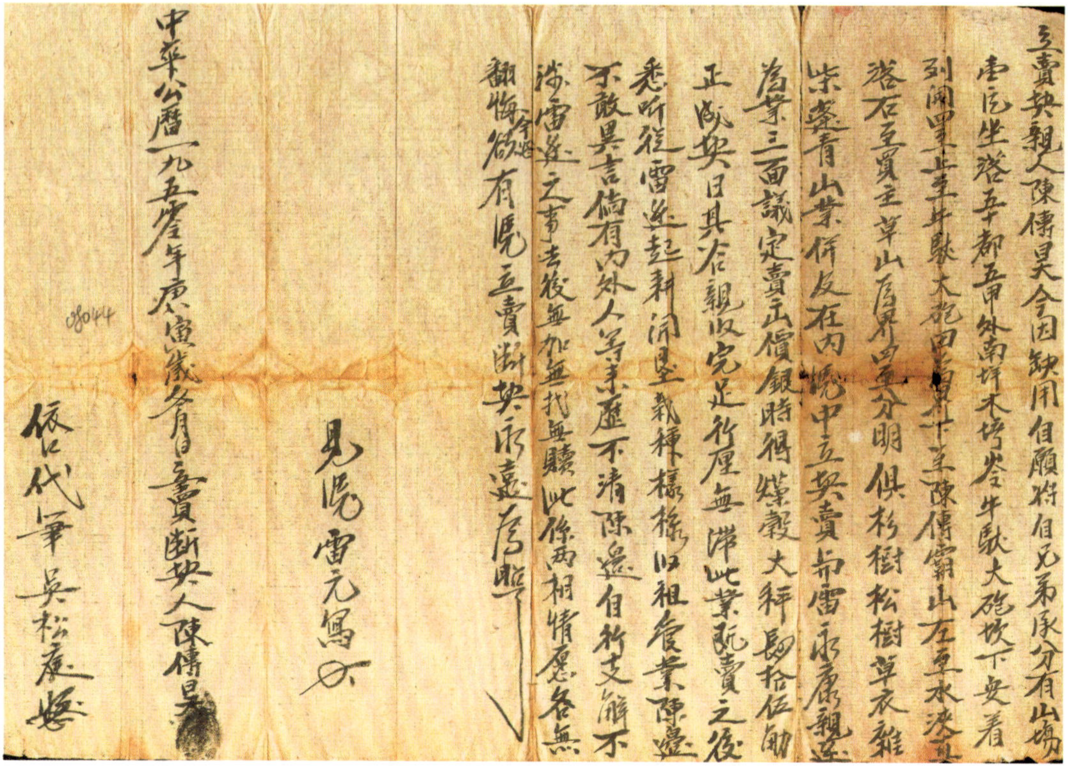

立賣契親人陳傳昊，今因缺用，自願将自兄弟承分有山塲壹片，坐落五十都五甲外南垟木塆岭牛馱大砲坎下安着，列開四至，上至牛馱大砲田爲界，下至陳傳霸山，左至水浹直落，右至買主草山爲界，四至分明，俱杉樹、松樹、草衣、雜柴、蓬青山業並及在内，憑中立契，賣與雷永康親邊爲業，三面議定，賣出價銀時得熯［燥］穀大秤肆拾伍觔正，成契日，其谷親收完足，行厘無滯，此業既賣之後，悉听從雷邊起耕，開墾栽種，樣禄收租管業，陳邊不敢異言，倘有内外人等來歷不清，陳邊自行支解，不涉雷邊之事，去後無加無找無贖，此係兩相情愿，各無翻悔，今（押）欲有憑，立賣断契永遠爲照。

見憑雷元寫（押）

中華公曆一九五零年庚寅歲冬月立賣契断契人陳傳昊（押）

依口代筆吴松庭（押）